KB202450

한국 교회와 역사의 관계는 역설적이다. 빛과 그림자가 역동적 긴장 속에 공존해 왔기 때문이다. 따라서 한국 교회의 역사를 서술하는 작업도 동일한 위험과 부담에서 벗어날 수 없다. 이런 역사적·학문적 환경에서 강성호 선생의 『저항하는 그리스도인』은 고뇌하는 기독인 역사가의 정직하고 용감한, 그리고 탁월한 학문적 성취다. 선정한 주제와 사건을 통해서는 기독인으로서의 신앙적 고민과 용기가, 그리고 책을 관통하는 치밀한 논리와 분석에서는 역사가로서의 지성적 역량과 잠재력이 과장 없이 드러난다. 고맙고 부러운 책이다.

배덕만 기독연구원 느헤미야 교수

이 책은 3·1운동 100주년을 맞아 한국 개신교가 되새겨야 할 역사의식을 제안하는 여러 대중적 논의들 가운데 단연 독보적 존재감을 발휘할 것이다. 상반된 주장과 관점, 이해관계와 연고의식 때문에 뒤엉킨 한국 근현대사의 난장에서 균형감 있는 역사적 자료와 해석으로 '개신교 저항사'를 명료하게 뽑아 낸 저자 강성호의 빼어난 역량 덕분에 우리는 오늘을 밝혀 주고 내일을 전망하는 시의적절한 선물을 받게 되었다. 한국 개신교의 다음세대에게 이 책은 근현대 시기 개신교를 이해하는 길잡이 역할을 넉넉히 해줄 것이다. 역사를 다시 읽어야 할 때이다.

양희송 청어람ARMC 대표

지금껏 한국교회사 관련 서적은 크게 두 부류로 나뉘어 있었다. 전문 학자들이 연구자와 목회자를 대상으로 집필한 학술연구서, 그리고 일반 신자들에게 신앙적 감화를 주려고 경건하고 감동적으로 저술한 신앙전기류. 전문 학자와 목회자와 일반 신자 모두를 만족시킬 수 있는 전문적이면서도 대중적인 접근, 냉담하게 비평하면서도 동시에 희망과 기대를 품게 하는 조화로운 글쓰기, 내부자인 기독교인과 외부자인 비기독교인 모두에게 공정하다는 평가를 받을 수 있는 균형감각. 작가 강성호는 신작에서 까다로운 독자들의 이런 복합적인 요구를 '저항'이라는 키워드로 충실하게 엮어 낸다.

이재근 웨스트민스터신학대학원대학교 선교학 교수

저항하는 그리스도인

저항하는 그리스도인

2019년 1월 25일 초판 1쇄 인쇄
2019년 2월 1일 초판 1쇄 발행

지은이 강성호
펴낸이 박종현

도서출판 복 있는 사람
주소 서울특별시 마포구 연남동 246-21 (성미산로23길 26-6)
전화 02-723-7183(편집), 7734(영업·마케팅) 팩스 02-723-7184
이메일 hismessage@naver.com
등록 1998년 1월 19일 제1-2280호

ISBN 978-89-6360-278-3 03230

이 도서의 국립중앙도서관 출판예정도서목록(CIP)은
서지정보유통지원시스템 홈페이지(http://seoji.nl.go.kr)와
국가자료공동목록시스템(http://www.nl.go.kr/kolisnet)에서 이용하실 수 있습니다.
(CIP 제어번호: 2019001685)

세상을 밝힌 한국 기독교 저항사

강성호 지음

복 있는 사람

지혜로운 그리스도인

차례

머리말

성서는 그야말로 저항의 서사로 가득한 텍스트입니다. 특히 구약성서는 저항의 사례집이라고 해도 무방할 정도입니다. 이집트 제국의 폭정에 맞서 싸운 모세, 폭군으로 변한 사울 왕에게 저항한 다윗과 요나단, 가나안 왕 야빈의 압제에서 이스라엘을 구한 드보라, 아합 왕에게 복종하기를 거부한 엘리야와 예후, 다리우스 왕을 거역한 다니엘 등등. 그래서일까요? 제2차 세계대전 때 파시즘을 받아들인 나라의 기독교는 어김없이 구약성서를 폐지하는 조치를 취했습니다. 독일과 일본, 그리고 식민지 조선의 주류 기독교는 가차 없이 구약을 빼버렸습니다. 유대인의 역사서라는 이유가 컸지만, 성서의 저항 정신을 없애려는 맥락으로도 이해할 수 있습니다. 신약성서의 경우도 마찬가지입니다. 세례 요한이 비참하게 죽은 이유는 그가 헤롯 왕의 불의와 부도덕함을 비판했기 때문입니다. 누가복음 1장에 나오는 마리아의 찬가도 일정 부분 저항적 메시지를 담고 있습니다. 이런 점에서 우리는 '저항'이라는 키워드로 성서를 독해해 볼 필요가 있습니다.

이 책을 쓰게 된 가장 큰 이유는 역사를 통해 한국 교회의 미래를 이야기하는 데 있습니다. 저는 좀 더 나은 세계를 만들려면 새로운 미래에 대한 상상이 필요하고, 이러한 상상력을 키우려면 역사를 다시 살펴보는 일만큼 적절한 건 없다고 생각합니다. 일반 역사학을 공부하는 제가 '한국 기독교 역사'에 관한 책을 두 권이나 쓴 이유이기도 합니다. 우리가 한국 교회의 미래를 상상하는 데 필요한 건 지난 과오를 곱씹고 무엇을 피해야 할지 명확하게 아는 것과, 하나님 나라의 가치들을 실현하려고 고군분투했던 이들의 이야기를 기억하는 겁니다. 전자의 경우 『한국 기독교 흑역사』(짓다, 2016)를 통해 선보였기에, 이번에는 후자에 대해 이야기해 볼까 합니다. 성서의 저항 정신을 이어온 그리스도인들, 한국 근현대사에서 '불의'에 맞서 싸웠던 이들의 이야기를 말입니다.

문제는 '불의'(injustice)라는 말의 애매모호함입니다. 무엇이 불의한가. 여기에 대한 대답은 사람마다 다를 수 있습니다. 불의에 대한 정의를 어떻게 규정하느냐에 따라 저항하는 그리스도인의 의미도 달라질 수 있고요. 예컨대 독재정권 시절에도 주류 기독교는 사안에 따라 저항의 길을 모색했습니다. 다만, 이들의 저항은 교회의 이익을 지켜 내기 위해 이루어진 측면이 컸습니다. 주일에 행사를 치르면 안 된다, 교회에 세금을 부과하면 안 된다, 교회 건축을 위해 관련 법규를 바꿔 달라는 등의 이유로 저항의 기치를 내걸었거든요. 보수 기독교 하면 권력에 무조건 협력한 걸로 알고 있지만, 자세히 들여다보면 꼭 그렇지는 않습니다. 그 이유야 어떻든 보수 기독교가 독재정권에 저항한 경우도 꽤 있었습니다.

그렇다면 이들의 저항도 '저항하는 그리스도인'의 저항에 해당되는 걸까요? 저항이라는 말을 기계적으로 적용한다면 가능하겠지만, 이 책에서 말하는 저항의 결은 전혀 다릅니다. 이 책 전체를 관통하는 핵심은 '양심의 자유'이기 때문입니다. 즉, 한국 근현대사에서 양심의 자유를 지키기 위해 민감하게 대응했던 소수의 그리스도인들이 이 책의 주인공입니다. 한국 근현대사라는 질곡 속에서 양심의 목소리에 귀 기울이며 불의에 맞서 싸웠던 이들, 이들의 양심이 향한 곳은 하나님 나라의 가치였습니다. 저항의 초점을 단지 교회의 이익에 두지 않고, 하나님 나라의 가치에 맞췄던 이들을 다시 주목해 보는 게 이 책이 가진 문제의식입니다.

책은 크게 여섯 가지 이야기로 구성되어 있습니다. 책의 초반부인 1장과 2장에서는 '식민지 조선'이라는 상황에서 그리스도인들이 양심의 자유를 찾아가는 여정을 다루었습니다. 1장을 통해 우리는 식민지 조선인들의 목소리가 폭발적으로 울렸던 3·1운동을 살펴보려고 합니다. 3·1운동은 한국 근대사라는 맥락에서 저항하는 그리스도인의 맹아가 어떻게 싹텄는지 알 수 있는 주제입니다. 3·1운동은 민족의 독립을 갈망했던 이들의 양심이 만세시위로 표출된 사건입니다.

　2장에서는 일제의 신사참배 강요에 목숨을 걸고 신앙적 양심을 지키려고 했던 이들의 고군분투를 담아냈습니다. 종종 사람들은 신사참배 반대운동의 성격이 무엇인지 저에게 물어봅니다. 독립운동이냐, 아니면 종교운동이냐? 이 문제는 한국 기독교 역사에서 가장 논쟁적인 주제 중 하나라 할 수 있습니다. 특히 저는 20대의 대부분을 고신 측 교회에 다녔기 때문에 이와 관련된 이야기를 자주 접했습니다. 죄송하게도 이 질문에 대해 명쾌하게 대답한 적은 한 번도 없습니다. 제가 과문한 탓도 있지만, 무엇보다 불필요한 논쟁을 피하려고 말을 아끼지 않았나 싶습니다. 다행히 이 책을 통해 신사참배 반대운동의 성격에 관한 저의 생각을 전할 수 있게 되었습니다.

　1장과 2장이 저항하는 그리스도인의 가능성을 모색했던 시기를 담고 있다면, 3장부터 6장까지는 군사 독재정권 시절(1961-1987)을 배경으로 하고 있습니다. 이때는 경제성장이라는 논리하에 주권을 박탈하고 인권을 무참히 유린했습니다. 인권을 하나님으로부터 부여받은 신성한 권리로 여긴 소수의 그리스도인들에게 이것은 용납할 수 없는 문제였습니다. 이들은 인권의 회복이라는 양심의 소리에 귀 기울이기 시작했습니다. 저항하는 그리스도인들에게 기도란 우는 자들과 함께 우는 거였습니다. 하나님께 예배를 드리는 장소는 권력의 논리에 의해 은폐된 진실을 증언하는 곳이었습니다. 이들은 인권을 빼앗긴 이웃의 고난에 동참함으로써 예수를 증언하였습니다. 이 책을 통해 인권운동의 구심점으로 활약했던 저항하는 그리스도인들의 이야기가 잘 알려지기를 바랍니다. 특히 5장과 6장은 각각 5·18항쟁과 6월 항쟁을 배경으로 삼고 있습니다. 5장과 6장을 통해 한국 현대사의 굵직굵직한 사건 속에서 그리스도인의 역사 참여가 어떻게 이루어졌는지, 그리스도인이 국가폭력에 어떻게 맞서 싸웠는지 살펴보고자 합니다.

이전에 낸 책(『한국 기독교 흑역사』)이 역사의 그림자를 다루었다면, 이번 책은 역사의 빛에 해당하지 않을까 싶습니다. 그렇다고 마냥 긍정 일색으로 서술하지는 않았습니다. 한계라고 느끼는 건 가감 없이 솔직하게 썼습니다. 특정 교단의 눈치를 볼 필요가 없는 일반 역사학도의 특혜라고 할까요. 물론 '시대적 한계'는 감안하려고 애썼습니다. 과거는 우리가 마음대로 재단할 수 있는 식민지는 아니니까요. 그렇다고 '시대적 한계'라는 미명하에 모든 문제를 회피하려는 방식은 지양했습니다.

　이 책에는 무수히 많은 사건과 인물이 등장합니다. 그러다 보니 한국 근현대사에 대한 기본 이해나 관심이 없는 분에게는 혼란만 줄지 모르겠습니다. 저로서는 역사적 사건의 특징을 잡아내서 명쾌하게 소개하고 나름 새로운 분석과 해석도 곁들이며, 사건을 나열하는 데 그치지 않기 위해 고민을 많이 했지만 말입니다. 이 책에 나오는 수많은 일들을 다 기억할 필요는 없습니다. 다만, 책을 읽고 나서 한국 근현대사에서 불의에 맞섰던 그리스도인들의 계보만이라도 정리가 된다면 저자로서 큰 기쁨이겠습니다.

책을 쓰는 지난 2년 동안 정말 많은 분들의 도움을 받았습니다. 공명선거운동과 관련된 자료를 흔쾌히 빌려 주신 백종국 교수님, SNS에서 필요한 자료가 있다고 도움을 요청할 때마다 기꺼이 구해 주신 김준수 기자님, 바쁜 와중에 민주화운동기념사업회에 가서 자료를 찍어 주신 최재공 선생님, 사무실의 자료를 확인해서 필요한 부분을 보내 주신 김성대 간사님, 공부에 보탬이 되라며 귀한 책들을 건네신 용서점의 박용희 대표님. 좋은 글을 쓰라며 물심양면으로 도와주신 분들이 있었기에 부족하게나마 이 책을 마무리할 수 있었습니다. 지면을 빌려 다시 한 번 감사의 인사를 드립니다. 더불어 필력도 부족한 저를 믿고 선뜻 좋은 기회를 주신 복 있는 사람의 박종현 대표님과 식구들에게 감사의 마음을 전합니다. 특히 2년 동안 저의 집필을 독려하신 문신준 팀장님의 응원이 큰 힘이 되었습니다. 함께 책을 만들어 가신 이현주 편집자님에게도 감사의 말을 건넵니다. 이분들과 작업하면서 책은 저자 혼자 만드는 게 아님을 새삼 경험하였습니다.

무엇보다 이 책은 아내의 희생과 배려의 산물입니다. 언제나 저의 꿈을 응원해 주는 아내 덕분에 원고를 완성할 수 있었으니까요. 책을 쓰는 동안 저는 시외에 위치한 '뿌리깊은나무박물관'에서 잠시 근무했는데, 저의 부재로 집안의 크고 작은 일들을 아내가 도맡는 경우가 많았습니다. 게다가 2018년에는 토요일마다 순천에서 전주를 오가며 기록물 전문요원이 되기 위한 과정을 밟았습니다. 그러다 보니 주말에 아이를 돌보는 일 또한 아내 몫이었습니다. 차마 저에게 이야기하지 못한 어려움이 많으리라 생각합니다. 철없는 남편과 함께 해 줘서 감사하고 사랑합니다. 제가 이 세상에 태어나 가장 잘한 일은 몇 권의 책을 쓴 게 아니라 당신을 만나 부부의 연을 맺은 겁니다.

2019년 1월

강성호

01
민족의 독립을 외치다

| 3·1운동과 기독교 |

민족대표의 탄생

다가올 위험을 무릅쓰면서 거리로 뛰쳐나온 학생들, 만세를 외치며 광장으로 달려가는 사람들, 태극기 대신 모자와 손수건을 흔들어 대는 소년들, 그 모습에 눈물이 핑 돌았지만 이들과 연루될까 싶어 황급히 문을 닫는 사람들, 그리고 이들을 제압하려고 출동한 군인과 경찰들. 두 달 넘게 전국 방방곡곡이 시위 군중으로 넘쳐났던 3·1운동의 풍경입니다. 식민지 조선의 대표적인 지식인 윤치호는 1919년 3월 1일 경성의 광경을 자신의 일기에 묘사하면서 "시내 전체가 흥분의 도가니였다"라고 서술하였습니다.[1]

일제가 조선을 강점한 지 불과 9년 만에 일어난 3·1운동은 민족 전체가 독립을 요구하며 시위를 벌인 사건입니다. 한국 근대사의 획기적인 터닝포인트라고 할 수 있습니다. 칼과 제복으로 상징되는 무단통치하에서 식민지 조선인들이 용기를 낼 수 있었던 이유는 해방

1]　김상태 편역, 『윤치호 일기』(역사비평사, 2001), 77-78쪽.

16

과 자유, 그리고 민주주의 등이 풍미했던 시대였기 때문입니다. 더군다나 제1차 세계대전(1914-1918)이 끝나고 미국 대통령 윌슨은 '민족자결주의'를 제창했습니다. 원래 의도는 제1차 세계대전에서 승리한 유럽 전승국들이 패전국의 식민지를 나눠 먹는 걸 막기 위한 조치였습니다만, 식민지 조선의 사람들은 새로운 시대의 질서로 받아들였습니다. 이를 바탕으로 독립에 대한 전망을 갖게 되었고, 두려움에 맞서며 독립만세를 부르짖었습니다.

한국 근현대사에서 기독교가 저항의 종교로 두각을 나타내기 시작한 것도 이때부터였습니다. 일제가 조사한 바로는 3·1운동으로 체포된 사람들 중 기독교인이 가장 많았다고 합니다. 특히 여성 피검자의 경우, 총 471명 가운데 309명이 기독교인이었습니다. 잘 알다시피 3·1운동을 촉발시킨 민족대표의 구성에서도 기독교 측 인사가 절반을 차지했습니다. 민족대표 33인은 천도교 측 15명, 기독교 측 16명, 그리고 불교 측 2명으로 구성되었으니까요. 이는 3·1운동의 과정에서 기독교가 차지한 부분이 컸음을 보여줍니다. 3·1운동을 통해 한국 기독교는 시대의 아픔을 대신 짊어지는 저항의 주체로 등장했다고 할 수 있습니다.

이 세 종교 지도자들(기독교, 천도교, 불교) 가운데 '민족대표'를 구상한 건 천도교 측이었습니다. 윌슨 대통령의 민족자결주의로 분위기가 한창 고무되었을 때, 천도교는 「독립선언서」를 발표하여 국내 여론을 환기시킨 뒤 국제 여론을 움직여 일본에 압력을 가하는 계획을 세웠습니다. 문제는 식민 지배를 받고 있던 상황이었기 때문에 자신들을 대표할 수 있는 조직이나 단체가 없었다는 점입니다. 이에 천도교는 민족대표를 구성하기로 했습니다. 처음에는 대한제국 시기의

저명인사들을 민족대표로 추대하려고 했습니다. 아쉽게도 박영효, 한
규설, 김윤식, 윤치호 등 원로들은 모두 거절을 했습니다. 자연스럽게
천도교는 종교계로 눈을 돌렸습니다. 특히 자신들과 함께 민족대표
를 구성할 종교로 기독교를 주목했습니다. 누구에게 이 이야기를 전
해야 할지 물색하던 중 평안북도 정주에 위치한 오산학교의 이승훈
장로에게 거사를 함께 준비해 보자고 제안하기로 결정했습니다.

　남강 이승훈(1864-1930)은 원래 무역상이었으나 도산 안창호와
의 만남 이후 깨달은 바가 있어 민족운동가의 길을 걷기 시작한 인물
입니다. 기독교 신앙을 민족운동의 정신으로 삼은 대표적인 지도자
라 할 수 있습니다. 그가 설립한 오산학교는 유영모, 이광수, 신채호,
함석헌 등 한국 근현대사의 지성인들이 교사로 다녀갔고, 주기철 목
사와 한경직 목사 등을 배출한 곳입니다. 민족대표를 구성한 기독교
측 16명은 크게 장로교와 북감리회, 그리고 남감리회에 속해 있었는
데, 이승훈은 장로교 사람들을 규합하는 데 핵심적인 역할을 맡았습니
다. 그의 사업가 기질이 빛을 발휘했는지 16명 가운데 무려 6명이 이
승훈과의 만남을 통해 민족대표에 합류했습니다. 즉, 2월 12일에는 선
천에서 만난 이명룡, 양전백, 유여대, 김병조를, 2월 14일에는 평양에
들러 신홍식과 길선주를 포섭합니다. 감리교 목사인 신홍식을 제외하
면, 그가 민족대표로 섭외한 인물은 모두 장로교 사람들입니다.

　이승훈은 3·1운동을 준비하는 단계에서 핵심 멤버로 활약하기
전 선우혁(1882-?)이라는 인물을 만났습니다. 평안북도 선천 출신인
선우혁은 학교 교사로 근무하다가 105인 사건에 연루되어 고초를 겪
고 상하이로 망명을 한 인물로서, 이승훈과는 105인 사건을 함께 겪
은 동지 사이였습니다. 그 당시 상하이는 일종의 치외법권 지역인 조

계지(租界地)가 몰려 있어 독립운동을 하기에 최적인 국제도시였습니다. 상하이에서 선우혁은 여운형, 장덕수 등 쟁쟁한 인물들과 교류하다가 '신한청년당'이라는 단체를 만듭니다. 1918년 11월 무렵이었습니다. 상하이의 청년들이 모여 만든 신한청년당은 파리강화회의에 대표를 보내 조선 독립에 유리한 기회를 갖고자 했습니다. 파리강화회의는 제1차 세계대전의 승전국들이 전후 처리 문제를 협의하기 위해 개최한 국제대회였거든요. 신한청년당은 영어에 능통한 김규식을 파리에 보내기로 했습니다. 문제는 경비였습니다. 이를 해결하고자 신한청년당은 국내외에 사람을 보내 자금을 모으기로 했습니다. 아무래도 선우혁은 평안도 출신이다 보니 선천, 정주, 평양 등 자신의 연고지인 서북 지역으로 파견되었습니다. 이 과정에서 그는 이승훈을 만났습니다. 선우혁과의 만남을 통해 이승훈은 신한청년당이 파리에 대표를 보내려 한다는 사실을 알게 되었습니다. 그 전부터 독립운동을 구상해 오던 이승훈으로서는 반가울 수밖에 없었습니다. 이는 이승훈이 교회 지도자들을 민족대표로 포섭하는 데 중요한 동력으로 작동했습니다.

　당시 식민지 조선에서 감리교는 북감리회와 남감리회로 나뉘어 있었습니다. 미국 기독교의 분열이 그대로 유입된 상황이었습니다. 민족대표 33인 가운데 최연소자로 유명한 박희도가 북감리회 인물들을 민족대표로 포섭하는 데 중요한 역할을 수행했습니다. 황해도 해주 출신인 박희도(1889-1951)는 1918년 9월부터 조선기독교청년회(YMCA) 간사로 활동한 인물입니다. 서울에서 그의 영향력은 청년·학생들에게 상당했습니다. 도쿄 유학생들의 2·8독립선언 소식을 들은 박희도는 서울 시내 전문학교 대표자들을 불러 모아 학생 중심의 독립운동을 벌이기로 했습니다. 이 과정에서 그는 『기독신보』 박동완 주필, 중앙교회 김창준 전도사, 해주읍교회 최성모 목사를 민족대표로 포섭하는 데 성공했습니다. 박희도를 통해 민족대표가 된 최성모는 자신의 친구인 이필주 목사를 끌어들입니다. 남감리회 오화영 목사와 정춘수 목사도 박희도와 만난 후 민족대표의 일원으로 참여했습니다. 남감리회를 대표하는 오화영 목사와 정춘수 목사는 서울 수표교교회의 신석구 목사에게 함께 거사를 도모하자고 제안합니다.

이러한 과정을 거쳐 민족대표에 합류하기로 한 교회 지도자들은 2월 17일 모임을 통해 하나로 합쳐졌습니다. 이날 서울 수창동에 위치한 박희도의 사무실에서 이승훈, 박희도, 정춘수, 오화영, 신홍식 등이 모여 기독교 연대를 구축했습니다. 장로교와 북감리회, 그리고 남감리회로 이루어진 세 갈래의 움직임이 하나로 모인 셈입니다. 1919년 2월 17일은 기독교의 3·1운동 참여에서 매우 의미심장한 날입니다. 각 교파의 지도자들이 한꺼번에 만나 독립운동을 논의한 건 이때가 처음이었으니까요. 일주일 후인 2월 24일에는 기독교와 천도교가 손을 잡기로 결정하면서 독립선언식의 주체인 민족대표 33인이 탄생했습니다. 교파와 종교를 초월한 연대가 민족 독립을 목표로 이루어졌다고 할 수 있습니다.

독립선언론과 독립청원론 논쟁

2월 17일 모임 이후 기독교 지도자들은 구체적인 방법을 결정하기 위한 회합을 시작했습니다. 이때 몇 가지 사안을 둘러싸고 논쟁이 벌어졌습니다. 이들은 3·1운동을 준비하는 과정에서 내용과 방법에 대한 서로 간의 입장 차이를 확인하였습니다. 첫 번째는 독립을 어떻게 쟁취할 것인가에 대한 노선 차이였습니다. 독립을 '선언'할 것인가, 아니면 독립을 '청원'할 것인가. 요컨대 독립선언론과 독립청원론으로 입장이 갈렸습니다.

'독립청원론'은 일제와 총독부에게 조선의 독립을 부탁하는 형태를 띠었습니다. 일제와 총독부가 독립을 '허락'할 것이라는 낙관주의에서 비롯된 전망이었습니다. 잘 알려지지 않은 사실이지만, 1917년에는 김시학(1881-1949)이 독일 황제에게 독립을 청원하자는 운동을 제기한 적이 있습니다.[2] 이를 보건대 독립청원론은 주체적 역량을 결집하여 독립을 쟁취하기보다 제국주의 열강의 '자비'와 일본의 '이성'에 호소하면 독립을 이룰 수 있다는 논리입니다.

기독교 지도자들 상당수가 독립청원론을 주장했습니다. 16명 가운데 무려 7명이 독립청원론을 고수했거든요(길선주, 양전백, 김창준, 이갑성, 박희도, 신홍식, 정춘수). 3·1운동 후 재판 과정에서 길선주 목사는, 독립청원서를 제출한다는 건 "아들이 아버지에게 원하는 일을 말하는 것과 같다"라고 밝혔습니다. 정춘수 목사의 경우도 "독립은 아직 되지 않을 것이다. 그것은 독립을 하려면 다른 데 간섭 없이 조선 사람만으로는 아니 될 것이기 때문이다. 그러므로 자결이란 것을 이해하며 민족자치에 찬성하는 사람들이 일본 정부와 조선총독부에 조선민족 자치의 청원서를 제출"할 것을 제안하였습니다. 독립청원

2]   최우석, 「3·1운동기 김윤식, 이용직의 독립청원서 제출사건」(성균관대학교 사학과 석사 학위논문, 2011), 55쪽.

론을 고수한 이들은 아무래도 식민통치라는 현실을 그대로 인정하는 입장이다 보니 전시체제기 때 일제의 침략전쟁에 적극적으로 협력하는 경우가 많았습니다.

독립청원론이 설득의 논리라면, '독립선언론'은 저항의 논리였습니다. 천도교의 경우, 손병희 교주를 정점으로 한 중앙집권체제이다 보니 내부 갈등을 크게 겪지 않은 채 독립선언론을 고수했습니다. 기독교 측 인사들은 16명 가운데 4명만이 독립선언론에 적극 찬성했습니다. 이들은 신석구, 오화영, 유여대, 이승훈이었습니다. 아쉽게도 이필주, 박동완, 최성모 등은 입장이 불분명했습니다. 남강 이승훈은 처음에 독립청원의 입장을 취했으나 천도교 지식인 최린을 만나면서 독립선언론으로 노선을 바꿨습니다. 그는 천도교와 연대하기로 한이상 자신들의 입장을 양보해야 한다고 생각했던 것 같습니다.

이와 더불어 기독교 지도자들은 천도교와의 연대를 둘러싸고 치열하게 대립각을 세웠습니다. 특히 남감리회에 속한 인물들이 반대의 입장을 내세웠습니다. 정춘수 목사는 이승훈에게서 "천도교와 함께하기로 했다"는 이야기를 듣고 그들과의 연대를 아주 강력히 반대했고, 이후 자신의 활동 근거지인 원산으로 돌아갔습니다. 재판기록에 의하면, 정춘수 목사는 2월 28일쯤 자신의 이름이 민족대표 명단에 포함된 사실을 알게 되었다고 주장합니다. 천도교와의 연대에 반대하여 민족대표에서 빠지려고 했는데 어쩔 수 없이 합류했다는 식으로 변명한 겁니다.

신석구 목사도 마찬가지였습니다. 보수적인 그는 천도교의 교리가 우리와 다른데 이들과 함께한다는 게 과연 하나님의 뜻에 맞는 일인지 깊이 고민했습니다. 오화영 목사가 민족대표로 참여하라고 권유했지만 그는 즉각 결정하지 못했습니다. 일주일 동안 기도하면서 고민하다가 그는 극적인 체험을 했습니다. 2월 27일 새벽, 기도하던 중 "사천 년 전해 내려오던 강토를 네 대(代)에 와서 잃어버린 것이 죄인데 찾을 기회에 찾으려고 힘쓰지 아니하면 더욱 죄가 아니냐"라는 응답을 받은 겁니다. 이를 계기로 그는 민족대표에 참여했습니다.

이상 두 가지가 기독교 지도자들 내부에서 이루어진 논쟁이었다면, 거사 날짜를 정하는 문제는 기독교와 천도교 간의 뜨거운 감자였습니다. 거사 날짜를 정한다는 건 매우 중요하면서도 쉽지 않은 일이었습니다. 「독립선언서」 배포와 낭독을 언제 할 것인지 고려해야 했기 때문입니다. 결과적으로 거사 날짜는 3월 1일로 정해졌습니다. 이는 두 종교 지도자들 간의 타협과 양보가 있었기에 가능했습니다. 기독교 측은 국장이 치러지는 3월 3일에 하자는 입장이었습니다. 그러나 장례가 거행되는 날에 거사를 일으키는 건 예법에 어긋난다는 사회적 통념을 고려하기로 했습니다.

그럼 언제로 할 것인가. 3월 4일에 하자는 의견이 있었지만, 3월 3일에 어떤 일이 벌어질지 모르니 4일은 피하기로 했습니다. 군중 동원이 쉽지 않겠다는 전망도 작용했고요. 공교롭게도 국장 하루 전인 3월 2일은 '일요일'이었습니다. 이날은 기독교 측에서 피하기를 바랐습니다. 사람들이 많이 모이는 3월 2일이야말로 거사를 일으키기에 가장 적합한 날이겠지만, 기독교 측의 입장도 반영해야 했습니다. 그래서 하루 더 당겨 3월 1일 토요일에 거사를 일으키기로 정했습니다.

3·1운동의 초기 확산에 기여한 민족대표들

우여곡절 끝에 거사 날짜가 확정되었지만, 민족대표들은 3·1운동을 '방기'했다는 비판을 피하기 어려운 선택을 하고 말았습니다. 이들은 '폭동'이 일어나서는 안 된다는 논리로 독립선언식 장소를 종로의 파고다공원에서 인사동의 태화관으로 변경했습니다. 일방적으로 말이죠. 여기서 그들은 자신들만의 독립선언식을 치르고 일제에 자진 체포되었습니다. 일종의 자수인 셈입니다. 민족대표 사이에서 독립선언만으로 만족한다는 신중론이 우세하다 보니 벌어진 해프닝이었습니다. 이 점으로 인해 민족대표가 3·1운동을 '지도'했다고 말하기는 힘든 부분이 있습니다.

이 사실을 알지 못한 군중들은 1919년 3월 1일 속속 파고다공원으로 모여들었습니다. 파고다공원은 주민들의 왕래로 번잡한 종로 거리에 위치한 광장이었습니다. 일부 학생들은 민족대표들이 나타나지 않자 태화관으로 가서 빨리 공원으로 와줄 것을 요청했지만, 민족대표들은 이를 거절했습니다. 파고다공원에 모여든 군중들은 민족대표들이 나타나지 않자 어쩔 수 없이 학생과 주민만으로 독립선언식을 치렀습니다. 오후 2시가 조금 지나자 누군가 단상에 올라「독립선언서」를 낭독했습니다. 낭독이 끝나고 잠시 침묵이 이어지더니 하늘을 찌르는 만세소리가 그칠 줄 모르고 계속되었습니다.「독립선언서」낭독에 전율을 느낀 군중은 공원 밖으로 나와 시가행진을 벌였습니다. 갓을 쓴 양반이나 검은 양복을 입은 신사나 머슴과 기생이 한데 엉켜 만세를 부르며 거리를 휩쓸었습니다. 각양각색의 유인물이 휘날렸고, 사람들이 외치는 만세소리에 경성은 떠나갈 듯했습니다.

이날 경성은 그야말로 들끓었습니다. 군중은 크게 3대로 나뉘어 시가행진을 실시했습니다. 이들은 고종의 시신이 안치된 덕수궁으로, 외국영사관으로, 총독부로 전진하며 만세를 불렀습니다. 당시 경성의 인구는 약 25만 명이었지만, 고종의 장례식으로 전국에서 50만 명 정도가 몰려든 상황이었습니다. 덕분에 경성의 거리는 독립만세를 열광적으로 부르짖는 군중들로 가득 찼습니다. 시위의 열기는 식을 줄 몰랐습니다. 주요 거리마다 만세를 외치는 군중으로 가득 찼습니다. 심지어 3월 5일 서울역 앞 광장에는 약 1만 명이 모여 만세시위를 벌일 정도였습니다.

3월 1일의 시위는 서울 이외에도 일곱 군데에서 동시다발적으로 발생했습니다. 바로 원산(함경남도)과 해주(황해도), 그리고 평양, 진남포, 안주, 선천, 의주(평안도)입니다. 이는 민족대표들이 인적 네트워크를 활용해 사전에 시위 계획을 전달하고 「독립선언서」를 배포했기 때문에 가능했습니다. 따라서 민족대표들이 3·1운동을 방기한 건 분명하지만, 3·1운동의 초기 확산에 기여한 측면은 인정해야 합니다.

주목해야 할 사실은 8개 도시에서 이루어진 동시다발적인 시위가 '기독교 지도자'들의 인적 네트워크로 이루어졌다는 점입니다. 함경남도의 시위는 원산에서 비롯되었다고 할 수 있는데, 이는 원산 남촌동감리교회를 맡고 있던 정춘수 목사가 같은 교회의 두 전도사에게 시위 준비를 맡기면서 성사된 겁니다. 공교롭게도 3월 1일은 원산에 장이 서는 날이었기 때문에 많은 사람이 시위에 참여할 수 있었습니다. 이날 원산의 각 교회가 일제히 종을 울리자 13명의 주동 인물이 약속한 장소에서 「독립선언서」를 낭독하고 만세를 불렀습니다. 약 3,000명이 이 시위에 참여했다고 합니다.

25

황해도 해주는 민족대표 멤버가 그 지역 교회의 지도자에게 「독립선언서」를 전달하면서 시위가 준비된 사례입니다. 민족대표 33인 중 한 명인 최성모 목사가 해주 남본정교회 오현경 목사에게 「독립선언서」를 전달하면서 시위가 진행되기 시작했거든요. 최성모 목사는 14세 때(1888) 과거에 급제한 인물로 친구 이필주와 함께 전덕기 목사의 강연을 듣고 기독교로 개종했습니다.

평북 의주는 민족대표 멤버인 유여대 목사가 시위를 '직접' 주도했다는 점에서 흥미로운 곳입니다. 그 당시 유여대 목사는 의주읍동 교회를 맡고 있었는데, 1919년 2월경 선천에서 열린 평북노회에 참석했다가 민족대표에 참여했습니다. 그 후 그는 의주로 돌아와 시위 준비에 착수했습니다. 유여대 목사는 자신이 예전에 세운 양실학교에서 교사로 근무하고 있던 정명채, 김두칠과 함께 거사를 도모했습니다.

3·1운동에는 다양한 계층의 사람들이 참여했기 때문에 시위 양상도 천차만별이었습니다. 유여대 목사가 주도한 의주의 시위는 양실학교 운동장에 모여든 군중이 「독립가」를 부르면서 시작되었습니다. 이어 군중들은 독립에 관한 연설을 듣고 만세와 독립가를 부르면서 행진에 나섰습니다. 의주의 시위는 3월 6일까지 쭉 이어졌는데, 도시가 점차 마비될 정도로 아주 격렬했습니다. 상인, 노동자, 농민, 학생뿐만 아니라 조선인 관리까지 조직적으로 보이콧을 선언했거든요. 특히 양실학교 학생들은 줄기차게 시위를 전개했습니다. 의주의 3·1운동은 시위행진, 동맹휴학, 철시(撤市), 파업, 양곡반출 거부, 관리들의 동맹퇴직 등 다양한 시위 양상이 집약적으로 나타난 점에서도 특기할 만합니다.

3·1운동을 준비하는 단계에서 핵심 멤버로 활약한 남강 이승훈

은 시위를 확산하는 데도 징검다리 역할을 했습니다. 평양의 경우, 이 승훈을 위시하여 105인 사건을 함께 겪은 동지들이 시위를 주도했습니다. 그렇게 해서 3월 1일 평양의 시위는 동시에 세 곳에서 시작되었습니다. 장대현교회 앞마당에서는 장로교인들이, 남산현교회 뜰 안에서는 감리교인들이, 그리고 천도교인들이 각각 독립선언식을 치르고 시위를 벌인 겁니다.

신흥 공업도시이자 평남선 철도의 종착역인 진남포에서는 감리교 신자들이 시위를 주도했습니다. 이는 2월 중순경 이승훈이 이 지역의 감리교 지도자들에게 독립운동을 준비해 달라고 부탁하면서 시작되었습니다. 그리고 이승훈은 105인 사건의 동지인 윤원삼을 보내 「독립선언서」 500매를 진남포의 감리교 지도자들에게 전달하기도 했습니다.

평안북도의 중심지인 선천에서는 신성중학교의 역할이 컸습니다. 신성중학교 교사 홍성익이 2월 중순경 민족대표 멤버 이승훈과 양전백의 지시를 받고 선천남교회 김석창 목사와 동료 교사들과 함께 시위를 준비했거든요. 이들은 신성중학교 학생들을 동원해 태극기와 「독립선언서」를 비밀리에 마련했습니다. 시위 역시 신성중학교에서 시작되었습니다. 3월 1일 정오 기도 시간에 전교생이 모이자 홍성익이 단상에 올랐습니다. 그는 자기 손가락을 깨물어 종이 위에 '조선독립'을 큰 글씨로 썼습니다. 스승의 혈서에 학생들은 눈이 뒤집힐 수밖에 없었지요. 오후 1시 학교 종이 울리자 시위가 시작되었습니다. 여기에 보성여학교 학생들과 주민들이 가담하면서 시위 규모는 1,000명을 넘어섰습니다.

시위의 전국화에 영향을 끼친 '미션스테이션'

3·1운동은 딱히 지도부가 없는 데다가 일제의 주도면밀한 경계태세가 있었음에도 불구하고 두 달 넘도록 지속되었습니다. 주로 이북 지역의 주요 도시에서 일어났던 시위는 교통로를 따라 인근 도시와 농촌 마을로 점차 확산되었습니다. 3월 중순에 이르면, 시위는 그야말로 전국적인 현상으로 번집니다. 시위가 발생한 지 보름쯤 지난 '3월 18일'은 시위의 전국화에 커다란 전환을 가져왔습니다.[3] 이때부터 두 마을 이상이 연대하여 시위 규모가 대형화되었고, 식민 지배에 전면적으로 도전하는 양상이 곳곳에서 나타났기 때문입니다.

우리는 3·1운동을 비폭력운동으로만 알고 있는 경향이 있는데, 사실 일제 관공서를 파괴하거나 방화한 경우도 많았습니다. 시위의 폭력화는 주로 3월 말이나 4월 초부터 나타나기 시작했습니다. 몇 가지 예를 들어 보면, 1919년 3월 24일 경기도 양평군 갈산면에서는 시위 군중들이 군청과 면사무소를 습격하고 면장을 구타한 일이 있었습니다.[4] 4월 3일 경기도 수원군 장안면에서도 시위 군중이 면사무소를 돌과 몽둥이로 쳐부수고 일본 경찰들에게 돌을 던지며 공격했습니다.[5] 그 결과 순사 한 명이 사망하는 일이 벌어졌습니다. 일본 경찰의 보복이 이어지면서 수원은 많은 희생자를 낳았습니다. 4월 1일 경기도 안성군 양성면의 주민들은 주재소에 불을 놓았습니다.[6] 이는

3] 김정인·이정은, 『국내 3·1운동 I: 중부·북부』(한국독립운동사연구소, 2009), 15쪽.
4] 독립운동사편찬위원회 편, 『독립운동사자료집 5권: 3·1운동 재판기록』(교육도서출판사, 1972), 493-496쪽.
5] 국사편찬위원회, 『한민족독립운동사자료집 20』(국사편찬위원회, 1994), 80쪽.

3월 말부터 농촌을 중심으로 야간에 횃불시위가 일어나는 현상과 궤를 같이합니다. 그동안 속으로 삭여 왔던 식민 지배에 대한 응분이 일거에 폭발하면서 벌어진 일이라고 할 수 있습니다.

한편, 3·1운동 당시에는 총독부에 의해 언론이 통제되어 있었음에도 불구하고, 시위가 전국적으로 확산되고 지속되었습니다. 어떻게 이것이 가능했을까요? 무엇보다 경성과 평양 등 대도시에서 이루어진 만세운동을 경험한 사람들이 고향으로 돌아와 이를 알렸기 때문입니다. 시위가 전국으로 빠르게 확산될 수 있었던 요인으로는 철도의 영향을 꼽을 수 있습니다. 한편, 각종 비밀결사의 존재와 활동도 전국의 주요 도시에 시위가 확대되는 주요 요인으로 작용했습니다.

흥미로운 점은 '미션스테이션'(mission station)이 설치된 지역에서 시위가 가장 먼저 촉발되었다는 사실입니다. 19세기 말 서양 선교사들은 '삼각선교'를 조선 선교의 핵심 전략으로 삼았습니다. 삼각선교란 '선교-의료-교육'이라는 세 가지 틀로 구성된 선교 전략이었습니다. 선교사들은 삼각선교를 구현하고자 거점 지역으로 삼은 도시에 미션스테이션을 세웠습니다. 선교사들의 일상생활과 선교활동이 이루어지는 미션스테이션은 '선교-의료-교육'의 기능이 유기적으로 조합된 공간이었습니다. 교회뿐만 아니라 근대식 병원과 학교가 세워진 미션스테이션은 그 지역의 복음이 시작된 곳이자 근대 문화가 처음으로 유입되는 장소이기도 했습니다. 미션스테이션에 설립된 병원과 학교는 지역사회에 근대성이 수용되는 창구 역할을 톡톡히 수행했습니다. 이런 점에서 한국 기독교 초기 역사는 '미션스테이션의

6] 국회도서관 편, 『한국민족운동사료: 3·1운동 편 3』(국회도서관, 1977), 19쪽.

역사'라 할 수 있습니다. 지역사의 측면에서도 미션스테이션은 반드시 짚고 넘어가야 할 주제입니다. 그러나 아쉽게도 이에 대한 연구는 그리 활발히 이루어진 편은 아닙니다.

미션스테이션은 조선 선교를 주도한 6개 교파의 선교회 간에 이루어진 '선교지역 분할협정'에 따라 설치되었습니다. 조선에 진출한 선교사들이 갈등과 마찰을 피하려고 협정을 체결했던 겁니다. 1890년대 초반에 시작된 선교지역 분할협정은 1900년대 후반까지 이어졌습니다. 20년 가까이 진행된 셈입니다. 이로써 불필요한 마찰이나 재정낭비를 줄일 수 있었으나 지역별로 교파적 특성이 나타나는 배경으로 작용했습니다. 또한 6개 주류 교파 위주의 협정이다 보니 구세군, 성공회, 성결교 등 비주류 교파에게 불리한 측면이 있었습니다. 〈표 1〉은 1909년에 완성된 선교지역 분할협정의 자장 속에서 미션스테이션이 개설된 곳을 정리한 것입니다.

〈표 1〉을 통해 이야기하고 싶은 내용은, 미션스테이션이 설치된 지역을 중심으로 3·1운동의 전국화가 이루어졌다는 사실입니다. 이는 최초의 시위 장소와 초기 확산 경로를 통해 알 수 있습니다. 각 도(道)별로 최초의 시위가 촉발된 장소와 미션스테이션이 설립된 지역을 대조하면 충청남도를 제외하곤 모두 동일하다는 사실을 알 수 있습니다. 예컨대 평안북도의 3·1운동은 선천과 의주의 만세시위에서 비롯되었습니다. 선천은 북장로회 선교사 휘트모어(N. C. Whittemore 위대모, 1870-1952)의 주도로 1901년에 미션스테이션이 설립되었고, 5년 후 신성중학교가 세워진 도시입니다. 3월 1일의 선천 시위는 신성중학교 학생들의 주도로 이루어졌으니 미션스테이션을 기반으로 삼았다고 할 수 있습니다. 의주의 경우, 선천과의 경쟁에서 밀려 미션

선교회	미션스테이션			3·1운동 관련 사항
	지역	거점 도시	설치 연도	
미국 북장로회	경기도	경성	1885	
	평안남도	평양	1893	평안남도 최초 시위 지역(공동)
	평안북도	선천	1901	평안북도 최초 시위 지역
		강계	1909	
	황해도	재령	1906	
	경상북도	대구	1899	경상북도 최초 시위 지역
		안동	1910	
	충청북도	청주	1908	충청북도 최초 시위 지역
미국 남장로회	전라도	전주	1895	
		군산	1896	전라북도 최초 시위 지역
		목포	1898	
		광주	1904	전라남도 최초 시위 지역
		순천	1913	
호주 장로회	경상남도	부산	1891	경상남도 최초 시위 지역
		진주	1905	
		마산	1911	
		거창	1913	
		통영	1913	
캐나다 장로회	함경남도	원산	1898	함경남도 최초 시위 지역
		함흥	1904	
	함경북도	성진	1901	함경북도 최초 시위 지역
		회령	1912	
북감리회	경기도	경성	1896	
		제물포(인천)	1891	
		수원	1901	
	강원도	원주	1909	
	충청남도	공주	1903	
	평안북도	영변	1905	
	평안남도	평양	1893	평안남도 최초 시위 지역(공동)
	황해도	해주	1904	황해도 최초 시위 지역
남감리회	경기도	경성	1895	
		개성	1897	경기도 최초 시위 지역
	강원도	춘천	1908	
		철원	1920	강원도 최초 시위 지역
	함경남도	원산	1900	

표 1. 미션스테이션과 3·1운동

스테이션이 설립되지는 못했지만 민족대표 멤버인 유여대 목사가 직접 주도한 만큼 기독교의 영향이 컸습니다.

황해도의 3·1운동은 해주(3.1.), 수안(3.3.), 황주(3.3.), 재령(3.9.), 안악(3.11.) 등을 걸쳐 확산되었습니다. 이 가운데 해주와 재령은 북감리회와 북장로회의 미션스테이션이 각각 하나씩 설치된 곳입니다. 황해도는 멸악산맥을 경계로 북부 지방과 남부 지방이 각각 독자적인 문화를 형성했는데, 이러한 지세는 선교지역 분할에도 영향을 미치지 않았나 싶습니다. 즉, 북장로회는 북부 지방의 중심도시인 안악과 재령을 거점으로 삼았고, 북감리회는 남부 지방의 중심도시인 해주를 거점으로 삼았던 겁니다. 천도교의 교세가 강했던 수안과 황주를 제외하면, 황해도의 3·1운동은 선교 거점을 중심으로 확산되었다는 걸 알 수 있습니다.

함경도도 마찬가지였습니다. 함경도의 3·1운동은 원산 시위(3.1.)와 함흥 시위(3.3.)를 거쳐 성진 시위(3.10.)로 이어지면서 전개되었습니다. 이 세 지역 모두 캐나다 선교회의 미션스테이션이 설립되었다는 사실이 흥미롭습니다. 원산과 성진은 함경도의 개항장이었고, 함흥은 함경도의 행정중심지였으니 캐나다 선교회가 선교 거점으로 삼을 만했습니다. 3월 3일의 함흥 시위는 신창리교회와 중하리교회의 신자들이 연대함으로써 한 지역 내의 두 교회가 힘을 합친 특징을 가지고 있습니다. 3월 10일의 성진 시위는 그리어슨(Robert G. Grierson, 구례선, 1868-1965) 선교사의 후원과 욱정교회를 맡고 있던 강학린 목사의 주도로 이루어졌고, 함경도의 초기 시위도 선교 거점을 통해 전개된 겁니다.

이번에는 강원도의 사례를 살펴보겠습니다. 강원도 선교는 사실

상 두 감리회가 전담했습니다. 북감리회는 원주, 남감리회는 춘천과 철
원에 미션스테이션을 설치하고 강원도 선교에 힘을 쏟았습니다. 처음
에는 원주와 춘천이 강원도 선교의 중심지였습니다. 그러다 1910년
이후 철원이 강원도 선교의 거점 도시로 부상했는데, 강원도에서 가장
먼저 만세시위가 일어난 곳이기도 합니다. 이는 1919년 3월 10일 철
원읍교회의 박연서 목사가 교회 청년들과 함께 시위를 주도한 데서
알 수 있습니다. 흥미롭게도 3·1운동 이후 철원 지역의 기독교인들
은 '철원애국단'이라는 비밀결사를 만들어 상하이 임시정부를 다각
적으로 지원하는 활동을 펼치기도 했습니다.

전라도와 경상도는 미션스테이션 안에 소재한 학교를 다니던 학
생들이 시위 촉발에 큰 영향을 미쳤습니다. 전라도는 전주, 군산, 목
포, 광주, 순천에 남장로회의 미션스테이션이 세워진 선교구역이었습
니다. 3·1운동 때 전북은 군산(3.5.), 전남은 광주(3.10.)에서 만세시
위가 시작되었는데, 남장로회가 세운 미션스쿨의 학생들이 시위의 물
꼬를 트는 핵심세력으로 활약했습니다. 즉, 군산에서는 영명학교와 멜
볼딘여학교, 광주에서는 숭일학교와 수피아여학교의 학생들이 시위를
주도함으로써 전라도에 3·1운동이 확산되는 계기를 마련했습니다.

경상도의 경우, 북장로회와 호주 장로회가 각각 경북과 경남을
맡았습니다. 원래 북장로회는 대구와 안동뿐만 아니라 부산에도 미
션스테이션을 개설했지만, 1914년 호주 장로회에 부산 지역을 이
양하면서 경북을 전담하게 되었습니다. 이러한 조치는 호주 장로회
가 경남의 다섯 도시(부산, 진주, 마산, 통영, 거창)에 미션스테이션을 둠
으로써 경남 지역의 선교를 전적으로 담당하게 했습니다. 경북의 만
세시위는 3월 8일 대구에서 시작되었는데, 북장로회가 세운 계성학

교와 신명여학교 학생들이 시위를 주도했습니다. 3월 11일 교문 밖으로 나온 부산 일신여학교 학생들의 시위는 경남 3·1운동의 효시를 이루었고요. 일신여학교는 '호주 선교부의 어머니'인 멘지스(Belle Menzies, 민씨, 1856-1935) 선교사가 설립한 미션스쿨이었습니다.

미션스테이션이 설치된 지역을 중심으로 시위가 촉발된 이유는 무엇일까요. 첫째, 3·1운동의 시위 문화는 근대적 현상이었습니다. 먼저, '독립'이라는 말은 근대의 신조어였습니다.[7] 대한제국 시절 『독립신문』 등을 통해 숱하게 쓰인 바 있지만, 각 지역에 안정적으로 정착된 용어는 아니었습니다. 특히 농촌에서는 매우 낯선 말이었습니다. 시위 확산에 큰 기여를 한 지하 신문과 유인물도 근대 인쇄 매체를 통해 만들어졌습니다. 근대적 공간인 도시에서 시위가 시작되어 농촌으로 번져 간 양상도 주목해야 합니다. 기존의 민란이 농촌을 중심으로 전개되었다는 점에서 볼 때 3·1운동은 매우 이례적입니다. 즉, 3·1운동은 저항 공간이 농촌에서 도시로 바뀌기 시작한 전환점이라 할 수 있습니다.[8]

3·1운동이 근대성을 기반으로 하고 있다는 사실은 미션스테이션의 영향을 짐작하게 합니다. 앞에서 잠깐 언급했듯이, 미션스테이션은 지역사회의 근대성이 형성되는 데 큰 영향을 미쳤습니다. 미션스테이션의 설립을 통해 근대식 병원과 학교가 지어졌기 때문입니다. 즉, 미션스테이션은 '의료'와 '교육'이라는 근대적 기제를 전파한 곳이라 할 수 있습니다. 이 과정에서 미션스테이션은 근대적 공간성

7] 권보드래, 「선언과 등사: 3·1운동에 있어 문자와 테크놀로지」, 『반교어문연구』 제40집 (2015), 375쪽.

8] 김정인, 「기억의 탄생: 민중 시위 문화의 근대적 기원」, 『역사와 현실』 74호(2009), 153쪽.

을 구현하였습니다. 따라서 근대적 현상인 시위 문화가 확산될 때 미션스테이션이 재빨리 호응할 수 있었지 않았나 싶습니다. 이는 미션스테이션이 설치된 지역을 중심으로 만세시위가 제일 먼저 촉발되었다는 사실에서 알 수 있습니다.

둘째, 대부분의 미션스테이션은 장시(場市)가 발달한 곳에 개설되었습니다. 장시는 보통 5일마다 열리는 정기 시장을 가리킵니다. 아무래도 장시는 사람이 많이 모이는 곳이다 보니 갖가지 소문이 무성하고 재빨리 전파되었습니다. 그 덕분에 농민들은 평소에 접하기 어려운 정보들을 들을 수 있었죠. 조선의 마을들을 혈관처럼 이어 주던 장시는 시끄럽고 무질서한 공간이자 하층민들이 해방감을 맛볼 수 있는 곳이기도 했습니다. 때로는 장시가 농민들의 집회 장소로 사용되었습니다. 19세기 민란이 대부분 장시를 거점으로 봉기한 이유입니다.

그러다 보니 조선 선교도 장시를 중심으로 이루어졌습니다. 초기 내한 선교사들은 장시를 중심으로 전도여행을 떠났고, 장시를 돌면서 그 지역의 특색과 문화 등을 경험했습니다. 이들의 선교는 장시 루트를 이용한 전도여행을 통해 이루어진 셈입니다. 장시를 선교적 공간으로서 매우 중요하게 여겼던 겁니다. 한 예로, 윌리엄 블레어(William N. Blair, 방위량, 1876-1970) 선교사는 "장터는 사람들을 만나기 좋은 장소이며, 복음을 전하기 안성맞춤인 곳"이라고 평가했습니다.[9] 사무엘 모펫(Samuel A. Moffett, 마포삼열, 1864-1939) 선교사 역시 장시의 중요성을 다음과 같이 언급하고 있습니다.

9] 황미숙, 「초기 선교사들의 전도활동과 장시」, 『한국교회사학회지』 제45집(2016), 235쪽.

우리가 안악에 도착한 날은 장날이었는데, 장터는 인근 시골 전역에서 온 수천 명의 사람들로 북적거렸습니다. 5일마다 열리는 이런 장날은 거리 전도하기에 좋은 기회입니다.[10]

장시는 많은 사람을 만날 수 있는 공간이다 보니 선교를 펼치기에 적합했습니다. 선교사들이 미션스테이션을 세울 때 장시를 고려하지 않을 수 없던 이유입니다. 장시가 발달한 평양, 원산, 군산, 광주, 부산 등에 미션스테이션이 만들어진 배경입니다. 선교사들은 미션스테이션이 개설된 마을을 중심으로 교회를 하나둘 개척했습니다. 이는 자연스럽게 하나의 연락망으로 형성되었고, 이 연락망은 한 지역 내의 교회들이 힘을 합쳐 시위를 펼치는 데 중요한 역할을 담당했습니다. 교회 연락망이 시위의 원동력으로 작용한 셈입니다.

1919년 3월 18일에 발발한 강화읍 만세시위는 교회 연락망이 만세시위의 원동력으로 작용한 대표적 사례입니다. 강화도는 북감리회의 선교 관할 구역 중 하나였습니다. 1893년 제물포교회를 다니던 이승환이 고향인 강화도에 오면서 북감리회의 강화도 선교가 본격화되었습니다. 그 결과, 교산교회(1894), 홍의교회(1896) 등이 속속 설립되었습니다. 이러한 과정에서 세워진 선두리교회(황윤실, 황일남, 조상문)와 길직교회(장동원, 장명순), 그리고 산후교회(유희철)의 청년들이 '7인 결사대'를 만들어 강화읍 만세시위를 기획했습니다. 이 세 교회는 이진형 목사가 관장했던 강화남구역에 속해 있었습니다. 교회

10] 마포삼열, 「1890년 10월 20일 자 편지」, 『마포삼열 자료집 1』(새물결플러스, 2017), 172-173쪽.

모임을 통해 자주 만나던 청년들이 만세시위의 지도부를 결성한 겁니다. 이들이 주도한 시위는 2만 명 규모의 군중이 참여한 대규모 저항운동으로 발전했습니다. 전국에서 벌어진 시위 가운데 큰 규모를 자랑하는 사례였습니다.

시위를 이끈 전도부인들

지금까지 우리는 주로 남성 중심의 3·1운동을 살펴보았습니다. 명심해야 할 점은 '전도부인'들의 역할도 남성 못지않았다는 사실입니다. 전도부인은 가정이라는 울타리에 갇혀 있던 여성들을 전도하려고 선교사들이 따로 세운 '여성' 사역자들입니다. 1890년대에 본격적으로 시작된 전도부인은 주로 사회적으로 소외된 여성들이 하다 보니 과부가 제일 많았습니다. 전도부인은 전도 이외에도 사경회를 인도하면서 일반 여성들에게 근대적 지식과 정보를 제공하는 중요한 역할을 담당했습니다.

여성사의 관점에서 볼 때 3·1운동은 여성을 역사의 전면에 드러낸 사건이었습니다. 역사의 뒷면에 머물고 있었던 여성들을 민족운동의 주역으로 서게 만들었죠. 이는 여성들이 3·1운동에서 주체적으로 활약한 결과였습니다. 3·1운동에서 여성들의 활약은 주로 여학교 위주로 전개되었지만, 경기도 개성(송도)의 경우는 좀 달랐습니다. 바로 전도부인 어윤희(1880-1961)가 시위의 핵심인물로 활약했기 때문입니다.

개성은 고려의 옛 도읍지이자 개성상인으로 유명한 경제도시로서 미국 남감리회의 선교활동에 중요한 근거지였습니다. 경기도에서는 3월 1일 이전에 「독립선언서」가 배포된 유일한 지역입니다. 이는 개성북부교회를 맡고 있던 강조원 목사가 민족대표 중 한 명인 오화영 목사에게서 「독립선언서」 200매를 미리 받은 상태였기 때문에 가능했습니다. 이때가 2월 25일 내지 26일이었습니다. 개성북부교회는 초기 한국 감리교 역사에서 중심적인 역할을 담당했던 지도자들을 배출한 요람이었습니다. 민족대표 33인 가운데 무려 3명(정춘수, 오화영, 신석구)이 이 교회 출신이었을 정도입니다.

「독립선언서」를 받은 인물은 강조원 목사였지만, 이를 배포한 주체는 전도부인이었습니다. 강조원 목사는 호수돈여학교에 근무하던 여성에게 「독립선언서」를 건네주었고, 그 여성은 호수돈여학교의 상급생을 통해 전도부인 어윤희에게 「독립선언서」를 전달했습니다.[11] 어윤희는 전도부인 신관빈과 함께 3월 1일 송도면의 만월정, 동본정, 북본정에 「독립선언서」를 배부함으로써 개성 지역의 3·1운동이 촉발하는 데 결정적인 역할을 했습니다. 그렇게 해서 개성의 시위는 3월 3일 호수돈여학교 학생들이 독립가와 찬송가를 부르며 시작되었습니다. 여기에 송도고등보통학교 학생들과 주민들이 합세했습니다. 1,000명에 가까운 사람들이 시위에 참여했다고 합니다.

전도부인 어윤희는 충북 충주에서 태어났으나 결혼한 지 3일 만에 동학군인 남편을 잃고 황해도 평산, 해주 등지를 전전하다가 경기도 개성에 정착했습니다. 1909년 정춘수 목사의 설교를 듣고 기독교로 개종한 그녀는 정규과정을 거쳐 전도부인이 되었습니다. 그러다 1919년 개성의 여자성경학원 사감으로 근무하게 되었습니다. 여기

11] 참고로 어윤희에게 「독립선언서」를 전달한 이의 이름은 기록에 따라 차이가 있습니다. 권애라 또는 신공량으로 표기가 다르거든요. 혼동을 피하기 위해 이 책에서는 이름을 적지 않았습니다.

일본 경찰이 작성한 감시 대상 인물카드에 실린 어윤희 전도부인의 모습. (출처: 국사편찬위원회)

서 그녀는 학생들의 정신적 지주로 자리매김하지 않았나 싶습니다.
일례로, 민족대표 박희도의 밀명으로 개성에 온 안병숙이 호수돈여
학교 학생들을 포섭하여 시위를 준비할 때, 학생들이 어윤희를 찾아
가 상의했기 때문입니다.

오후 2시 정각에 어윤희는 왼쪽 팔에 선언서를 걸쳐 매고 남문 쪽부
터 중앙지대로 연설을 하며 올라왔다. 그 뒤를 교회 부인들과 청년
들이 [따르며] 유인물을 뿌리면서 만세를 불렀다.[12]

어윤희는 「독립선언서」를 배포했을 뿐만 아니라 시위대 제일 앞에서

12] 최은희, 『한국개화여성열전』(정음사, 1985), 244쪽.

군중을 이끌었습니다. 일제 판결문은 그녀를 "불온한 언동"을 함으로써 "치안을 방해한 자"라고 기록하고 있습니다. 「독립선언서」배포에 중심적 역할을 맡다 보니 그녀는 곧바로 일본 경찰에 연행되었습니다. 어윤희는 징역 1년 6개월 형을 선고받고 서대문형무소에 수감되었습니다. 그녀를 도운 신관빈은 징역 1년 형을 받았습니다. 「독립선언서」를 전해 준 강조원 목사가 징역 7개월을 받은 사실과 비교하면 중형을 받은 셈입니다.

어윤희가 수감되었던 8호 감방에는 노백린 장군의 딸 노순경과 유관순이 있었습니다. 그녀들은 감옥에 갇혀 있었지만 저항을 멈추지 않았습니다. 1919년 12월 24일, 크리스마스이브에 그들은 옥중에서 대한독립만세를 불렀습니다. 3·1운동 1주년이 되던 1920년 3월 1일에도 마찬가지였습니다. 유관순이 고문후유증으로 사망하게 된 것도 이 때문이었습니다. 그해 9월 28일 유관순은 옥중에서 숨을 거두었습니다.

어윤희는 영친왕 이은과 일본 황족인 나시모토노 미야마사코(梨本宮方子, 이방자, 1901-1989)의 결혼에 맞추어 진행된 특별사면령으로 석방되었습니다. 이때가 1920년 4월 28일이었습니다. 출옥 후 그녀는 전도사 직분으로 전도활동에 전념하면서 비밀리에 입국한 독립운동가들에게 은신처를 제공했습니다. 이뿐만이 아니라 그녀는 신간회 개성지회(1927)와 개성여자교육회(1929) 핵심 멤버로 활동했습니다. 좌우합작 단체와 여성계몽운동 단체에 관여했던 그녀를 매개로 근우회 개성지회가 창립된 건 결코 놀랄 일이 아니었습니다.[13] 근우회가

13] 강영심, 「어윤희(1880-1961)의 생애와 독립운동」, 『한국문화연구』 17(2009), 287-288쪽.

'좌우합작'과 '여성계몽'을 키워드로 하는 단체이기 때문입니다. 이는 어윤희가 개성의 3·1운동에서 「독립선언서」배포로 두각을 나타내면서 개성 지역의 민족운동 지도자로 부상한 결과라 할 수 있습니다.

전도부인의 활약은 개성에만 머물지 않았습니다. 강원도의 만세시위는 3월 10일 철원에서 시작되었고, 5월 9일 양양을 기점으로 수그러들었습니다. 강원도는 다른 지역에 비해 교통수단이 발달하지 못하다 보니 시위가 좀 늦게 시작되었습니다. 중앙과의 유기적 연락망을 갖지 못해 「독립선언서」를 낭독하거나 배포하는 경우도 적었습니다.[14] 또한, 강원도의 3·1운동은 천도교 세력의 강세를 특징으로 꼽을 수 있습니다. 철원, 김화, 횡성, 화천, 원주, 홍천, 춘천, 평강, 이천, 양구, 정선, 회양, 영월, 평창 등 강원도의 대부분 지역에서 천도교 신자들이 시위를 주도했기 때문입니다.

흥미로운 점은 반(反)동학군이 존재했던 지역인 경우, 감리교 신자들이 만세시위를 주도했다는 사실입니다. 아마도 그 지역사회의 반(反)동학적인 분위기에 천도교가 제대로 정착하지 못한 틈을 타서 감리교 신자들이 민족운동의 주도권을 잡지 않았나 싶습니다. 이는 유교 세력이 강해서 반(反)동학군이 활약했던 강릉과 양양에서 두드러지게 나타났습니다. 다만, 이 두 지역의 감리교 신자들은 만세시위를 늦게 추진한 편이었습니다. 강릉과 양양은 바닷길로 원산을 거쳐야 서울과 연락을 취할 수 있었습니다. 원산이 중계지인 셈이죠. 문제는 원산의 기독교 지도자들이 3월 1일 시위를 일으켜 검거되었던 터

14] 조동걸, 「3·1운동의 지방사적 성격—강원도 지방을 중심으로」, 『역사학보』제47집 (1970), 122쪽.

라, 원산이 사실상 중계지 역할을 하지 못했다는 겁니다.[15] 그러다 보니 강릉과 양양의 감리교 신자들은 3월 말과 4월 초에 이르러서야 만세시위를 일으킬 수 있었습니다.

강원도에서도 유림(儒林)의 고장으로 유명한 강릉은 만세시위가 4월 2일과 4일, 그리고 4월 7일에 걸쳐 발생했습니다. 이 중 2일과 7일의 시위는 감리교 계통의 청년들이 주도하였습니다. 특히 4월 2일의 시위는 105인 사건으로 고초를 겪기도 한 안경록 목사가 교회 청년들을 규합하여 계획한 것입니다. 4월 4일은 농민들이 시위를 주도했습니다. 이날은 마을 주민들이 해마다 실시하는 보(洑) 공사 날이어서 이를 핑계로 모였다가 시위를 벌인 겁니다.

양양의 경우, 유림들이 집성촌을 토대로 큰 영향력을 행사하고 있었습니다. 이 가운데 대표적인 인물이 이석범(1859-1932)이었습니다. 그는 1894년 동학군이 강릉과 양양으로 진격하자 유림들을 규합하여 동학군을 진압했던 인물입니다. 양양의 보수성은 개화 지식인 남궁억이 양양부사로 부임한 후 신학문을 배울 수 있는 현산학교를 설립하면서 도전을 받게 되었습니다. 양양에 「독립선언서」가 유입된 경로는 두 갈래인데, 그중 하나는 유학자 이석범이 고종의 장례식에 참석하러 경성에 갔다가 3·1운동을 목격한 후 버선 속에 「독립선언서」를 숨긴 채 귀향하면서 이루어졌습니다. 즉, 양양은 유림 세력이 적극적으로 시위를 준비한 곳이라고 할 수 있습니다.

다른 하나는 개성 호수돈여학교에 재학 중이던 조화벽이 휴교 조

15] 조동걸, 「3·1운동 때 지방민의 참여 문제─양양과 강릉의 경우」, 『논문집』 9호(춘천교육대학, 1971), 33-34쪽.

치가 내려지자 고향인 양양으로 돌아오는 길에 「독립선언서」를 몰래 갖고 오면서 성사되었습니다. 사실 그녀는 개성에서 전도부인 어윤희를 도와 시위에 참여했던 인물입니다. 양양교회의 조영순 전도사가 그녀의 아버지였죠. 조화벽이 고향으로 돌아가던 여정은 극적이었습니다. 그녀는 3월 11일 기차를 타고 갔는데, 마침 그때 철원에서 만세시위가 벌어지고 있었습니다. 철원역에 모인 군중은 역에 정차하고 있던 기차를 향해 만세를 불렀고, 기차 승객들도 손을 흔들며 격려했다고 합니다. 이때 조화벽도 울면서 손을 흔들었다는 증언이 남아 있습니다.[16]

양양에 도착한 조화벽은 일본 경찰의 불심검문을 받았지만 다행히 무사통과했습니다. 그녀는 교회 청년 김필선, 김주호 등에게 「독립선언서」와 다른 지역의 실상을 전하고 이들과 함께 만세시위를 추진하였습니다. 김필선은 김재구, 김규용, 김계호, 김주호, 김봉운 등 다른 교회 청년들과 함께 면사무소의 등사판을 이용하여 「독립선언서」를 제작하였습니다. 이는 김필선이 면사무소에 근무하고 있었기에 가능했습니다. 그 와중에 교회 청년들은 유학자 이석범을 도와 만세시위를 준비하고 있던 최인식과 연락이 닿았습니다. 이 일로 양양은 유교와 기독교가 힘을 합쳐 만세시위를 주도한 지역 중 하나가 되었습니다. 이전까지 대립적이었던 양양 지역의 유교와 기독교가 연대를 이룰 수 있었던 이유는 무엇일까요. 아마도 시위 준비의 실무를 담당했던 이들이 '양양보통학교 동문'이라는 고리로 연결되었기 때문에 가능하지 않았나 싶습니다.[17]

16] 김정인·이정은, 『국내 3·1운동 1: 중부·북부』, 107쪽.
17] 최양섭, 「일제하 양양지방 독립운동과 기독교인의 역할」(목원대학교 신학과 석사학위논문, 1998), 25쪽.

유교와 기독교의 극적인 연대로 양양의 만세시위는 4월 4일에 전개되었습니다. 수천 명의 군중이 모여들었고, 일본 경찰의 발포로 세 명이 사망했습니다. 일제가 시위를 주도한 사람들을 검거하자 조화벽은 양구로 피신하였습니다. 검거 선풍이 사라진 뒤 그녀는 개성으로 가서 학업을 마쳤고 공주 영명학교 교사로 부임하였습니다. 이때 그녀는 유관순의 두 동생을 맡아서 양육하면서 공주의 만세시위로 투옥되어 있던 유우석의 옥바라지를 해주었습니다. 유우석은 바로 유관순의 오빠였습니다. 이를 계기로 조화벽과 유우석은 부부의 연을 맺게 되었습니다.

단편적이나마 충청남도 진천군에서도 전도부인의 활약상이 전해지고 있습니다. 1919년 3월 15일 진천군의 마을 주민들은 산에 올라 횃불을 올리면서 시위를 시작했습니다. 이 과정에서 우여곡절이 많았습니다. 그 전날 누군가의 밀고로 주도 인물들이 대거 검거되었기 때문입니다. 시도조차 하지 못할 상황에서 전도부인들은 용기를 냈습니다. 마을을 여기저기 돌아다니며 시위 사실을 알렸던 겁니다. 덕분에 진천군의 시위는 성공적으로 시작될 수 있었습니다. 그녀들이 있었기에 진안군에서도 저항의 횃불이 활활 타오를 수 있었습니다.

'내연과 외연'이라는 신앙 구조

지금까지 우리는 식민지 조선의 기독교가 3·1운동에 어떻게 참여했는지를 살펴보았습니다. 이를 통해 3·1운동의 준비 과정과 초기 확산에 기독교의 역할이 컸던 사실을 알 수 있었습니다. 특히 미션스테

이션이 설치된 지역을 중심으로 3·1운동의 전국화가 이루어졌음을
확인했습니다. 3·1운동이 전국적으로 퍼지는 데 기독교가 구심점 역
할을 담당한 셈입니다. 이 점을 유의하되 반드시 짚고 넘어가야 할 문
제가 있습니다. 왜 그토록 많은 기독교인이 3·1운동에 참여했던 것
일까. 그동안 기독교의 3·1운동 참여가 너무나 당연한 역사적 사실
로 굳어지면서 역설적으로 이들의 논리가 어떠했는지, 저항의 심성
에 무엇이 있었는지를 밝히는 데 무관심하지 않았나 싶습니다. 마지
막으로 이 부분을 살펴보고 일단락 지을까 합니다.

　이 문제와 관련하여 반드시 살펴봐야 할 사안이 있습니다. 바로
민경배 교수가 제창한 '내연(內燃)과 외연(外延)'이라는 신앙 구조입
니다.[18] 민경배 교수는 '민족교회의 형성사'라는 주제를 화두로 삼은
교회사학자입니다. 1934년생인 그가 39세가 되던 1973년에 출간
한『한국기독교회사』는 몇 번의 개정을 거치면서 지금도 많이 읽히고
있는 한국교회사 교과서라 할 수 있습니다. 내연과 외연은 민경배 교
수의 역사 해석에서 아주 중요한 키워드로, 신앙의 내연이 활활 타오
를 때 외연으로 표출되어 역사 변혁의 에너지로 나타난다는 의미를
담고 있습니다. 이는 1905년 원산에서 시작하여 1907년 평양에 이
르기까지 전개되었던 부흥운동이 민족교회의 형성에 기여한 바를 설
명하기 위한 개념입니다. 이때 형성된 신앙의 내연이 1919년 3·1운
동으로 외연화되었다는 게 민경배 교수의 주장입니다. 그리고 다시
1920년대 부흥운동을 통해 형성된 신앙의 내연은 신사참배 거부로
외연화되었다고 주장합니다. 나중에 살펴보겠지만, 보수적인 신앙을

18]　민경배,『교회와 민족』(대한기독교출판사, 1981), 31쪽.

가진 이들이 일제의 신사참배 강요에 끝까지 저항할 수 있었던 이유를 설명하는 데 적합한 해석으로 보입니다.

의문인 점은 내연이 외연으로 표출될 때의 조건입니다. 신앙의 내연이 외연으로 표출된다는 건 신앙의 논리가 운동의 에너지로 폭발한다는 말이기도 합니다. 그 폭발의 순간에 어떤 동력이 필요하지 않을까요. 기독교의 3·1운동 참여가 부흥운동을 기반으로 삼는다고 하더라도 내연이 '저절로' 외연으로 표출된다고는 할 수 없습니다. 이와 관련하여 우리는 식민지 조선을 살아가던 기독교인들이 성서를 어떻게 이해했는지 살펴볼 필요가 있습니다. 흥미로운 사실은 식민지 조선의 기독교인들은 구약성서를 '탈식민주의 텍스트'로 여기고 매우 중시했다는 점입니다. 당시 일본 기독교는 식민지 조선의 기독교를 '유대적 기독교'로 평가했습니다. 이는 일본 기독교가 식민지 조선의 기독교를 비하하기 위한 표현이지만, 다른 한편으로 식민지 조선의 기독교가 구약성서에 나오는 이스라엘 민족의 고난과 구원을 자신들의 서사로 투영한 결과입니다. 고대 이스라엘은 주변 제국으로부터 끊임없이 침략을 받았습니다. 이들은 오랜 세월 동안 이집트의 식민 지배를 받았고, 아시리아 제국에 의해 북이스라엘이, 그리고 바빌로니아 제국에 의해 남유다 왕국이 멸망당했습니다. 이스라엘의 수난사를 담아낸 책이 바로 구약성서였으니 식민지 조선의 기독교인들에게는 남다른 텍스트였던 겁니다.

이스라엘 민족의 수난사는 식민 지배를 받고 있던 기독교인들에게 하나의 희망이었습니다. 그러자 자신들의 신앙적 정체성을 이스라엘과 동일시하는 양상을 보였습니다. 예를 들어, 1908년 양주삼은 "우리 대한 이천만 동포를 죄악 가운데서 구원하실 이가 예수교요, 우리 인민의 자유를 회복할 자가 예수교요, 이스라엘 자손을 애굽에서 구원하신 것같이 우리 대한 민족을 원수의 수중에서 구원하여 줄 이가 또한 예수교라"라고 썼습니다.[19] 한 일본 유학생은 "한반도의 상황은 유대의 이스라엘 민족이 처한 상황과 너무도 유사하다. 기독교를 통하지 않고는 한국을 구할 길이 없다"라고 진술하기도 했습니다.[20] 이러한 동일시는 하나의 비유이지만, 하나님이 일본으로부터 자신들을 해방시켜 줄 것이라는 염원을 담고 있습니다.

그러다 보니 식민지 시기에는 성탄절 연극이 모세의 출애굽 테마로 펼쳐지는 진풍경이 펼쳐졌습니다. 민중신학자 안병무도 어린 시절 크리스마스 때마다 모세나 에스더를 소재로 연극을 했다고 합니다. 구약성서 중에서 민족 해방이라는 주제를 끄집어내어 연극을 했던 겁니다.[21] 중요한 점은 일본 기독교가 식민지 조선의 기독교를 '유대적 기독교'로 평가한 시점이 3·1운동 때였다는 사실입니다.[22] 일본조합교회의 선교사로 식민지 조선에서 활동하고 있었던 와다세(渡瀬常吉)는 식민지 조선의 기독교가 "유태교적인 형식과 편협한 애국심을 길러 낸 것으로 인해 천도교와 같은 미신집단과 제휴하기를 마다하지" 않았다고 비판했습니다.[23] 와다세는 식민지 조선의 기독교가 비신앙적이고 비복음적이라는 걸 강조하고 비하하기 위해 "유태적"이라는 표현을 쓰고 있지만, 다른 한편으로 식민지 조선을 살아가야 했

19] 양주삼, 「경고, 아 한국 예수 교회 형제 자매」, 『공립신보』, 1908년 2월 26일 자.
20] 케네스 M. 웰스, 『새 하나님 새 민족』(한국장로교출판사, 1997), 153쪽.
21] 안병무, 『민중신학 이야기』(한국신학연구소, 1988), 17쪽.
22] 서정민, 『일본기독교의 한국인식: 기독교회와 민족국가 관계론 연구』(한울아카데미, 2000), 113쪽.
23] 渡瀬常吉, 「朝鮮騷擾事件の眞相と其の善後策」, 『新人』 第20卷 4號(1919년 4월 호).

던 기독교인들의 특성을 설명해 주는 간접적 증언일 수 있습니다.

식민지 조선의 기독교가 '유대적 기독교'라는 건 조선총독부의 시선을 통해서도 확인할 수 있습니다. 전시체제기(1937-1945)에 조선총독부 경무국 보안과가 고등계 형사들을 동원하여 작성한 문건에 의하면, 식민지 조선의 기독교는 "유태 민족의 혁명사상과 영미 앵글로색슨 민족의 자유민주주의 사상을 혼합"한 특성을 지녔다고 합니다.[24] 이 문건은 유대 민족을 민족적 결벽성과 우월감, 그리고 혁명사상을 가진 집단으로 평가하는데, 이는 일본의 반유대주의적 표현이라 할 수 있습니다. 한 연구에 의하면, 1933년부터 1945년까지 일본으로 유입된 반유대주의 서적은 약 800종에 달했다고 합니다. 특히 나치의 지도자 중 한 명인 로젠베르크(Alfred Rosenberg)가 쓴 『20세기의 신화』는 일본의 지식인과 젊은 장교들에게 큰 영향을 미쳤다고 합니다.[25] 제국일본은 독일과의 문화외교를 통해 반유대주의를 적극 수용한 겁니다.

따라서 '유대적 기독교'라는 표현에는 제국일본의 인종주의적 시선이 반영되어 있습니다. 전시체제기에 일본 기독교의 구약성서 폐지가 이루어진 맥락이기도 합니다. 물론 구약성서의 폐지는 구약성서에 담겨진 해방과 저항의 메시지를 없애기 위한 조치이기도 했습니다. 식민지 조선의 기독교가 구약성서를 중시했다는 사실은 식민 지배를 비판적으로 바라보고 불의에 언제든지 맞설 준비가 되어 있다는 걸 반증합니다. 신앙의 내연이 3·1운동이라는 외연으로 표출

24] 김승태 편역, 『일제강점기 종교정책사 자료집』(한국기독교역사연구소, 1996), 336쪽.

25] 황기우, 「나치의 대일 문화외교를 통해 본 반유대주의의 의미」, 『사림』 46권(2013), 668쪽.

될 수 있었던 이유 중 하나는 민족 해방의 서사로서 구약성서를 중시
한 풍조라 할 수 있습니다.

이러한 사실은 몇 가지 사례를 통해 유추할 수 있습니다. 하나는
1919년 3월 경성에 뿌려진「독립단 통고문」이라는 유인물입니다. 이
자료는 당시 기독교인들이 구약성서를 어떻게 이해하고 있었는지 잘
보여줍니다.[26] 이 유인물은 1921년 김병조 목사가 펴낸『한국독립운
동사략』에 수록되어 있습니다. 6일 동안 요일별로 지정된 성서구절
을 읽고, 주일에 금식하며 기도하기를 권유하고 있습니다. 주목할 점
은 요일별로 지정한 성서구절이 구약에 치중되어 있다는 사실입니
다. 즉, 월요일에는 북이스라엘을 멸망시킨 아시리아에 대한 하나님
의 징벌을 기록한 이사야 10장, 화요일에는 남유다 왕국의 멸망을 담
은 예레미야 12장, 수요일에는 이스라엘이 다른 민족의 침략으로 고
통을 받게 되리라는 예언을 하고 있는 신명기 28장을 읽으라고 권하
고 있습니다. 그리고 목요일부터 토요일까지는 고난을 기도로 인내
하라는 야고보서 5장과 회개한 백성에게 하나님이 구원을 주실 것이
라는 이사야 59장, 그리고 장차 받을 은혜에 관한 내용을 담은 로마
서 8장을 권면하고 있습니다. 6개의 성서구절 가운데 무려 4개가 구
약이고, 대부분 이스라엘 민족의 멸망을 다뤘다는 점이 눈에 띕니다.
구약성서를 민족의 고난과 해방이라는 서사로 주목했음을 알 수 있
습니다.

다른 하나는 공주 지역의 3·1운동입니다. 이 지역의 시위는 영
명학교가 주도한 측면이 있습니다. 영명학교는 1907년 윌리엄스

26] 이덕주·조이제 엮음,『한국 그리스도인들의 신앙고백』(한들, 1997), 128쪽.

(Frank E. C. Williams, 우리암, 1883-1962) 선교사가 세운 미션스쿨입니다. 흥미로운 점은 영명학교 교사 이교영의 회심기입니다. 대한제국의 관료로 근무했으며 경술국치 이후 공주에 정착한 인물입니다. 공주교회의 권사였던 그는 1915년 사경회에 참석하여 오익표 전도사의 설교를 듣습니다. 설교 제목은 "모르드개의 기도"였습니다. 이교영은 페르시아 제국의 압제에서 유대 민족을 구한 모르드개의 이야기를 듣고 큰 감동을 받았습니다. "모르드개의 간절한 기도와 열성은 다 죽게 되었던 자기 민족을 구원하였다. 우리는 어찌 모르드개와 같은 애국자가 없는가. 이 죄인은 나라가 망할 때 한마디 말이 없었고 지금은 교회가 부패해져도 못 본 체하는구나. 어찌 이럴 수가 있는가"라고 회개했다고 합니다.[27] 구약성서에 서술된 민족수난사는 식민지 조선을 살아가는 기독교인들에게 결코 남의 이야기가 아니었습니다.

기독교 민족주의와 사(士) 의식

특기할 점은 기독교인들이 3·1운동에 참여하는 과정에서 기독교적 논리가 두드러지게 나타나지는 않았다는 겁니다. 다시 말해 신학적 내용을 담은 선언서나 유인물이 발견되지 않고 있는 상황입니다. 「독립단 통고문」을 통해 기독교의 3·1운동 참여가 신앙고백 위에서 이

27] 이교영, 『승리의 생활』(조선예수교서회, 1927), 66쪽; 이덕주, 「공주 3·1만세운동과 기독교」, 『토착화와 민족운동 연구』(한국기독교역사연구소, 2018), 327쪽 재인용.

루어졌던 단면을 확인할 수 있지만, 이 자료만으로는 충분치 않습니다. 이런 이유로 혹자는 3·1운동이 내연과 외연이라는 신앙 구조를 반영하고 있지 못하다는 평가를 내리기도 합니다.[28]

재일조선인으로 한국 근대사를 연구하는 조경달 교수는 『민중과 유토피아』라는 책을 통해 흥미로운 주장을 펼치고 있습니다. 이 책은 홍경래의 난(1811), 임술민란(1862), 갑오농민전쟁(1894), 활빈당(1900) 등 사회의 모순에 저항했던 민중들의 다양한 움직임을 다루고 있습니다. 여기서 중요하게 등장하는 개념이 '사(士) 의식'입니다. 조선 후기가 되면, 양반적인 가치관이 점차 아래로 확산되어 갑니다.[29] 이는 유교적 규범이 일반 민중에게까지 침투해 감에 따라 스스로를 '사'(士)로 자각한 민중들이 등장하는 배경으로 작용했습니다. 사(士)는 "천하를 위해 말하고 행동하는" 유교적 윤리의 실천 주체를 의미합니다. 다른 말로 '선비'라고 할 수 있습니다. 선비는 예법과 의리를 지킴으로써 예의(禮義)를 구현하는 존재입니다. 즉, 사(士) 의식은 '선비정신'이라고도 할 수 있는데, 이 선비정신은 불의에 맞서는 신념을 뜻합니다. 그러다 보니 사(士) 의식을 받아들인 민중들이 정치적 주체로 등장하기 시작했습니다. 특히 갑오농민전쟁에서 민중은 고양된 사(士) 의식을 바탕으로 변혁 주체로 등장해 거대한 에너지를 발산했습니다.

사(士) 의식은 대한제국 시절에 이르러 더욱 확산되었습니다. 예컨대 변방인 제주도에서 일어난 이재수의 난(1901)은 사(士) 의식의

28] 박종현, 『일제하 한국교회의 신앙구조』(한들, 2004), 257쪽.
29] 미야지마 히로시 지음, 노영구 옮김, 『미야지마 히로시의 양반』(너머북스, 2014), 204-225쪽.

확대를 잘 보여주고 있습니다. 노비였던 이재수조차 사(士) 의식을
갖고 민란을 지도했던 정황을 포착할 수 있기 때문입니다. 성진민란
(1900)의 경우, 사(士)의 정신을 잃어버린 세상을 한탄하는 민중의 모
습을 볼 수 있습니다. 민중이 사(士)에 대해 공공연하게 이야기하는
시대가 도래한 겁니다. 1905년 11월 을사늑약 체결 이후에는 사(士)
의식으로 무장한 의병이 전국적으로 궐기했습니다.

　식민지 시기에 이르러 사(士) 의식은 후퇴하고 말았습니다. 일제
가 의병 진압으로 사(士) 의식을 지닌 집단을 뿌리째 몰아내면서, 민
중의 사(士) 의식은 폭력에 의해 후퇴해 버렸습니다. 그러다 3·1운동
을 통해 억눌리고 잠재되어 있던 민중의 변혁의식이 일거에 폭발하
였습니다. 다시 말해 3·1운동은 민중이 순식간에 사(士) 의식을 다시
자각하여 일으킨 획기적 투쟁이라 할 수 있습니다.[30]

　초기 한국 기독교 역사를 살펴보면, 복음을 수용한 주체는 크게
장돌뱅이와 여성, 그리고 양반임을 알 수 있습니다. 여러 시장을 돌아
다니며 물건을 파는 장수를 일컫는 장돌뱅이는 내한 선교사들이 조
선에 정착하는 데 중요한 역할을 했습니다. 예컨대 이응찬, 서상륜,
백홍준 등 의주 상인들은 존 로스(John Ross, 1842-1915) 선교사를
도와 성서를 번역하는 일에 앞장섰습니다. 여성들은 전도부인으로서
종횡무진 활약했습니다. 유학 교육을 받은 양반 출신들은 기독교로
개종한 후 '기독교 민족주의자'로서 사회운동에 나섰습니다. 이는 이
승만, 신흥우, 이상재, 이원긍, 유성준, 김정직 등 독립협회 활동으로
투옥되었다가 벙커(Dalziel A. Bunker, 방거, 1853-1932) 선교사의 전

30]　조경달, 『민중과 유토피아: 한국 근대 민중운동사』(역사비평사, 2009), 230쪽.

도로 기독교 신앙을 받아들인 '옥중 개종자'들을 통해 알 수 있습니다. 관리 및 양반 출신인 이들은 1904년 석방된 이후 양반 교회로 유명한 연동교회에서 세례를 받았으며, 기독교 민족주의 운동의 결사체인 황성기독교청년회(YMCA)의 주역으로 활동하기 시작했기 때문입니다.

한 사람의 정신 구조는 한번에 바뀌기 어렵습니다. 평생 유학을 공부해 온 양반 출신들이 기독교로 개종할 수 있었던 이유에는 '보유론'(補儒論)의 영향이 컸습니다. 보유론이란 기독교가 유교의 결점을 보완해 준다는 논리로 유교 지식인들이 기독교로 개종한 이후에도 사(士) 의식을 유지할 수 있었던 근거로 작용했습니다. 양반 출신들이 하나의 대안으로 기독교를 받아들이면서도, 지금까지 자기 자신을 구성해 온 유교를 전면 부정하거나 포기하지 않아도 되는 논리였습니다. 물론 윤치호와 같이 유교와 기독교를 단절적 관계로 파악한 경우도 있었습니다. 그렇지만 인물에 따른 정도의 차이는 있을지언정 사(士) 의식은 대한제국 시절의 기독교 민족주의에 큰 영향을 미쳤습니다. 그리고 이들의 사(士) 의식은 저항의 논리가 되어 3·1운동의 초기 확산에 주도세력으로 활약할 수 있는 원동력을 제공했습니다.

양반 출신의 기독교 민족주의자 가운데 대표적인 보유론자로는 탁사 최병헌(1858-1927)을 들 수 있습니다. 19세기 말 조선의 선비로서 기독교 신앙을 받아들인 그는 보유론의 입장에서 유교 지식인들을 대상으로 복음을 변증했던 인물입니다. 그는 『성산명경』(聖山明鏡)이라는 변증서를 냈는데, 이 책은 기독교를 상징하는 신천옹이 백운(도교)과 원각(불교), 그리고 진도(유교)와 논쟁을 벌이는 형태로 쓰였습니다. 이 책은 기독교가 유교의 한계와 결점을 보완하는 '완전한'

종교임을 강조하고, '수신제가치국평천하'라는 유교 이념을 오히려
서구 기독교 국가들이 구현했음을 주장하고 있습니다. 따라서 문명
개발과 부국강병은 유교가 아니라 기독교에 있음을 강조하고 있습니
다. 이는 종교다원주의라기보다는 모든 종교가 추구하는 이념이 기
독교를 통해 성취된다는 포괄적 성취론이라 할 수 있습니다.

3·1운동을 준비하는 과정에서 매우 보수적인 입장을 취했지만,
극적인 기도 체험을 통해 민족대표에 참여한 신석구(1875-1950) 목
사는 16명의 기독교 측 민족대표 중 보유론을 지닌 대표적 인물입니
다. 명망 있는 한학자를 아버지로 둔 그는 청년 시절 율곡 이이의『격
몽요결』(擊蒙要訣)을 읽고 학문에 전념하여 유학에 조예가 깊은 학자
로 성장했습니다. 한시(漢詩)에도 능통했다고 하니 그의 유교적 소양
이 어느 정도인지 알 수 있지 않을까 싶습니다. 그는 주변의 전도에도
불구하고 완강히 버티던 중 "내가 율법이나 선지자를 폐하러 온 줄
로 생각하지 말라. 폐하러 온 것이 아니요 완전하게 하려 함이라"라
는 마태복음 5장 17절을 접하면서 회심의 마음이 들었다고 합니다.[31]
이 경험은 유교를 완벽한 도(道)로 여겨 왔던 자신에게 질문을 던진
계기가 되었습니다. 이 과정에서 유교의 결함을 확인한 그는 기독교
로 개종하였습니다. 그에게 기독교는 '수신제가치국평천하'라는 유교
적 가치의 실현을 보완하는 종교이기도 했습니다.

이러한 경우는 1908년 6월 10일 자『공립신보』사설을 통해서
도 확인할 수 있습니다. 이 사설은 십계명을 국가개혁의 정신적 근거
로 삼으라고 충고하면서, 유교가 추구하다가 이루지 못한 '치국평천

31] 이덕주,『한국 그리스도인들의 개종이야기』(전망사, 1990), 214-226쪽.

하'를 기독교를 통해 성공시키기를 당부하고 있기 때문입니다.[32] 기독교는 제사문제로 유교와 왕왕 심각한 충돌을 겪지만, 사실 기독교의 십계명은 살인이나 간음 등을 금지함으로써 유교와 상통하는 내용을 상당히 담고 있습니다. 우상숭배 금지와 안식일 규정 등을 제외하면 말입니다.

이들은 선비로서 기독교 신앙을 받아들였으나 자신의 삶을 구성해 온 사(士) 의식마저 부정하지는 않았습니다. 동서양의 정신세계를 단절이 아니라 연속선상에 있는 관계로 보았고, 유교와 기독교의 관계를 보유론으로 파악했습니다. 그렇다면, 3·1운동 때 교회 예배당 안에서 고종 봉도식(奉悼式)을 올리는 경우도 이해하기 쉬워집니다. 봉도식이란 한 인물의 죽음을 추모하며 그의 업적을 기리는 의식을 가리킵니다. 문제는 봉도식이 일종의 유교의식이라는 데 있습니다. 즉, 평안남도 평양의 장대현교회(3.1.), 평안남도 진남포의 신흥리 감리교회(3.1.), 황해도 해주읍의 남본정교회(3.1.), 평안남도 용강군의 진지리교회(3.3.), 평안북도 선천의 북교회(3.3.) 등에서는 시위에 나가기 전에 고종 봉도식을 치렀습니다. 군중을 모으기 쉬우면서도 일본 경찰의 의심을 덜 받을 수 있는 방편으로 고종 봉도식을 고려한 결과이지만, 당시 교회 지도자들에게 사(士) 의식이 없었다면 교회 예배당에서 유교의식을 치르지 못했을 겁니다. 사(士) 의식을 구성하는 근왕(勤王)적 측면이 이들에게 아직 남아 있었음을 보여줍니다.

이러한 경우는 대한제국 시절 교회가 고종의 탄신일을 적극적으로 경축하는 데서 잘 나타납니다. 기존 연구에서는 이를 "기독교인들

32] 「한국 예수교인의 유견(謬見)을 개현하라」, 『공립신보』, 1908년 6월 10일 자.

의 충군애국하는 자세"라고 평합니다.[33] 엄밀히 말하면, 기독교 민족
주의자들에게 내재된 사(士) 의식이 발현된 거라고 할 수 있습니다.
심지어 부흥운동의 열기가 한창 고조되었던 1907년 4월에는 고종
황제를 위한 기도회가 개최되기도 했습니다. 혹자는 이를 "국권회복"
과 "충군애국"의 이념을 추구하는 민족운동의 기초적 단계가 구국기
도회로 나타났다고 하는데,[34] 그 이면에는 근왕을 기반으로 하는 사
(士) 의식이 작용했음이 분명합니다. 한국 근대 민중운동의 저항 논리
였던 사(士) 의식이 대한제국 시절의 기독교 민족주의자들에게 깊이
내면화되었다고 할 수 있습니다.

1905년 을사늑약 체결 이후 나타난 국권회복운동은 크게 '반대
상소'와 '자결' 그리고 '암살'의 형태로 전개되었습니다. 이 가운데 가
장 봉건적인 형태는 '상소'였습니다. 재미있게도 1907년 11월 26일
상동교회 청년들은 도끼를 메고 덕수궁에 나가 상소를 올렸습니다.
봉건적 형태의 저항운동에 기독교인들이 참여하게 된 이유는 무엇일
까요. 더구나 '기독교 민족주의자'라는 카테고리에 포함되는 인물들
중에는 암살이나 무력행위를 펼친 경우가 종종 있습니다. 즉, '예수교
인' 우덕순은 안중근과 함께 이토 히로부미(伊藤博文)를 암살하려고
했었고, 평양 출신 '예수교인' 장인환은 친일적인 미국 외교관 스티
븐스(Durham White Stevens)를 살해했습니다. 상동교회의 전덕기는
을사늑약 발표 후 박제순 등 친일파들을 죽이려고 하다가 실패한 적
이 있습니다. 선천 출신 '예수교인' 이재명은 대표적인 을사오적인 이

33] 이만열,「한말 기독교인의 민족의식 형성과정」,『한국기독교와 민족운동』(보성, 1986),
33쪽.
34] 이덕주,『한국 토착교회 형성사 연구』(한국기독교역사연구소, 2000), 175쪽.

완용을 처단하려고 했습니다. 기독교인인 이들이 민족공동체를 위험에 빠트린 사람들을 '적'으로 상정하고 암살을 시도할 수 있었던 이면에는 사(士) 의식이 있었기 때문입니다. 나라를 훔친 '도적'과 다름이 없는 인물들에게 총을 쏘는 행위는 사(士)가 행할 수 있는 의로운 심판이었기 때문입니다.

이들의 사(士) 의식은 '정재홍'이라는 인물을 통해서도 확인할 수 있습니다. 정동감리교회 신자였던 그는 을사늑약이 체결된 후 권총을 겨눠 스스로 목숨을 끊었습니다. 1907년 6월 30일에 일어난 사건입니다. 처음에는 이토 히로부미를 암살하려고 권총을 마련했으나 상황이 여의치 않자 자결로 저항의 뜻을 표출한 겁니다. 자살을 죄라고 가르치는 교회풍토에서 그의 자결은 난감합니다. 다행히 이 문제는 그가 자결하면서 남긴 유서를 통해 어느 정도 해소가 가능할 것 같습니다.[35] "지사 열만 잘 죽으면 잃은 국권 되찾는다"라는 구절을 통해 알 수 있듯이 그는 자신의 죽음을 '지사'의 행위로 해석했습니다. 그의 유서에서 사(士) 의식의 단면을 확인할 수 있습니다.

이쯤 되면 의문이 듭니다. 3·1운동 당시 기독교의 참여가 사(士) 의식에 기반한 행동이었다면, 이들의 저항에는 기독교적 논리가 전혀 없었던 건가요. 좀 더 자세히 검토할 필요는 있지만, 이들의 저항에 기독교적 논리가 아예 없었다고는 할 수 없습니다. 예컨대 신석구 목사는 기도를 통해 3·1운동에 참여했으며, 월남 이상재는 하나님의 지시로 3·1운동을 시작했다고 말한 바 있습니다.[36] 강화읍 만세시위

35] 「鄭氏自砲」, 『황성신문』, 1907년 7월 1일 자.
36] 전택부, 『월남 이상재의 생애와 사상』(연세대출판부, 2001), 152-153쪽.

를 주도했던 유봉진은 "의를 구하라"는 성서구절을 근거로 신자들에게 3·1운동에 참여해 줄 것을 호소했습니다.[37] 기도와 예배가 저항 운동의 방법으로 이용되기도 했습니다.

여기서 말하고 싶은 점은 사(士) 의식이 기독교의 3·1운동 참여에 저항의 동력으로 작용했다는 사실입니다. 기독교의 3·1운동 참여가 신앙고백 위에서 이루어진 측면이 분명히 존재하지만, 이때만 해도 저항의 논리는 그 밖의 다른 요소로 채워진 경향이 컸던 겁니다. 이는 시위를 주도했던 교회 지도자들이 대부분 양반 출신이라는 사실에서도 알 수 있습니다. 사(士) 의식이 기독교 민족주의자들의 3·1운동 참여에 적잖은 영향을 미쳤다고 볼 수 있습니다.

3·1운동은 불의에 맞서 싸우는 저항하는 그리스도인의 가능성을 보여준 사건입니다. 민족대표, 미션스테이션, 전도부인, 기독교 민족주의 등을 통해서 제국에 저항했던 기독교인들이 상당했다는 사실을 함께 살펴보았습니다. 다만, 3·1운동과 기독교와 관련하여 당부하고 싶은 내용은 3·1운동에 식민지 조선의 기독교가 적극적으로 참여한 건 분명하지만, 기독교의 주도로'만' 성사되지는 않았다는 점입니다. 3·1운동의 준비와 초기 확산에는 동학의 후예인 천도교도 크게 기여했으며, 점차 농민과 노동자가 3·1운동의 주역으로 등장했습니다. 그럼에도 불구하고, 한국 교회는 3·1운동에 대한 기억을 독점하려는 경향이 있습니다. 예컨대 1979년 3·1운동 60주년 기념 강연에서 함석헌은 "3·1운동을 분석하고 설명하는 글들을 보면 답답해 견딜 수가

37] 「유봉진 신문조서」, 『한민족독립운동사자료집 26』(국사편찬위원회, 1996), 271쪽.

없다"라고 지적한 뒤 "기독교 신앙 없이는 3·1운동이 없다"라고 설파했습니다.[38] 3·1운동이 기독교의 주도로 일어난 건 '해석'의 문제가 아니라 명백한 '사실'이라는 의미입니다. 아쉽게도 함석헌의 주장은 절반만 맞습니다. 3·1운동은 기독교의 광범위한 참여로 이루어진 측면이 있지만, 동시에 다양한 주체들이 함께했기 때문입니다.

한국 교회가 3·1운동에 대한 기억을 독점하려는 이유는 자신들의 이미지를 서양종교에서 민족종교로 바꾸기 위해서입니다.[39] 일종의 전략적 역사 쓰기라 할 수 있습니다. 문제는 이 과정에서 사료의 배제가 선택적으로 이루어졌다는 데 있습니다. 대표적인 사례가 최남선에 대한 서술입니다. 「독립선언서」의 기초자인 그는 불교신자에 가까웠습니다. 신문관(新文館)이라는 출판사를 차린 그는 『조선불교통사』를 비롯한 수많은 불교 서적을 발간했고, 1930년 하와이에서 열린 범태평양불교청년회의에 대표로 참가할 정도였으니까요. 「독립선언서」를 작성할 때는 천도교 측 인물들과 긴밀히 협의하기도 했습니다. 그런데 3·1운동의 이념에 기독교가 영향을 미쳤다는 점을 강조하려고 최남선의 종교적 배경을 기독교로 언급하는 경우가 있습니다. 이는 최남선이 기독교의 영향을 받았으므로 「독립선언서」가 기독교 사상에 근거하고 있다고 주장하기 위함입니다. 한편, 최남선은 말년에 천주교로 개종했는데, 민족대표에 천주교가 포함되지 않은 사실을 말할 때는 개신교와 천주교의 차이를 강조하면서, 최남선의 개종을 다룰 땐 개신교와 천주교의 차이를 희석하기도 합니다.

38] 함석헌, 『한국기독교는 무엇을 하려는가』(한길사, 2009), 288쪽.
39] 이진구, 「3·1운동에 대한 개신교의 표상과 기억의 정치」, 『1919년 3월 1일에 묻다』 (성균관대학교출판부, 2009), 543쪽.

'비폭력'의 경우도 마찬가지입니다. 앞서 살펴보았듯이, 비폭력은 3·1운동을 준비하면서 천도교가 세운 3대 원칙 중 하나입니다. 문제는 이를 기독교적인 것으로 전유하고자 동학 경전의 내용 중 폭력적 의미를 지닌 일부 구절만을 강조하는 경우입니다. 그리고 기독교가 3·1운동을 준비하는 과정에서 성서를 토대로 비폭력을 주장했다고 합니다. 제암리 학살사건도 마찬가지입니다. 3·1운동의 대표적인 탄압 사례인 제암리 학살사건은 기독교인들뿐만 아니라 천도교 신자들의 희생도 적지 않았습니다. 이러한 사실을 잘 알리지 않은 채 제암리 학살사건을 기독교의 역사로만 여기는 경향이 안타까울 뿐입니다.

02
제도화된 우상숭배를 거부하다

| 신사참배 반대운동과 기독교 |

신사참배의 정치학

신사참배는 한국 기독교 역사에서 가장 논쟁적인 이슈 중 하나입니다. 교계에서 '과거사 청산'이 이슈로 제기될 때마다 단골 메뉴로 등장합니다. 신사참배를 둘러싼 논란은 해방 이후 한국 교회의 분열에 큰 영향을 미쳤습니다. 제2차 세계대전(1939-1945)이 끝난 후 과거사 문제를 제대로 정리하지 못하고 넘기는 바람에 분열의 불씨를 남긴 탓입니다. 그러다 보니 지금도 이 문제를 둘러싸고 평가와 해석이 분분합니다.

신사참배는 제국일본이 '식민지적 주체'를 만들기 위해 마련한 대표적인 규율장치였습니다. 제국일본은 신사참배를 일상적으로 반복함으로써 황국신민으로서의 정체성을 지닌 주체를 만들려고 했습니다. 이는 1936년에 본격적으로 실시된 심전개발운동(心田開發運動)의 일환으로 이루어졌습니다. 이 운동은 조선총독부가 '국민통합'을 목표로 조선인들의 신앙심을 재편성하려고 구상한 정책입니다. 구체적으로는 신사참배를 강요하고 공인종교(교파신도, 불교, 기독교)에게 협력을 요구하는 형태로 진행되었습니다.

신사참배는 일본의 종교 시스템인 '신도'(神道)의 연장선상에서 이해할 필요가 있습니다. 신도는 강, 나무, 돌 등의 자연물이나 역사적 인물을 신으로 여기는 종교입니다. 오죽했으면 신도에는 '팔백만 신'이 존재하고 있다고 표현할 정도입니다. 이는 만물에 신이 깃들어 있다는 믿음에서 비롯되었습니다. 이러한 애니미즘(모든 대상에 신령한 능력이 있다고 믿는 세계관)이 일본만의 종교적 현상은 아니지만, 신도라는 형태로 명확하게 담아낸 나라는 일본뿐입니다. 그리고 이 신도를 공간으로 구현한 게 '신사'(神社)입니다. 신도의 신들을 제사 지내기 위해 세운 건물입니다.

그렇다면, 제국일본이 강요한 신사참배는 어떤 신에게 절을 하라는 것일까요. 메이지유신(1868) 이후 일본은 민간종교였던 신도를 국가의례로 바꾸었습니다. 일본 신화에 등장하는 태양신이자 천황의 조상인 아마테라스 오미카미(天照大神)를 정점에 두는 제사체계를 확립했습니다. 심전개발운동의 일환으로 전개되었던 신사참배는 기본적으로 아마테라스 오미카미에 초점이 맞추어져 있었습니다. 제국일본의 논리에 따르면, 신사참배는 조상신에 대한 도덕적 의무였을 뿐입니다. 종교적 행위가 아니라는 이유를 내세워 다른 종교를 가진 자라도 부담 없이 신사참배를 할 수 있도록 조치를 취한 겁니다.

개항 이후 일본인 거류지가 형성되면서 조선에 신사가 들어오기 시작했습니다. 이때만 해도 신사참배는 일본인들이 국민이라는 정체성을 자각하는 데 초점이 맞추어져 있었습니다. 일본인들은 출신 지역에 따라 믿는 신이 달랐기에 아마테라스 오미카미를 모셔 식민지 조선으로 이주한 일본인들의 단합을 꾀했습니다. 그러다 만주사변

(1931)과 중일전쟁(1937), 그리고 태평양전쟁(1941)으로 이어지는
상황 속에서 신사참배는 전쟁의 중요한 수단으로 여겨지기 시작했습
니다. 사실 제국일본의 온건파가 권력을 장악한 '다이쇼 데모크라시'
때만 해도 신사참배 강요는 그다지 두드러지게 나타나지 않았습니
다.[1] 심지어 1930년대 중반까지만 해도 조선총독부의 문관 관료들
은 조선인들이 신사참배를 거부했을 때 어느 정도 수용하기도 했습
니다.[2] 전쟁 발발로 제국일본이 급속히 군국주의화됨에 따라 신사참
배가 국민도덕으로서 강요되기 시작한 겁니다.

　문제는 아마테라스 오미카미가 일본의 조상신이라는 데 있습니
다. 일선동조론(日鮮同祖論)이라고 해서 일본과 조선의 조상이 똑같다
는 논리로 식민 지배를 합리화하는 이론이 있긴 하지만, 하루아침에
사람들의 인식이 바뀌지는 않습니다. 마지못해 신사참배를 할 수는
있어도요. 예컨대 1924년 11월 충남 강경의 몇몇 학생들이 신사참배
를 거부한 일이 있습니다. 인솔교사는 이들을 데리고 그냥 돌아왔는
데, 당국이 이 교사에게 패널티를 주었습니다. 이를 두고 『동아일보』
는 "일본인 이외의 민족이 일본인의 신사를 존중하기를 바라기는 매
우 어려운 것"이라고 비판했습니다.[3] 총독부의 교육방침이 조선민족
을 전혀 존중하지 않는다는 논리를 펼쳤습니다. 신사참배에 대한 민
족적인 거부감이 상당했음을 알 수 있습니다. 좀 더 그럴듯한 논리가
필요하자 제국일본은 조선의 조상숭배를 끌어오기 시작했습니다. 즉,

1] 　'다이쇼 데모크라시'는 일본 근대사에서 민주주의 풍조가 고양되었던 특정 시기를
　　 의미합니다. 보통 1910-1920년대 일본을 가리킵니다.

2] 　안종철, 『미국 선교사와 한미관계: 1931-1948』(한국기독교역사연구소, 2010), 60쪽.

3] 　「강제참배문제」, 『동아일보』, 1925년 3월 18일 자.

제국일본은 조선인의 조상을 구니타마노 오카미(國魂大神)로 설정하고, 이 구니타마노 오카미가 아마테라스 오미카미에 '귀일'한다는 논리를 펼치기 시작했습니다. 조선인들도 조상신인 구니타마노 오카미를 거쳐 아마테라스 오미카미에게 귀일할 수 있는 논리가 가능해진 셈입니다. 신사참배에 대한 민족적 거부감을 덜어 내기 위한 조치였습니다. 이는 식민지 조선이라는 상황에 맞게 국가신도의 변용이 이루어진 대표적인 사례라고 할 수 있습니다.[4]

이러한 변용은 만주사변 이후 국제적으로 고립된 일본이 제국 내 국민통합을 성사시키려는 차원에서 시도되었습니다. 제국일본은 1933년에 국제연맹 탈퇴를 선언한 상황이었기 때문입니다. 이제 아마테라스 오미카미와 하나로 합쳐질 수 있게 된 조선인들은 아마테라스 오미카미로부터 신성을 계승한 천황에게 복종해야 했습니다. 제국일본은 하나의 지배담론을 창출함으로써 천황숭배를 이끌어 내기 시작했습니다. 바로 천황숭배에 입각한 복종의 논리를 끊임없이 주입시켰습니다.

한편, 제국일본은 천황숭배를 고취시키기 위한 방법으로 무사도 정신의 복원에 주목했습니다. 천황을 위해서라면 언제든지 자신의 목숨을 걸 수 있는 주체를 양성하려는 의도에서였습니다. 이는 라디오 체조를 보급하거나 황국신민의 서사를 주문처럼 외우게 만들어 무사도 정신을 체득시키는 방향으로 이루어졌습니다. 천황이 기거하고 있는 방향으로 절을 하는 '궁성요배'도 마찬가지입니다. 창씨개명

4] 아오노 마사아키 지음, 배귀득 옮김, 『제국신도의 형성: 식민지 조선과 국가신도의 논리』(소명, 2017), 212-231쪽.

의 경우, 가문에 대한 소속감을 끊어 버린 가정을 천황과 직결시켜 천황숭배를 확산시킬 수 있는 사회적 기반을 조성하려고 한 정책이었습니다.

미션스쿨의 수난

식민지 조선에서 신사참배가 논란의 무대에 오르기 시작한 건 1925년 조선신궁이 완공될 때쯤입니다. 조선신궁은 황조신인 아마테라스 오미카미와 메이지 천황(明治天皇)을 안치한 신사입니다. 조선신궁 완공식을 앞두고 신사참배가 사회적 문제로 불거졌습니다. 경성에 소재한 학교들을 완공식에 동원하려고 했기 때문입니다. 이에 조선총독부는 "신사는 종교가 아니다"라는 논리를 내세워 사태를 무마시키려고 했습니다. 기독교 측은 신사에 종교적 색채가 있는 한 신사참배를 강요하지 말 것을 요구하면서 대응했습니다. 이는 조선총독부가 신사 비종교론으로 신사참배를 강요할 수 있는 여지를 남겨 둔 조치였습니다.[5] 아니나 다를까. 조선총독부는 미션스쿨의 조선신궁 완공식 참여를 종용했습니다. 위협적인 통첩까지 보냈죠. 그래도 이때는 조선총독부가 신사참배를 통한 사상통제에 회의적인 입장이었던 터라 더 이상 강요하지 않았습니다.

사실 조선총독부와 미션스쿨의 갈등은 이때가 처음이 아니었습

---

[5] 김승태, 「일제하 '천황제' 이데올로기와 한국교회」, 『한국 기독교의 역사적 반성』(다산글방, 1994), 18쪽.

니다. 1915년 3월 조선총독부는 미션스쿨이 성서를 가르치지 못하도록 「사립학교규칙」을 개정한 적이 있습니다. 교육과 종교의 분리를 강제한 정책이었습니다. 거기다 천황의 사진을 걸어 경례를 해야 하고, 일요일에 학교 행사를 치러야 했습니다. 미션스쿨은 선택의 기로에 놓였습니다. 고등보통학교로 승격하여 학교를 유지하되 일본어 교육을 대폭 강화할 것인가, 아니면 10년 유예기간 동안 자유롭게 가르치되 불이익을 받을 것인가.[6]

이 문제를 두고 감리교 계통의 미션스쿨은 고등보통학교로 승격하는 길을 택했습니다. 정규 과목은 아니지만 방과 후에라도 성서를 가르칠 수 있다고 여겼기 때문입니다. 반면에 장로교 계통의 미션스쿨은 대부분 고등보통학교를 포기했습니다. 당시 교육제도에서 고등보통학교로 인가받지 않은 학교는 각종학교(各種學校)가 되었는데, 각종학교 졸업자는 상급학교로 진학할 수 없었습니다. 다행히 3·1운동 이후 분위기가 완화되면서 조건부로 성서를 가르칠 수 있게 되었습니다만, 조선총독부가 제시한 수신(修身)과 일본어를 필수과목으로 넣어야 했습니다.

미션스쿨의 종교교육을 금지했던 「사립학교규칙」 개정(1915)과 미션스쿨에 조선신궁 완공식 참여를 종용했던 일(1925)을 통해 알 수 있듯이, 조선총독부와 미션스쿨 간의 갈등은 10년마다 불거졌습니다. 공교롭게도 이 갈등이 절정에 달했던 해는 1935년입니다. 그해 10월 조선총독부는 교육담당 관리들을 불러 국가주의 교육의 철저한 시행을 지시했습니다. 이 일환으로 평양에 부임한 야스다케 타다오(安武直

6] 박혜진, 『일제하 한국기독교와 미션스쿨』(경인문화사, 2015), 35-36쪽.

夫) 도지사는 교장들을 불렀는데, 회의 시작 전 평양신사 참배를 제안했습니다. 세 학교의 교장들은 이 제안을 거부했습니다. 바로 숭실학교의 교장 매큔(G. S. McCune, 윤산온, 1872-1941)과 숭의여학교의 교장 벨마 스누크(Velma N. Snook, 선우리, 1866-1960), 그리고 의명학교의 교장 이희만이었습니다. 당국은 세 학교에 신사참배 여부를 알려달라고 요구했고, 숭실학교와 숭의여학교는 신사참배를 할 수 없다는 뜻을 전했습니다. 그러자 당국은 이 두 학교의 교장을 해임해 버렸습니다. 매큔과 스누크는 평양 주민들의 대대적인 환송을 받으며 미국으로 돌아갔지만, 상황은 점차 꼬여 갔습니다.

숭실학교 교장인 매큔은 신사참배를 거부한 가장 전형적인 선교사라 할 수 있습니다. 그는 평남 도지사에게 자신이 신사참배를 할 수 없는 이유를 조목조목 밝힌 회신을 보냈습니다. 그는 조상숭배야말로 신사참배의 본질이라고 했습니다. 따라서 조상숭배를 죄(罪)로 여기는 기독교 교리에 따라 기독교인은 신사참배에 응할 수 없다는 논리를 펼쳤죠. 그는 미국으로 돌아간 이후에도 신사참배의 부당성을 알리는 데 적극적이었습니다.

이 사건은 다른 선교사들에게 상당한 충격을 주었습니다. 이를 계기로 선교사들은 신사참배 문제에 대한 입장을 분명히 하기로 했습니다. 그런데 선교사들의 신사참배 반대는 미션스쿨의 문을 닫겠다는 의미이기도 했습니다. 교육정책의 일환으로 강요된 신사참배를 거부한다는 건 더 이상 학교를 유지하지 않겠다는 뜻이기 때문입니다. 이를 잘 보여주는 데가 바로 미국 남장로회입니다. 1937년 2월 미국 남장로회는 '풀턴(Fulton) 성명서'를 발표하여 신사참배를 강요한다면 즉시 학교를 폐쇄하겠다는 입장을 밝혔기 때문입니다. 풀턴

성명서란 미국 남장로회의 해외선교부 총무인 풀턴이 1937년 2월에 내한하여 신사참배가 우상숭배임을 공식적으로 표명한 것을 가리킵니다. 이는 호주 장로회도 마찬가지였습니다. 호주 장로회도 신사참배를 적극 반대했습니다. 반면에 캐나다 장로회와 감리회 측은 신사참배에 대해 열린 입장이었습니다. 신사참배가 국가의식이라는 논리를 액면 그대로 받아들인 결과였습니다.

찬성이든 반대이든 분명한 입장을 취한 타 교단들과 달리 미국 북장로회는 논란에 휩싸였습니다. 미국 북장로회는 식민지 조선에 넓게 분포하다 보니 한목소리를 내기가 어려웠습니다. 그 이유는 북장로회 내 교육선교사들이 신사참배에 찬성했기 때문입니다. 언더우드(Horace H. Underwood)를 위시하여 교육선교사들은 신사참배를 국가의식으로 받아들여야 한다는 입장을 취했습니다.[7] 아무래도 이들은 신사참배에 대해 강경한 입장을 펼칠 경우, 교육사업에서 철수해야 한다는 게 부담이 되었던 모양입니다.

선교사들의 교육사업 철수는 복잡한 이해관계로 얽혀 있었습니다. 선교사들은 신사참배를 반대하고 미국으로 떠나면 그만이지만, 미션스쿨의 교사와 학생들은 하루아침에 직장과 학교를 잃어버리는 셈이니까요. 학교운영을 자신들에게 맡기라는 조선인들도 속속 나타나기 시작했습니다. 그 밖에 교육 철수 기간에 신사참배를 강요한다면 어떻게 할 것인지, 신입생을 받지 않는 상황에서 재학생의 졸업을 위해 교사진을 둘 경우 재정은 어떻게 충당할 것인지 등 문제가 산적했습니다.

7]　안종철, 『미국 선교사와 한미관계: 1931-1948』(한국기독교역사연구소, 2010), 75쪽.

한차례 폭풍이 지나가기도 전에 후폭풍이 몰려왔습니다. 1936년 8월 조선신궁을 정점으로 한 신사제도가 완비된 겁니다. 신사의 위계서열을 정비한 조치였습니다. 이로써 조선신궁은 가장 높은 등급인 관폐사(官幣社)로 승격되었고, 각 도별로 상징적인 신사가 하나씩 세워졌습니다. 이 일환으로 용두산신사(부산), 경성신사, 대구신사, 평양신사, 광주신사, 강원신사, 함흥신사, 전주신사가 '국폐사'(國幣社)로 정비되었습니다. 국폐사란 조선총독부가 관리 비용을 부담하는 신사를 말합니다. 관폐사 다음으로 높은 등급의 신사였습니다. 어떻게 보면 국폐사야말로 신사참배 강요의 주요 거점이라고 할 수 있습니다. 이런 과정을 거쳐 신사는 정신통제 수단으로 강화되었습니다. 그리고 가정마다 일종의 간이식 신사인 가미다나(神棚)를 두도록 함으로써 신도를 식민지 조선에 널리 보급시키려 했습니다.

가나안 성도의 원조

신사참배 강요에 대한 반발로 미션스쿨들은 자발적으로 문을 닫기 시작했습니다. 아울러 총독부에 의해 폐교되기도 했습니다. 미션스쿨 문제가 일단락되자 총독부는 경찰을 동원하여 교회에 신사참배를 강요했습니다. 1937년 7월 중일전쟁 발발을 계기로 말입니다.

1937년 12월 조선군참모부는 당시 기독교인들 중에 "불온한 언동을 함부로 하는 자"가 상당하다는 보고서를 작성했습니다.[8] 예수

8]　　김승태, 『식민권력과 종교』(한국기독교역사연구소, 2012), 159쪽.

이외의 신을 예배하는 행동은 십계명에 위반된다는 식으로 '불온한 언동'을 하는 기독교인들이 적지 않았던 거죠. 조선총독부 경무국도 "50여만의 예수교도는 시국에 대해 매우 냉담한 태도를 가지고 있"기 때문에 "국민의 정신적 결속을 문란"하게 만들고 있다고 보았습니다. 총독부 입장에서는 대책이 필요했습니다. 그래서 1938년 2월 총독부는 「기독교에 대한 지도대책」이라는 비밀문건을 작성하여 방침을 마련했습니다.

이 비밀문건의 작성 경위와 작성자는 알려지지 않았지만, 그동안 일선 경찰을 동원하여 해오던 강제와 통제를 명문화시킨 건 분명합니다. 기독교인들이 시국인식을 철저히 할 수 있도록 여러 가지 조치를 취했습니다. 예배당에 국기를 게양하게 한다거나 국기에 대한 경례, 동방요배, 국가봉창, 황국신민의 서사 제창 등을 최대한 강요했습니다. 저항이 심할 경우에는 관계 법규를 활용하여 처벌하도록 지시했습니다. 불경죄, 보안법 위반, 출판법 위반, 치안유지법 위반 등을 적용했습니다.

천주교의 경우, 중일전쟁 이전에 신사참배 수용을 받아들였습니다. 그렇다고 냉큼 수용했다고는 할 수 없습니다. 1926년 11월『천주교요리』를 공식 문답으로 반포하면서 신사참배 불가 입장을 공식적으로 내건 적이 있기 때문입니다. 서울교구가 발간한『천주교요리』는 신자들의 신앙생활에 도움을 주기 위한 교리서였습니다. 여기에 "신사참배라 하는 것은 확실히 이단"이라고 규정하였죠.[9] 그러다 1932년에 재발간할 때는 신사참배를 허용했습니다. 시작은 종교적일지라도 지

9]   윤선자,『일제의 종교정책과 천주교회』(경인문화사, 2001), 253-255쪽.

금은 국가의례에 불과하다는 논리를 펼쳤습니다. 이때만 해도 천주교는 신사참배 문제를 둘러싸고 논쟁을 벌였습니다. 평양교구의 메리놀회는 신사참배를 반대했거든요. 논쟁은 천주교의 기관지 『경향잡지』가 신자들의 신사참배를 공식적으로 허락(1936. 4.)하고, 신사참배를 허용하는 교황청의 훈령이 발표(1936. 5.)되면서 일단락되었습니다.

감리교는 어땠을까요. 감리교회는 일제와의 갈등을 빚지 않으려고 상대적으로 빨리 신사참배를 수용했습니다. 1936년 6월 양주삼 감독이 총독부가 초청한 좌담회에 갔다 온 뒤로 말입니다. 1930년대 감리교회를 대표하던 그가 갑자기 신사참배를 받아들인 건 아닙니다. 그해 4월 10일 자 『감리회보』에 총독부가 보내온 「신사문제에 대한 통첩」을 게재한 적이 있었거든요. 순응에 대한 의지를 살짝 보여준 셈이죠. 다만, 내부에서 적지 않은 반발이 생겼는지 1938년 9월 성명서를 발표해 공식적인 입장을 밝혔습니다. 신사참배가 교리에 전혀 위반되지 않는 문제라고 선언한 겁니다.

그나마 완강하게 버텼던 교단은 장로교였지만, 1938년 2월 9일 평북노회가 신사참배를 가결하면서 장로교의 완고함은 점차 균열되었습니다. 이에 신학생 장홍련은 평북노회장이 심은 기념식수를 베어 버림으로써 항의했습니다. 이때부터 8월 말까지 무려 17개 노회가 신사참배를 결의했습니다. 6개 노회를 제외하고 신사참배 강요에 굴복하고 말았죠. 피날레는 1938년 9월 10일에 이루어진 장로교 총회의 신사참배 결의였습니다. 일본 경찰의 기획과 강압하에 신사참배 결의안이 통과된 날입니다. 신사참배를 적극 반대한 이들은 사전에 구금된 상황이었고, 수많은 경찰들은 예배당 안팎을 포위한 채 살벌한 분위기를 자아냈습니다. 일본 경찰은 장로교의 교세가 큰 만큼

어떻게든 신사참배 결의를 성사시켜야 했습니다. 이번 총회에 신사
참배 결의를 성공시키지 못하면 내년까지 1년간 미해결인 채로 남겨
둬야 하므로 총독부도 예의주시한 사안이었습니다.[10]

일본 경찰의 강압이 있었고 17개 노회가 이미 신사참배를 결의
한 상황인 만큼, 신사참배 결의안은 장로교 총회에서 어렵지 않게 통
과되었습니다. 총회장 홍택기 목사가 부(否)를 묻지 않은 채 전원이
일사분란하게 일제히 찬성을 표했기 때문입니다. 미국 선교사들이
교대로 일어나 발언을 청해 소란해지기도 했지만 일본 경찰의 제지
로 무마되었습니다. 그렇게 신사참배 결의안이 통과된 후 총회 임원
과 각 노회장은 장로회를 대표하여 평양신사에 참배하기로 했습니
다. 총회가 끝나자마자 이들은 어깨를 나란히 한 채 평양신사로 발걸
음을 옮겼습니다. 이로써 식민지 조선의 모든 교단은 공식적으로 신
사참배를 수용하고 말았습니다. 이를 두고 총독부는 "조선 기독교는
이른바 일본적 종교로 새로운 출발을 하게 되었다"라고 평가하기도 했
습니다.[11]

그렇다고 신사참배 결의에 모두가 동의했다고는 볼 수 없습니다.
20여 년 전 평양의 3·1운동을 주도했던 김선두 목사는 장로교 총회
의 신사참배 결의를 막기 위해 백방으로 노력했습니다. 장로교 총회
가 신사참배를 결의하기 보름 전쯤 김선두 목사는 일행을 모아 도쿄
에서 제국일본의 원로와 정치가들을 찾아다니며 신사참배 강요의 실

10] 森浩, 「사변하에서의 기독교」, 『朝鮮』, 1938년 11월 호; 김승태 편역, 『일제강점기 종
     교정책사 자료집』(한국기독교역사연구소, 1996), 280쪽 재인용.

11] 조선총독부 경무국, 「朝鮮に於ける朝鮮治安狀況」(1938); 김승태 편역, 『신사참배문
     제 자료집 Ⅱ』(한국기독교역사연구소, 2014), 476쪽 재인용.

상과 부당성을 호소했거든요. 나름 성과를 얻은 이들은 경성으로 돌아갔습니다. 우여곡절 끝에 이들은 미나미(南次郎) 총독을 만나 신사참배 강요를 철폐해 달라는 건의를 했습니다. 미나미 총독은 경찰의 강요가 지나친 점에 대해 인정했지만 끝내 철회에 응하지 않았다고 합니다.[12] 회담에 실패한 이들은 차선책을 구상했습니다. 바로 신사참배 결의안의 부결이었습니다. 이를 위해 김선두 목사 일행은 평양으로 갔지만 누군가의 밀고로 실패하고 말았습니다.

김선두 목사의 바통을 이어받은 이는 박관준 장로였습니다. 그는 보성여학교 교사였던 안이숙과 장남 박영창을 대동하고 신사참배 강요를 철회해 달라는 장문의 진정서를 전달하는 데 매진했습니다. 이들도 진정(陳情) 활동의 일환으로 제국일본의 원로들을 수소문하면서 만나러 다녔습니다. 심지어 이들은 조선총독을 지냈던 우가키(宇垣 一成, 1868-1956)를 만나는 데도 성공했습니다. 우가키의 일기에도 이 사실이 잘 드러나 있습니다. 하지만 이들은 실효를 거두기 어렵다고 판단하여 좀 더 극적인 방식을 도모했습니다. 바로 제국의회에 방청객으로 들어갔다가 기습시위를 펼치는 겁니다. 방청석 맨 앞줄에 앉아 있던 이들은 갑자기 일어서서 일본 말로 "여호와 하나님의 대사명이다"라고 외치며 경고문을 꺼내 의장석을 향해 던졌습니다. 이들은 모두 현장에서 체포되어 혹독한 고문을 받았습니다. 옥고를 치른 박관준 장로는 출옥한 지 사흘 만에 사망하고 말았습니다. 이때가 1945년 3월 16일이었습니다.

12] 한석희, 「신사참배의 강요와 저항」, 『한국 기독교와 신사참배 문제』(한국기독교역사연구소, 1991), 85쪽.

조선총독부 기관지인 『매일신보』가 보도한 박관준 장로 일행의 진정서 투서 사건. (출처: 『매일신보』, 1939년 3월 25일 자)

박관준 장로의 동역자였던 안이숙은 해방 후 미국으로 건너가 한인교회를 개척했습니다. 1968년에는 『죽으면 죽으리라』라는 수기를 써서 교계 안팎으로 큰 반향을 일으켰습니다. 6년간의 옥중체험을 엮은 이 책은 일제의 감옥이 얼마나 지독했는지를 생생히 그리고 있고, 해방된 지 23년 만에 처음으로 공개되는 비화들이 수록되어 많은 사람들의 관심을 받았습니다. 이 책에 의하면, 제국의회에서 기습시위를 벌이는 일을 두고 박관준 장로와 안이숙 사이에 미묘한 갈등이 있었다고 합니다. 박관준 장로는 강경하게 밀어붙여야 한다는 입장이었고, 안이숙은 좀 더 신중하게 결정하자고 말렸거든요. 결과적으로 안이숙도 기습시위에 참여하여 고초를 겪었지만, 그 과정이 순탄치 않았던 걸 알 수 있습니다.

김선두 목사 일행과 박관준 장로 일행의 활약이 있었지만 신사참배 결의안의 통과를 막는 데는 역부족이었습니다. 이로써 식민지 조선의 모든 공교회는 신사참배를 수용하게 되었습니다. 신사참배를 도저히 받아들일 수 없었던 사람들은 교회를 떠날 수밖에 없었습니다. 일부는 해외로 망명하거나 시골로 은둔하기도 했고요. 이른바 '가나안 성도'의 원조가 탄생하는 순간입니다. '가나안'이란 '안 나가'를 뒤집어서 만든 조어로 '교회에 나가지 않는 그리스도인'을 뜻합니다. 현재 한국 교회에는 교회를 이탈하는 가나안 성도들이 적잖이 있습니다. 이들은 제도권 교회에 대한 반발로 '소속 없는 신앙'을 선택했을 뿐입니다. 신사참배 강요에 저항한 이들도 마찬가지였습니다. 이들은 기존 교회가 신사참배를 결의함으로써 부패했다고 여겼습니다. 자신의 신앙적 양심을 지키기 위해 제도권 교회를 떠나야 하는 역설이 발생했습니다. 이 역설이야말로 당시 상황의 어려움을 잘 보여줍니다.

신사참배 강요에 대한 저항은 양심에 따라 개인적인 차원에서 '거부'하는 유형과 집단적이고 조직적으로 '반대'한 유형으로 나눌 수 있습니다. 주기철 목사와 손양원 목사가 전자를 대표한다면, 이기선 목사와 한상동 목사는 후자의 핵심인물로 활약했습니다. 아무래도 이들이 저항의 주체로 등장하게 된 계기는 장로교 총회의 신사참배 결의였습니다. 예컨대 한상동 목사는 1938년 10월 24일 부산 초량교회에서 "현 정부는 하나님의 뜻에 위반하는 신사참배를 강요하지만, 우리는 이에 굴하지 말고 절대로 신사에 참배해서는 안 된다"

라는 취지의 설교를 했습니다.[13] 장로교 총회의 신사참배 결의안이 통과된 지 한 달이 넘은 시기였습니다. 이기선 목사의 경우 1939년 8월 하순경 평양에서 채정민 목사를 만나 목숨을 걸고 저항하기로 결의했습니다. 이들은 공교회가 신사참배로 무너져 가는 모습을 보면서 맞서 싸우기 시작했습니다. 어떤 점에서 신사참배 반대운동은 일종의 교회개혁운동이라고 할 수 있습니다.

포목상을 경영하다가 교역자의 길을 걷게 된 이기선(1878-?) 목사는 총회가 신사참배를 결의하자 의주 북하동교회의 당회장을 사임했습니다. 이후 무임목사로서 평안도 일대의 신사참배 반대운동을 주도했습니다. 예컨대 그는 함종교회(평남 강서), 군우리교회(평남 개천), 구장동교회(평북 영변), 전천교회(평북 강계), 위원교회(평북 위원) 등을 돌며 신사참배의 문제점을 알렸습니다. 1940년 3월경에는 만주 안동에서 동지들과 만나 신사참배 반대운동의 몇 가지 원칙을 정했습니다. 신사참배를 하는 학교에 자녀를 보내지 말고, 현 교회에 출석하지 않는 대신 가정예배로 대체하는 걸로 말입니다. 신사참배 반대운동의 기본 방침이 정해진 거죠. 이 방침을 통해 신사참배를 반대하던 이들이 가나안 성도로의 삶을 살게 되었다고 할 수 있습니다.

그뿐만이 아닙니다. 이기선 목사는 동지 확보에도 전력을 다했습니다. 신사참배 반대운동에 함께할 수 있는 인물이라면 어디에 있든 달려가서 동료가 되어 줄 것을 요청했습니다. 그는 만주 방문 이후 황해도를 돌며 동지 포섭에 적극 나섰습니다. 그의 가장 큰 성과는 평

13] 「이기선 목사 등 21인 평양지방법원 예심 종결 결정문」, 『신사참배문제 자료집 Ⅲ』 (한국기독교역사연구소, 2014), 569쪽.

북 강계에서 이루어졌습니다. 김화준, 고흥봉, 장두희, 서정환 등을 동지로 포섭하는 데 성공했기 때문입니다. 강계는 평북 지역으로 진출한 북장로회가 교세 증가로 미션스테이션을 개설한 곳입니다. 평안북도에서 의주 다음으로 큰 지역이죠. 덕분에 신사참배 반대운동은 경남과 평북을 아우를 수 있게 되었습니다.

한편, 한상동 목사는 신사참배 문제에 맞닥뜨렸을 때 마산 문창교회를 맡고 있었습니다. 이때는 총독부의 방침에 의해 전국에서 시국 간담회가 개최되었습니다. 마산도 예외는 아니었습니다. 마산경찰서는 시국 간담회를 열어 신사참배를 요구했습니다. 한상동 목사는 십계명에 위배되는 등 여섯 가지 이유를 들어 이를 반대했습니다. 이일로 박해와 감시가 심해지자 그는 마산 문창교회를 사임하였습니다.

그에게는 기도가 필요했습니다. 처음에는 산으로 가려 했으나 의심을 받을 가능성이 컸습니다. 가능한 한 여러 사람이 모이기에는 해수욕장이 적당했습니다. 마침 때는 무더운 여름이었습니다. 1939년 8월, 부산 수영 해수욕장에서 기도회를 열기로 했습니다. 소문을 듣고 사람들이 모여들었습니다. 윤술용, 이인재, 김현숙, 조수옥, 이정자, 백영옥, 배학수 등이 참여했습니다.[14] 이들은 낮에는 해수욕을 하고 밤에는 기도를 했습니다. 이때 한상동 목사는 교회를 위해 기도하던 중 신사참배 반대운동을 철저히 할 필요가 있음을 깊이 느꼈다고 합니다. "신사참배를 수행하는 교회는 마치 무너져 가는 건물과 같으므로 이제 우리는 어떠한 박해에도 굴하지 말고 굳게 서서 하나님으로부터 받은 사명 달성에 매진해야 한다"라고 결심을 한 거죠. 이후 그는

14] 김남식, 『신사참배와 한국교회』(새순출판사, 1990), 155쪽.

이인재 목사와 함께 경남 지역을 돌며 신사참배 반대운동을 전개했습니다. 훗날 한상동 목사는 신사참배 반대운동을 시작한 동기를 다음과 같이 술회하였습니다.

> 하나님은 분명히 하나님 외에 다른 신을 섬기지 말라고 하셨는데, 신사참배를 하게 되면 이는 완전히 하나님의 진노를 사는 무서운 결과가 되고 말기 때문입니다. 저는 이 문제에 대하여 깊이 생각하며 하나님께 기도하였습니다. 그리고 저만 신사참배를 하지 않을 뿐만 아니라 신사참배를 반대하는 운동을 일으키게 되었습니다.[15]

그의 동역자인 이인재 목사는 밀양 사람으로 평안도와 경남 지역의 신사참배 반대운동이 하나로 합쳐질 수 있게끔 가교역할을 톡톡히 수행한 인물입니다. 한상동 목사의 옥중기를 보면, 이인재 목사를 '형님'이라 부른 걸 알 수 있습니다. 일종의 소식통이었던 그는 한상동 목사에게 이북의 사정을 알려 주면서 신사참배 반대운동의 방침을 세우는 데 적극 기여했습니다. 예컨대 1939년 12월 29일에는 평안북도의 교인들이 가정예배 형태로 신사참배 강요에 맞서고 있다는 이야기를 들려주었습니다. 이를 계기로 경남의 신사참배 반대운동은 '교회 불출석 운동'의 형태로 전개되었습니다. 당시 교역자들은 자기가 맡고 있던 교회의 신자들을 인솔하여 수시로 신사참배를 했기 때문에 그런 교회에 다니지도 말고, 헌금도 하지 말고, 세례도 받지 말

15] 『고신학보』, 1972년 3월 호, 13-14쪽; 한상동 목사 10주기 전집 발간위원회, 『한상동 목사 그의 생애와 신앙』(광야, 1986), 167쪽 재인용.

자는 게 교회 불출석 운동이었습니다. 신앙적 양심을 지키기 위해 기존 교회에 다니지 말자는 운동이었습니다.

한상동 목사는 이인재 목사와 함께 경남 지역을 돌아다니다 신사참배 반대운동의 범위를 좀 더 넓히기로 했습니다. 경남 지역에만 머물 문제가 아니라고 생각했기 때문입니다. 1940년 3월 21일 한상동 목사는 이인재 목사를 통해 만주에서 벌어지고 있는 신사참배 반대운동 소식을 접했습니다. 그리고 3월 28일에는 주기철 목사 석방 날짜에 맞춰 평양으로 가 신사참배 반대운동을 전국으로 확대하기로 했습니다.

부산 토박이였던 한상동 목사가 평양 땅을 밟은 건 1940년 4월 20일경이었습니다. 주기철 목사가 3차 구속에서 석방된 날이었죠. 이때 주기철 목사는 평양노회로부터 파면당한 상태였습니다. 신사참배 반대운동의 중심지인 평양 산정현교회는 강제로 문을 닫은 상황이었고요. 다음 날 이인재의 집에 사람들이 속속 모였습니다. 이기선 목사의 제자로 훗날 만주에서 신사참배 반대운동을 하다가 발각되어 옥사한 박의흠 전도사, 그와 함께 만주를 돌며 신사참배 반대운동에 앞장섰던 김형락 영수도 참여했습니다. 즉, 만주와 평양, 그리고 경남에서 신사참배 반대운동에 앞장섰던 이들이 모두 모인 셈입니다. 이들은 각 지역의 상황을 살펴본 뒤 교회 재건을 위해 신사참배 반대운동을 전국으로 확대하기로 결의했습니다.

의견 충돌이 전혀 없었던 건 아니었습니다. 주기철 목사는 조직적인 신사참배 반대운동을 반대했기 때문입니다. 그는 신사참배 강요를 신앙의 힘으로 대처해야지 조직의 힘으로 풀어내면 안 된다고 주장했습니다. 신사참배를 수용한 기존 교회를 대체하기 위해 교회를 재건해야 한다는 의견에도 시기상조라며 반대했습니다. 따라서

주기철 목사가 평남 지역의 신사참배 반대운동에 중심 인물로 활약
했다는 이야기는 재고할 필요가 있습니다. 그의 유명한 설교 "일사각
오"(一死覺悟)가 신사참배 반대운동의 정신적 기초가 되었다 하더라
도 말입니다.

주기철 목사의 반대가 있긴 했지만, 만주와 평양, 그리고 경남
의 지도자들이 한데 모여 마음을 같이함으로써 신사참배 반대운동의
전국화가 이루어졌습니다. 구체적으로는 이기선 목사의 만주 방문
(1940. 3.)과 한상동 목사의 평양 방문(1940. 4.)을 통해 성사된 연대
였습니다. 이기선 목사는 1917년부터 1928년까지 경남 지역에서 목
회를 했는데, 주로 울산, 김해, 마산에서 사역을 했습니다. 1923년에
는 경남노회장을 지내기도 했죠. 이때 이기선 목사는 주기철, 주남선,
최상림, 방계성, 이약신, 손양원 등을 만나 적지 않은 영향을 끼쳤습
니다. 이들이 훗날 신사참배 반대운동의 핵심인물로 성장한 것은 두
말할 필요도 없습니다. 기존에 형성되었던 인적 네트워크를 바탕으
로 신사참배 반대운동의 전국적인 연대가 이루어진 셈입니다.

신사참배 반대운동의 인적 기반을 이룬 전도부인들

한상동 목사의 옥중기를 보면, 경남 지역의 신사참배 반대운동은 다섯
지역을 중심으로 전개되었다고 합니다. 즉, 부산, 마산, 진주, 거창, 통
영에 각각 책임자를 세운 뒤 신사참배 반대운동을 적극 펼친 겁니다.[16]

16] 「한상동 목사 옥중기」, 『한상동 목사 그의 생애와 신앙』, 197쪽.

흥미롭게도 이 다섯 지역은 호주 장로회의 미션스테이션이 개설된 곳이었습니다. 호주 장로회는 부산(1891) 좌천동에 거점을 마련한 후 진주(1905), 마산(1911), 통영(1913), 거창(1913)에 미션스테이션을 설치했거든요. 이는 호주 장로회의 미션스테이션이 신사참배 반대운동의 거점 공간으로 활용되었음을 의미합니다.

호주 장로회는 호주 장로교 여선교회 연합회(PWMU)의 영향을 크게 받았습니다. 그러다 보니 호주 장로회는 여성 주도의 양상이 두드러질 수밖에 없었습니다. 호주 장로회에서 여성 선교사들의 비중이 큰 이유이기도 합니다. 이는 한상동 목사가 신사참배 반대운동을 벌인 와중에 정기적으로 만난 선교사가 대부분 여성이라는 점에서도 알 수 있습니다. 즉, 그는 부산의 데이지 호킹(Daisy Hocking, 허대시) 선교사와 마산의 테이트(Maysie G. Tait, 태매시) 선교사, 그리고 진주의 스터키(James M. Stuckey, 서덕기) 선교사를 찾아가 신사참배 반대운동을 논의했습니다. 1939년 9월부터 1940년 6월까지의 시기를 놓고 보면, 호킹 선교사와는 6회, 테이트 선교사와는 3회, 스터키 선교사와는 2회 만났습니다. 진주 배돈병원의 원목을 지낸 스터키 선교사를 제외하곤 모두 여성 선교사였습니다.

마산의 테이트 선교사는 신사참배 반대운동의 든든한 후원자였습니다. 1918년에 내한한 테이트 선교사는 20년간 마산을 중심으로 선교 사업을 펼친 인물이었습니다. 진주 경남여자성경학원의 교수이기도 했고요. 테이트 선교사는 자신의 집을 신사참배 반대운동의 모임 장소로 쓸 수 있게 했습니다. 특히, 그녀의 집은 신사참배를 반대했다는 이유로 구속된 사람들을 위해 은밀히 연 기도회 장소로 사용되었습니다. 이 기도회에 참여했던 이의 회고에 의하면, 주로 옥중성

경남 지역 신사참배 반대운동의 핵심이었던 전도부인들. 테이트 선교사(가운뎃줄 왼쪽에서 두 번째)와 최덕지 전도사(가운뎃줄 맨 왼쪽), 그리고 정양순 사모(맨 뒷줄 가장 오른쪽, 손양원 목사 아내)의 모습이 보인다. (출처: 손양원목사순교기념관)

도들의 출옥과 전쟁의 종식, 그리고 세계평화를 위해 기도했다고 합니다.[17] 그 당시로는 매우 처절하고 저항적인 기도 제목이었습니다. 1941년 4월 테이트 선교사는 신사참배 반대운동에 가담했다는 혐의로 3일간 구금되었다가 강제추방을 당하여 식민지 조선을 떠나야 했습니다.[18]

테이트 선교사의 후원 속에서 전도부인들은 신사참배 반대운동의 인적 기반을 이루었습니다. 한상동 목사가 경남 지역 신사참배 반

17] 김두식, 「감나무 고목에 핀 무궁화: 출옥성도 김두식 선생의 수기」, 『신사참배 거부 항쟁자들의 증언』(다산글방, 1993), 63쪽.

18] 김승태·박혜진 엮음, 『내한 선교사 총람: 1884-1984』(한국기독교역사연구소, 1996), 492-493쪽.

대운동의 핵심이긴 했지만, 전도부인들이 없었더라면 곤란한 점이 많았을 겁니다. 신자의 다수가 여성인 상황에서 여성의 지지와 찬성을 얻지 못하면 성공할 가능성이 낮았기 때문입니다. 이를 전도부인들이 뒷받침해 준 셈입니다. 그러다 보니 전도부인들은 경남 지역의 신사참배 반대운동에서 큰 비중을 차지할 수밖에 없었습니다. 출옥성도 임애나의 증언에 의하면, 이때 전도부인들은 "한 교회라도 빨리 찾아가서 신사참배를 막고자 정신없이 다녔다"고 합니다.[19] 평소 전도부인들은 여성 신자들을 대상으로 사경회를 여는 게 일상이었기 때문에 신사참배 반대운동도 사경회를 겸한 형태로 이루어졌습니다. 전도부인들은 신사참배 문제에 대해 설교하고, 신사참배를 결의한 총회를 비판했습니다.

앞에서 언급했듯이 전도부인들은 테이트 선교사의 집을 신사참배 반대운동의 거점 공간으로 활용했습니다. 전도부인들은 일주일 내지 열흘씩 사경회를 연 다음 테이트 선교사의 집으로 돌아와 3-5일 동안 준비를 하고 다시 지역 교회로 흩어졌습니다. 그야말로 마산은 경남 지역에서 이루어진 신사참배 반대운동의 거점 도시라 할 수 있습니다.

이들은 경남 통영 출신인 최덕지(1901-1956) 전도사를 중심으로 활동했습니다. 그녀는 해방 후 재건교단을 이끈 지도자로 유명합니다. 평양여자고등성경학교를 졸업한 후 마산선교부에 배치된 그녀는 테이트 선교사와 함께 사역을 꾸려 갔습니다. 전도부인이 되기 전에는 고향 통영에서 진명유치원 교사로 근무하면서 여성운동에 매진

19] 「출옥성도 임애나 전도사의 증언」, 『신사참배 거부 항쟁자들의 증언』, 248쪽.

했습니다. 통영여자청년회와 근우회 통영지회, 그리고 통영부인회에 참여했거든요. 일설에는 상하이 임시정부를 지원하려고 군자금을 모으던 상하이 독립단 통영원조회에도 참여했다고 합니다.

최덕지 전도사가 평양여자고등성경학교를 졸업한 해는 1935년 이었습니다. 졸업 후 그녀는 전도부인으로서 83개 교회를 돌며 전도, 교육, 심방 등을 수행했습니다. 1936년 12월 9일에는 경남여자성경학원 이사로 임명되기도 했습니다. 그러다 중일전쟁이 발발했고 경남노회도 신사참배를 결의하기에 이르렀습니다. 일제 측 자료에 따르면, 최덕지는 1940년 1월 1일 테이트 선교사의 집에서 만난 한상동 목사의 권유로 신사참배 반대운동에 합류했다고 합니다. 그전부터 신사참배 반대운동에 뛰어들었을 가능성이 높습니다만, 한상동 목사와의 만남이 중요한 계기였던 건 분명합니다. 이후 그녀는 네 차례나 검속될 정도로 신사참배 반대운동에 적극 나섰습니다.

최덕지의 행보에서 눈여겨봐야 할 부분은 '경남부인전도회 선거' 입니다. 신사참배 반대운동의 기반을 다지기 위해 경남노회의 산하단체인 경남부인전도회를 장악할 계획을 세우거든요. 계기는 1940년 3월 1일 김해에 위치한 임애나의 집에서 열린 기도회였습니다. 여기에서 최덕지는 3월 5일에 실시되는 경남부인전도회 선거에 신사참배를 반대하는 인사들을 임원으로 당선시키기로 동지들과 마음을 먹습니다. 이를 위해 한상동 목사는 부산과 진주, 최덕지는 마산, 염애나는 김해로 가서 표를 모으기로 했습니다. 다행히 선거는 계획대로 진행되었습니다. 최덕지가 회장에 선출되었을 뿐만 아니라 나머지 임원들도 신사참배를 거부하는 사람들이 당선되었기 때문입니다. 이는 최덕지를 지지하는 세력이 상당했음을 보여줍니다.

저항하는 그리스도인

그해 4월 초순경, 진주의 경남여자성경학원이 개학을 맞았습니다. 최덕지는 학생들을 불러 모아 신사참배의 부당성을 설명하고 이에 굴복하지 말자는 취지의 이야기를 들려주었습니다. 박관준 장로가 제국의회에 참가한 이야기도 빼놓지 않았습니다. 학생들이 교회에 가서 예배를 드리려고 하면 말리기도 하고 기숙사에서 따로 예배를 드리게도 했습니다. 기존 교회가 신사참배를 하기 때문에 취한 조치였습니다. 호시탐탐 기회를 엿보던 일본 경찰은 당국의 허가 없이 개학했다는 핑계로 경남여자성경학원의 해산을 명했습니다. 그러거나 말거나 최덕지는 개학을 강행했습니다. 이에 일본 경찰은 최덕지와 학생들을 검거했습니다. 이 사건으로 경남노회는 경남여자성경학원을 직영으로 운영하기로 결정하였고, 최덕지는 생애 처음으로 수감생활을 했습니다. 다행히 초범(?)이라 그런지 17일 동안 감방에 지내다 풀려났습니다.

전도부인들의 활약에 남성 교역자들은 훼방을 놓았습니다. 신사참배를 결의한 경남노회는 각 교회에 전도부인들을 절대 받아들이지 말라고 지시했습니다. 목사들은 "여자 교역자가 주도하니까 남자들은 (사경회에) 참석하지 말라"는 식으로 나오기도 했습니다.

흥미로운 점은 전도부인들도 구약성서를 민족 해방의 서사로 읽어 냈다는 사실입니다. 특히 에스더를 자신들의 자화상으로 여기는 경향이 강했습니다.[20] 안이숙은 제국의회에 경고장을 뿌리러 가기 전 에스더 4장을 읽었다고 합니다. 에스더가 민족을 구하러 가기 전 죽을 각오를 하는 장면이 나오는 부분입니다. 안이숙의 간증집 제목이 "죽으면 죽으리라"라는 사실에서도 알 수 있습니다. 증언에 의하

20] 이효재, 『한국의 여성운동: 어제와 오늘』(정우사, 1989), 155쪽.

86

면, 최덕지 전도사는 진명유치원 교사로 일할 적에 아이들에게 모세
와 에스더의 이야기를 열심히 들려주었다고 합니다.[21] 민족을 구원
한 에스더를 신앙의 모델로 투영한 겁니다.

신앙을 지키기 위해 은둔생활을 선택한 공동체들

이들은 용기가 있었기에 신사참배를 거부한 것이 아닙니다. 다만, 자
신의 두려움을 직시하며 하나님의 도움을 구했을 뿐입니다. 신사참
배 강요에 끝까지 저항하여 옥고를 치렀던 조수옥(1914-2002)의 사
례를 살펴보겠습니다. 어느 날 조수옥은 경찰서로 모이라는 공문을
받았습니다. 삼천포 내 모든 기독교인은 경찰서로 집합하라는 명령
이었습니다. 장로교 총회가 신사참배를 결의(1938. 9.)한 지 한 달이
조금 넘은 시기였습니다. 성결교와 장로교, 그리고 안식교 신자들이
전부 집결했습니다. 경찰서장은 오늘 신사참배를 하러 가야 하며, 거
부할 경우 국가반역죄로 처벌하겠다고 으름장을 놓았습니다. 갑작스
러운 명령과 협박에 어찌할 바를 몰랐던 조수옥은 고민 끝에 신사참
배를 거부하기로 했습니다.

교회로 돌아온 조수옥은 더럭 겁이 났습니다. 중일전쟁 발발 후
신사참배 강요의 소용돌이가 점점 거세지던 상황이었습니다. 예배를
드리기 전에는 궁성요배를 해야 하고, 경찰의 감시하에서 설교를 전
해야 했던 시대였습니다. 여태껏 제국일본에 반대하는 행동을 피해

21] 윤정란, 『한국 기독교 여성운동의 역사』(국학자료원, 2003), 214쪽.

온 그녀였습니다. 공포와 두려움이 엄습했습니다. 한편, 그녀는 경찰에 연행된다 하더라도 오들오들 떨면서 죽는 게 아니라 공포에서 해방된 승리자로서 죽고 싶었습니다. 기도를 했습니다. 좀 더 특별한 곳에서 기도를 해야겠다는 생각이 들자 와룡산이 떠올랐습니다. 가끔씩 이 산에 기도하러 가는 교회 어르신이 생각났습니다. 침구 등을 챙겨 와룡산으로 올라갔습니다.

밤이 깊어 갔습니다. 칠흑 같은 흑암 속에서 조수옥은 목이 터져라 "주여~ 주여~"를 외쳤습니다. 차가운 바람에 소름이 돋았고, 음산하게 들려오는 벌레소리가 얼굴 주위를 맴돌았습니다. 산짐승들의 포효도 무서웠습니다. 기도에 집중하기가 쉽지 않았습니다. 자괴감이 들었습니다. 고명하신 목사님들도 신사참배를 거부하지 못하는데 나 같은 것이 무엇이라고. 얇은 모포 한 장 걸친 채 울기만 하던 그녀는 불현듯 다음과 같은 신앙고백을 하게 되었습니다.

하나님. 나의 이름을 불러서 당신의 백성으로 삼아 주신 이상 저에게 용기와 힘을 주셔서 이러한 두려움으로부터 해방시켜 주시옵소서.[22]

조수옥은 두려움을 직시하기 위한 방법으로 산을 선택했습니다. 산기도를 통해 용기와 힘을 얻으려고 했습니다. 자신의 신앙적 양심을 지키고자 밤새 울며 와룡산에서 울부짖었습니다.

이러한 경우는 조수옥 이외에도 꽤 있었습니다. 심지어 산으로

22] 와타나베 노부오 기록, 조수옥 증언, 김산덕 옮김, 『신사참배를 거부한 그리스도인』(엘맨, 2002), 51쪽.

피신한 뒤 일종의 기도공동체를 이룬 경우도 있었습니다. 잘 알려지지 않았지만 '김소(小)갑숙'이라는 인물이 있습니다. 경남 남해에서 신사참배 반대운동을 주도한 최상림 목사의 영향을 받은 그녀는 평양여자고등성경학교를 졸업하고 삼천포교회로 부임한 전도부인이었습니다. 그녀는 신사참배 압박이 점점 심해지자 산으로 들어갔습니다. 바로 경남 남해군 삼동면에 위치한 내산(內山)이었습니다. 그녀는 내산의 도장골을 피신처 겸 기도처로 삼았습니다. 김소갑숙은 기도하던 중 도장골로 들어가라는 음성을 들었습니다. 이때 내산교회의 서충일 집사가 도장골을 안내했다고 합니다. 이곳은 워낙 깊은 산중이라 마을 사람들조차 모르는 경우가 많았다고 하니 피신 장소로 제격이었을 겁니다. 돌담을 쌓고 지붕을 얹었습니다. 어설프게나마 기도원이 만들어졌습니다.

그러자 남해읍교회, 이동교회, 물건리교회, 지족교회, 내산교회 사람들이 속속 모이기 시작했습니다. 남해군뿐만 아니라 산청, 삼천포, 부산에서 오기도 했습니다. 증언에 의하면, 정양순(손양원 목사의 부인)과 손동인(손양원 목사의 첫째 아들)도 이곳에 온 적이 있다고 합니다.[23] 이들은 수시로 입산하여 기도했습니다. 이곳은 신앙의 양심을 지키고자 했던 사람들이 만든 하나의 기도공동체였습니다.

신사참배 강요에 맞서 싸우기보다 은둔생활을 택한 공동체는 경남 하동군 옥종면 북방리에도 있었습니다. 애양원 소속의 여성 나환자들이 신사참배 강요를 거부하고 세운 공동체였습니다. 손양원 목

23] 정중호·조원경, 「경남지역 여성 평신도 신사참배 거부 공동체」, 『신학사상』 138집 (2007), 186-186쪽.

사와 각별했던 황덕순의 주도로 만들어졌다고 합니다. 손양원 목사
가 신사참배를 반대하는 설교를 전해 감옥에 간 후 일본인 원장이 부
임했는데, 그는 손양원 목사 가족을 쫓아냈을 뿐만 아니라 나환자들
에게 신사참배를 강요했습니다. 황덕순을 비롯하여 여성 나환자들은
신앙을 지키기 위해 애양원을 박차고 나왔습니다. 처음에는 진주 남
강의 다리 밑에서 거지 생활을 했습니다. 그러다 하동군으로 옮겨 신
앙공동체를 이루었습니다.

내산 공동체와 북방리 공동체가 신앙적 양심을 지키려고 산골
로 피신한 경우라면, 경북 의성과 청송에서 공동체를 꾸린 '시온산 제
국'은 적극적으로 항일운동을 전개했습니다. 시온산 제국이라니. 명
칭에서부터 뭔가 이질적입니다. 맞습니다. 시온산 제국은 1940년대
초반에 등장한 독특한 신흥종파였습니다. 이단연구가 탁명환 소장
도 시온산 제국을 한국의 신흥종교로 다루었습니다. 그렇지만 이단
연구가인 그도 시온산 제국을 항일운동사의 측면에서 일정 부분 긍
정했습니다. 저명한 교회사학자인 민경배 교수도 항일운동의 측면에
서 시온산 제국의 의의를 인정했고요.[24] 동경특파원을 지낸 베이커
(Richard T. Baker)도 1947년에 출판한 자신의 저서를 통해 시온산
제국을 "일본인들에게 가장 강렬한 저항을 보인 기독교인들"이라고
소개한 바 있습니다.[25]

시온산 제국은 경북 청송 출신의 박동기(1907-1991) 전도사의
주도하에 등장했습니다. 엄밀히 따지면 1944년 4월 25일에 출범했으

24] 민경배, 『한국민족교회형성사론』(연세대출판부, 1977), 156-157쪽.
25] 정중호, 「시온산 제국 기독교인의 항일운동」, 『신학사상』 129집(2005), 234쪽.

나, 일제의 극심한 탄압으로 신앙생활을 제대로 할 수 없었던 1940년
대 초반으로 거슬러 올라갈 필요가 있습니다.

박동기는 경북노회에서 운영하는 대구동산성경학원(영남신학교
의 전신)을 졸업한 목회자였습니다. 그는 포항과 청송에서 전도사 생
활을 하던 중 신사참배를 거부하여 수차례 곤혹을 치렀습니다. 신사
참배를 반대한 설교로 취조를 받던 중 고문을 이기지 못해 각서를 쓰
기도 했지만 결코 굴하지 않았습니다. 더 이상 포항에 머물기 힘들어
지자 경북 의성으로 거처를 옮겼습니다.

1941년 1월 의성군의 6개 교회를 맡게 된 박동기는 대대적인
회개기도운동을 펼쳤습니다. 로마의 카타콤을 연상시킬 정도로 비
밀집회를 수차례 가졌습니다. 성서의 묵시문학을 줄줄 외웠다는 그
는 전천년주의에 기반한 예언을 쏟아 냈습니다. 예를 들면 이렇습니
다. '제2차 세계대전은 아마겟돈 전쟁이다. 전체주의 국가인 독일과
이탈리아, 그리고 일본은 멸망할 예정이다. 이 전쟁이 끝나면 예수가
재림한다. 하나님은 신사참배로 신앙의 지조를 지키지 못한 이들을
버렸다. 그 대신 그 '움'으로 시온산 교회를 돋게 할 것이다'라는 식
으로 말입니다.

일본 경찰은 탄압에 나섰습니다. 불법집회라는 명목으로 주도자
들을 하나둘 검거했습니다. 공개적인 활동이 어렵게 되자 박동기 일
행은 경북 청송군 현서면으로 몸을 숨겼습니다. 박동기가 태어났던
수락(水洛)마을을 새로운 보금자리로 삼았습니다. 경산, 청송, 영양 등
인근 지역의 신자들이 하나둘 모이기 시작했습니다. 이들이 항일공
동체의 면모를 갖추게 된 시기는 1943년 10월경이었습니다. 간이식
신사인 가미다나와 일장기를 불태우라는 지시를 내렸거든요. 이 공

동체에 소속된 사람들은 지시를 따랐다고 합니다. 일본군이 패했다는 소식이 들리면 '승전축하예배'를 열고 '승전가'를 부르기도 했습니다. 명백히 항일의 의지를 보여준 셈입니다.

이들이 매우 흥미로운 이유는 '독자적인' 나라를 선포했기 때문입니다. 1944년 4월 25일 박동기 일행은 보현산(청송과 영천에 걸쳐 있는 산)에서 모여 '성일본제국'(聖日本帝國)을 선포하였습니다. 얼마 안 지나서 명칭을 '시온산 제국'으로 바꿨습니다. 유대 민족의 성산(聖山)인 시온산을 내세웠다는 점에서 매우 독특합니다. 이들은 국가(國歌)와 국기(國旗)를 제정하였고, 내각을 수립함으로써 일종의 대항국가를 세웠습니다. 이들에게 시온산 제국은 예수의 재림으로 이루어질 천년왕국의 구현이었습니다.

'전(前)천년주의'라는 내연

이상 자신의 신앙적 양심을 지키기 위해 목숨을 걸었던 이들의 고난과 역경을 대략적이나마 살펴보았습니다. 이들이 모진 고문과 탄압에도 불구하고 자신의 양심을 지킬 수 있었던 이유는 무엇일까요. 동시에 깊숙한 내면에서 스멀스멀 올라오는 두려움을 어떻게 피하지 않고 직시할 수 있었던 걸까요.

결론부터 말하자면, 이들은 천년왕국 사상을 저항의 내연(內燃)으로 삼았습니다. 천년왕국 사상은 종말론의 한 부분으로 초대교회 때부터 기독교 역사에 지대한 영향을 미쳐 왔습니다. 쉽게 말해 예수가 재림하여 천 년 동안 통치를 하리라는 믿음으로, 계시록 20장

1-20절에 대한 문자적 해석에 기반을 두고 있습니다. 예수가 재림하면 악한 세력은 사라지고 고통과 슬픔, 분쟁과 전쟁이 없는 천년왕국이 실현되리라는 희망을 품은 종말론이라 할 수 있습니다.

문제는 재림의 시점이었습니다. 성서 어디에도 예수의 재림이 언제 이루어질지 분명히 밝히고 있지 않기 때문입니다. 그러다 보니 천년왕국 사상은 크게 전(前)천년주의와 후(後)천년주의, 그리고 무(無)천년주의로 나뉘었습니다. 이 세 가지 개념은 현대적 용어이기 때문에 과거를 소급하여 적용할 때 주의할 필요가 있습니다. 전천년주의는 예수의 재림이 천년왕국 이전에 이뤄진다고 믿습니다. 반대로 후천년주의는 천년왕국이 끝나고 나서야 예수의 재림이 올 거라고 보고 있습니다. 무천년주의는 천년왕국을 하나의 상징으로 파악할 뿐 계시록 20장을 문자적으로 해석하지 않습니다.

이 세 가지 천년왕국 사상 중 한국 교회에 막대한 영향을 끼친 종말론은 전천년주의였습니다. 전천년주의는 인류 역사를 절대선과 절대악의 투쟁으로 여기는 경향이 있습니다. 전천년주의는 세상의 끝이 가까이 다가올수록 엄청난 환난이 찾아오리라고 보기 때문에 삶에 대해 다소 비관적인 태도를 갖습니다. 그리고 이 환난은 예수가 재림하는 우주적 드라마로 홀연히 끝나고 지상에 천년왕국이 시작된다고 이야기합니다. 식민지 조선을 살아가는 이들에게 전천년주의만큼 희망을 주는 전망은 흔치 않았을 겁니다.

한국 교회가 전천년주의를 받아들인 계기는 1907년 평양 부흥 운동이었지만, 전국적으로 확산된 시기는 1920년대였습니다. 이때는 묵시적 기대가 폭발한 시기로, 그야말로 대성황을 이루었습니다. 길선주, 이용도, 김익두 등의 부흥사들이 식민지 조선의 기독교를 한바탕 뒤엎었습니다. 그렇다 보니 1920-1930년대에는 종말론에 관한 책들이 쏟아져 나왔습니다. 특히 다니엘서와 계시록에 관한 수많은 주석들이 출간되어 종말론의 열기를 더했습니다.[26] 조선예수교서회 는『쥬재림론』(1922),『쥬필재림』(1922),『예수재림강화』(1927),『예 수의 텬국관』(1929),『확고한 재림』(1932) 등을 발간하였습니다. 길선 주 목사는 창문사를 통해『말세론』(1927)을 간행했습니다. 당시 기독 교 출판계의 흐름을 통해 재림사상이 유행이었음을 알 수 있습니다.

한편, 1920년대는 독서인구가 증가하고 새로운 사상이 유입됨 에 따라 독서운동이 활발해진 시기였습니다. 그 결과, 전국 각지에서 독서회가 조직되었습니다. 이는 자연스럽게 교회 내에도 청년들을 중심으로 한 독서회가 꾸려진 요인으로 작용했습니다. 기독청년들은 독서회로 모여 교회의 당면과제를 토론하거나 고민을 나누었습니다. 예를 들어, 1928년 7월 22일 포항의 기독청년면려회는 크게 세 가지 주제를 다루는 독서발표회를 개최하였습니다. 바로 성서관과 성서지 리, 그리고 재림론이었습니다.[27] 이를 통해 우리는 당시 기독청년들 에게도 재림론이 뜨거운 관심사였음을 알 수 있습니다.

임박한 종말과 예수의 재림, 그리고 천년왕국의 도래. 이 세 가지 는 전천년주의 종말론이 수많은 기독교인의 관심을 사로잡은 이유였 습니다. 전천년주의는 현 역사에 대한 철저한 부정을 전제로 삼았기 때문에 암울한 현실에서 출구를 찾지 못하던 사람들의 숨통을 트여 줬습니다. 고통스러운 현실 앞에서 임박한 주의 재림은 위로이자 희망

26] 박용규,『한국장로교사상사』(총신대학교출판부, 1992), 255쪽.
27] 「포항면려독서회」,『기독신보』, 1928년 8월 8일 자.

으로 다가온 겁니다. 전천년주의를 받아들인 이들은 성서의 묵시문학에서 희망을 찾았고, 가까운 미래에 있을 유토피아를 꿈꿨습니다.

거기다 만주사변과 중일전쟁, 그리고 태평양전쟁으로 이어지는 전시 상황은 전천년주의의 확산에 크게 기여했습니다. 전쟁은 하나의 징조(sign)로 읽혔습니다. 종말이라는 커다란 드라마를 구성하는 텍스트로 다가왔습니다. 특히 전체주의의 부상은 전천년주의자들의 이목을 강력하게 끌었습니다. 무솔리니나 히틀러를 적그리스도(AntiChrist)로 규정하는 전천년주의자들도 등장했습니다. 1939년에 맺은 독일과 소련 간의 상호불침공조약은 전천년주의자들을 더욱 흥분시켰습니다. 에스겔 38장에 등장하는 곡(Gog)과 고멜(Gomer)의 동맹으로 해석할 여지를 주었기 때문입니다.[28] 어쨌든 거대한 격동이 몰아치면서 전천년주의자들은 종말이 더욱 가까이 왔다고 믿었습니다. 역사의 격변기에 세계를 설명하는 틀로 종말론만큼 유용한 틀은 없으니까요.

이를 잘 보여주는 인물로 손양원(1902-1950) 목사를 들 수 있습니다. 경남 함안 출신인 그는 일본 유학(1921-1923) 중 나카다 주지(中田重治) 목사의 영향을 받아 전천년주의를 받아들인 걸로 보입니다. 귀국 후 그는 10여 년 동안 부산에서 전도사로 활동했습니다. 그러는 와중에 호주 장로회가 운영하는 경남성경학원에서 신학적 기초를 쌓았습니다(1926-1928). 흥미롭게도 그는 김교신이 발행하던『성서조선』의 애독자이기도 했습니다. 문신활이라는 나환자의 증언에 의하면, 손양원은『성서조선』을 읽은 소감을 바탕으로 설교를 하기도

28] 리차드 카일 지음, 박응규 옮김,『역사 속의 종말인식』(CLC, 2007), 159쪽.

했습니다.[29]

그의 설교 주제 중 하나는 재림의 임박성이었습니다. 손양원 목사의 설교노트를 분석한 연구에 따르면, 1928년과 1938년의 설교에서 10년 사이에 '말세 준비'에 관한 설교가 두드러지게 나타났다고 합니다.[30] 점차 그가 말세에 대한 설교를 중요시했다는 사실을 알 수 있습니다. 1936년 4월 2일 날짜로 가족들에게 보낸 편지에서도 말세의 징조와 예수의 재림을 기대하는 그의 면모를 엿볼 수 있습니다. 이때는 중일전쟁이 발발하기 전이었지만, 각 학교에 신사참배를 강요하던 시기였습니다. 손양원은 아내 정양순에게 아들 손동인이 퇴학을 당할지언정 신사 앞에 절하지 못하도록 당부하기도 했습니다.

참고로 손양원이 여수 애양원과 본격적인 관계를 맺은 계기도 신사참배 문제 때문이었습니다. 1938년 11월 27일 그는 신사참배 문제를 둘러싸고 양산읍교회에서 논쟁을 벌인 적이 있습니다. 손양원 목사가 신사참배를 우상숭배라고 비판하자 양산읍교회의 신자인 이상호와 금석호는 김길창 목사에게 손양원 목사의 '불온한 언동'에 대해서 보고했습니다. 신사참배를 국민의 의무라고 생각한 이 둘은 손양원 목사를 위험한 인물로 여겼던 거죠. 이 일로 손양원은 부산 교계에서 쫓겨났습니다. 그러다 신학교 동창생으로 전남 벌교에서 목회를 하고 있던 김형모 목사에게서 애양원교회에 와달라는 부탁을 받습니다. 이때 애양원교회는 신사참배를 결의한 순천노회와 관계를 끊고 독립교회로 존재했었습니다. 손양원이 약 2년 전쯤에 사경회 강

29] 문신활, 「그리스도의 복음심장에서」, 『성서조선』 제75호(1935), 16-17쪽.
30] 김승태, 「손양원의 초기 목회활동과 신사참배 거부항쟁」, 『한국기독교와 역사』 제34호(2011), 220-239쪽.

사로 갔던 곳이기도 합니다. 우연과 필연 속에서 손양원 목사와 애양원의 만남이 시작되었습니다.

이기선(1878-?) 목사도 천년왕국 사상의 옹호자였습니다. 공판기록을 보면, 이기선 목사는 "여호와 신은 예수를 지상에 재림케 하여 현존하는 각 나라들을 모조리 붕괴시킨 후에 예수를 수반으로 하는 이상왕국인 천년왕국을 건설하게 할 것"이라고 밝혔습니다. 명백히 그가 전천년주의자임을 알 수 있습니다. "예수는 공중에 재림하고 충신자(忠信者)는 승천"한다는 대목에서도 그렇습니다. 이러한 내용은 이기선 목사와 함께 검거된 20명의 예심종결서에도 공통적으로 등장합니다. 이로써 신사참배 반대운동은 일종의 천년왕국운동이었음을 알 수 있습니다. 유토피아운동의 일환으로 신사참배 반대운동이 전개된 겁니다. 예수가 곧 재림하여 이 세상을 심판하리라는 믿음은 신사참배 강요에 맞설 수 있었던 원동력이었습니다.

앞에서 얘기했듯이 신사참배 강요의 근간이 되었던 심전개발운동은 식민지 조선인들의 신앙심을 재편성하기 위한 정책이었습니다. 천황 통치권의 정당성을 조선인들에게 명시하고자 심전개발운동이 시행되었습니다. 심전개발운동의 구체적인 요지는 1936년 1월 15일에 공표되었습니다. 그러자 일본 경찰은 유사종교단체에 대한 단속을 강화하였습니다. 유사종교단체가 위험한 종말사상을 믿기 때문이라는 이유에서였습니다. 일본 경찰은 유사종교단체의 비밀포교를 뿌리째 뽑겠다는 방향으로 단속을 펼쳤습니다. 특히 종말사상을 다룬 언동을 중점적으로 문제 삼았습니다.

이는 신사참배 강요에 저항했던 기독교인들을 옥죌 때도 유용했습니다. 괘씸죄의 일종인 불경죄로 처벌하긴 했지만, 형식상 '종교의 자유'를 보장하고 있으므로 신사참배 반대만으로 구속하는 건 쉽지 않았습니다. 거기다 기독교는 공인종교였으니까요. 그래서 '정치에 관해 불온한 언동과 행동'을 문제 삼은 보안법과 '국체를 변혁할 목적으로 결사를 조직한 자'를 처벌한 치안유지법을 근거로 삼았습니다. 유사종교단체를 탄압할 때 사용한 법적 근거를 기독교에도 적용한 겁니다. 공인종교에 몸담고 있는 이들을 쉽게 다루려면 유사종교단체 수준으로 끌어내려야 했고, 그러기 위해서는 기독교의 종말신앙을 부각시킬 필요가 있었습니다. 즉, 천년왕국 사상은 신사참배 반대운동의 원동력으로 작용한 면도 있지만 당국의 필요에 의해 강조된 측면도 있습니다.

1940년 11월 15일 순천노회 소속 목사와 전도사들이 치안유지법 위반 혐의로 전원 검거되었습니다. 이른바 '순천노회 사건'이라고 합니다. 15명의 교역자들이 한꺼번에 재판을 받았는데, 노회원 전원이 구속된 사례는 여기밖에 없을 겁니다. 이들은 신사참배를 거부해서 체포된 것이 아닙니다. 오히려 순천중앙교회의 박용희 목사는 '이명동일신설'(異名同一神說)이라는 논리로 신사참배를 정당화했습니다. 신을 부르는 명칭은 달라도 본질적으로 똑같기 때문에 신사참배가 교리에 위반되지 않는다는 주장을 펼쳤죠.[31] 이들 중에는 궁여지책으로 신사참배를 하거나 신사를 우상이라고 여기는 경우도 있었습니다.

일제가 이들을 구속한 이유는 재림신앙 때문이었습니다. 판결문에 의하면, 박용희 목사는 1939년 5월부터 1940년 9월까지 예수의 재림을 강조하는 설교를 해왔다고 합니다. 그 밖에 다른 사람들의 경

31] 김승태, 『식민권력과 종교』, 284쪽.

우도 재림신앙을 강조한 설교를 문제 삼았습니다.[32] 이 사건은 형식
적이나마 신사참배를 수용했어도, 종말과 재림을 이야기하면 탄압을
피할 수 없었다는 사실을 보여주고 있습니다. 절망의 시대에 새로운
세계의 도래를 강조함으로써 신자들에게 희망을 주려고 한 행위는,
제국일본의 입장에서 볼 때 지배체제에 대한 도전이었기 때문입니
다. 전쟁 상황으로 돌입하여 체제가 경직된 만큼 임박한 종말에 대한
강조는 체제 변혁적인 사상으로 여겨지기 십상이었습니다.

신사참배 반대운동의 성격

전천년주의가 성서를 문자적으로 보는 데서 기원한 만큼, 신사참배
강요에 저항한 이들은 신학적으로 매우 보수적이었습니다. 예컨대
주기철 목사는 경남노회장 시절 '바른 교리'를 확립하기 위해 평양신
학교의 박형룡 교수를 초청해 교리 집회를 열기도 했습니다. 신사참
배 강요에 저항한 다른 이들도 마찬가지였습니다. 이들이 해방 후 '출
옥성도'라 불리며 세운 교단이 보수적이기로 유명한 고려파와 재건
파라는 사실에서도 알 수 있습니다.

　우리는 과연 이들의 저항을 어떻게 받아들여야 할까요. 사실 '신
사참배 반대운동의 성격'은 한국 기독교 역사의 뜨거운 논쟁점입니
다. 순수한 종교운동으로 받아들여야 할지, 아니면 민족운동으로 평

32] 「박용희 등 15인 광주지방법원 판결문」, 『신사참배문제 자료집 Ⅲ』(한국기독교역사연
　구소, 2014), 481-498쪽.

가해야 할지 말입니다. 신사참배 문제가 해방 후 교회분열의 원인이 되었던 터라 논쟁은 자기 교단의 정통성을 강조하기 위한 차원으로 전개되었습니다. 그러다 보니 평행선을 달린 채 좀처럼 좁힐 기미가 보이지 않습니다. 폐쇄적인 교단신학이 존재하는 한 말입니다.

결론부터 말하자면, 신사참배 반대운동은 종교운동의 차원에서 전개되었지만 항일운동의 측면이 있었습니다. 전시체제기에는 노골적인 저항이 불가능했습니다. 제한적이나마 언론이나 매체를 통해 목소리를 낼 수 있었던 1920년대와는 질적으로 달랐습니다. 군국주의와 파시즘이 휘몰아치던 시기였습니다. 이때는 인간의 내면으로까지 식민 지배의 촉수가 뻗쳤습니다. 창씨개명, 일본어 사용, 신사참배 등을 강요함으로써 조선인의 이름과 언어, 그리고 신앙까지 침략해 들어오는 단계였기 때문입니다. 그러다 보니 고유성을 지켜내려는 노력 자체가 항일운동의 성격을 띠었습니다. 조선 이름을 그대로 유지하고, 조선말을 사용하고, 신사에 참배하지 않는 뚝심만으로도 저항의 메타포를 형성하기에 충분했던 겁니다. 체제에 도전적인 행동이나 이야기를 하지 않더라도 말입니다.

관건은 이들의 항일이 철저한 민족의식을 기반으로 하고 있느냐는 점입니다. 논쟁이 계속 평행선을 달리는 이유 중 하나는 항일운동과 민족운동을 무조건 등치시키고 있기 때문입니다. 명심해야 할 점은 항일운동의 층위가 다양했다는 사실입니다. 신앙심에 기반을 둔 항일운동도 가능했고, 계급의식에 따른 항일운동도 존재했습니다. 민족운동은 민족의 주체성을 되찾기 위한 항일운동이었습니다. 신사참배 반대운동의 이면에 민족적 반발이 아예 없었다고는 할 수 없지만, 민족운동으로 수렴되기에는 충분치 않았습니다. 신사참배 반대운동은 항일운동이지만, 민족운동이라고는 할 수 없다는 게 저의 입장입니다.

이는 그들이 민족의 문제에 순응하여도 신앙의 문제에 대해서 결코 타협하지 않았다는 데서 알 수 있습니다. 대표적인 사례로 '창씨 개명'을 들 수 있습니다. 창씨개명은 내선일체의 완성을 위한 가장 유력한 수단 중 하나였습니다. 일본식 이름을 도입해 일본인과 동일한 성명을 갖도록 한 조치였습니다. 1939년 11월 조선총독부는 조선민사령을 개정하여 조선인들의 이름을 일본식 이름에 따르도록 했습니다. 다음 해 2월 11일부터 8월 10일까지 성(姓)을 새롭게 정해서 신고하도록 했습니다. 이때 주기철은 신천기철(新川基徹), 한상동은 서원상동(西原相東), 안이숙은 안천이숙(安川利淑), 손명복은 광전명복(廣田明復)으로 바꾸어 창씨개명에 동조했습니다. 이기선 목사와 최덕지 전도부인과 같이 창씨개명을 하지 않은 경우도 있었지만 말입니다.

또한 이들은 '세속국가'로서의 제국일본을 인정했습니다. 손양원 목사는 검사와의 신문에서 "천황 통치 제도에 대해서는 별로 나쁘다고는 생각지 않"는다거나 중일전쟁을 "여호와 하나님이 일본국으로 하여금 동양 평화를 위해서 일으킨 사변이라고 믿고 있"다고 답했습니다.[33] 출옥성도 조수옥은 '각 사람은 위에 있는 권세들에게 순종하라'는 로마서 13장 1절을 근거로 식민 지배에 반대한 적이 없었다고 합니다.[34] 그러면서 신사참배 거부는 신앙적 행위일 뿐 식민 지배를 부정하는 의미가 아니라고 항변했습니다.

요컨대 신사참배 반대자들은 '이중 충성'을 성실히 따랐습니다.

33] 「손양원 신문조서」, 『신사참배문제 자료집 Ⅲ』, 57쪽.
34] 조수옥 증언, 『신사참배를 거부한 그리스도인』, 61쪽.

이들은 하나님께 바쳐야 하는 충성과 지상 정부에 돌려야 하는 충성을 성속이원론에 따라 철저히 이행했습니다. 이들에게 제국일본은 하나님 다음으로 충성해야 할 대상이었습니다. 다만, 두 요구 사이에 충돌이 생길 경우 하나님에 대한 충성을 우선순위로 삼았을 뿐입니다. 자신의 신앙적 양심에 어긋나지 않는 범위 내에서만 권력에 복종한 겁니다. 제국일본이 '세속국가'로서 신민이 되라고 요구할 때는 순순히 응했지만, 종교적 신념에 배치되는 문제 앞에서는 철저히 저항한 이유라 할 수 있습니다.

중요한 사실은 이들이 임박한 종말을 강조함으로써 제국일본이 영원하지 않다는 사실을 우회적으로 꼬집었다는 점입니다. 사실 이것만으로도 감옥에 가기에 충분했습니다. 천황의 존엄에 조그마한 위해를 가해도 처벌을 받는 시대였으니까요. 이 지점에서 신사참배 반대운동은 항일운동이었지만, 민족운동이라고 하기에는 어렵습니다. 이들은 양심적인 협력자(conscientious cooperators)였을 뿐 양심적인 반대론자(conscientious objectors)가 아니었습니다.

혹자는 신사참배 반대자들을 처벌한 법조항을 근거로 민족운동이라고 이야기합니다. 이들에게 적용한 사상통제법(보안법, 치안유지법, 불경죄 등)은 독립운동과 관련된 경우가 많았기 때문입니다. 하지만 이 법령들이 적용되었다고 해서 전부 독립운동이라고 단정할 이유가 없습니다. 총독부의 사상통제법은 행위의 '결과'만을 두고 처벌하지 않았습니다. 마음속 '목적'도 판단해 사상통제법을 적용했습니다. 그러니 매우 자의적일 수밖에 없었습니다. 요컨대 '신사참배 거부→치안유지법→독립운동'이라는 도식으로 신사참배 반대운동의 성격을 정형화해서는 안 됩니다.

민족운동이 아니라고 해서 평가절하할 이유도 없다고 생각합니다. 이들은 목숨을 걸고 자신의 신앙적 양심을 지켰습니다. 그 동기가 무엇이든 존경받아 마땅합니다. 폭력 앞에서 자신의 신념을 철회하지 않는 데는 엄청난 용기가 필요하기 때문입니다. 오히려 적잖은 기독교 민족주의자들은 제국일본의 침략전쟁에 협력을 아끼지 않았습니다. 이들이 신봉한 사회진화론적 세계관은 생존경쟁과 적자생존을 핵심으로 삼았습니다. '저항의 논리'가 아니라 '경쟁의 논리'이다 보니 일본보다 강해지기 위한 여러 가지 사회운동을 펼치는 데 강한 동기를 부여했습니다. 하지만 경쟁에서 패배한 순간부터 강자의 논리를 적극적으로 받아들이게 만들었습니다. 이들의 사회진화론적 세계관은 국가주의와 결합되면서 제국일본의 침략전쟁을 정당화하는 중요한 기제로 작용했다고 볼 수 있습니다.

신사참배 반대자들의 저항은 양심의 자유와 종교의 자유를 지키려는 노력에 선구적인 역할을 했습니다. 이들이 신사참배 강요를 종교의 자유가 침해받는 문제로 인식했는지는 불분명합니다. 그러나 권력이 개인의 양심적 자유를 침해할 때 무엇을 해야 하는지는 잘 보여주었습니다.

국기배례 거부를 둘러싼 갈등

해방 이후 신사참배 반대자들은 '출옥성도'라 불리며 교회재건운동에 앞장섰습니다. 이들은 신사참배를 수용한 기존 교회로 들어가 교회개혁을 할지, 아니면 아예 새로운 교회를 만들지에 따라 노선이 나

뉘었습니다. 전자는 한상동 목사를 중심으로 이루어졌습니다. 결과적
으로는 기존 교회를 개혁하는 데 실패하여 '고신교단'의 설립으로 이
어졌습니다. 후자의 경우, 전도부인 최덕지가 주도했습니다. 이들은
기존 교회를 처음부터 부정하고 '재건교단'을 세웠습니다. 교회재건
의 문제를 두고 고신교단을 설립한 이들보다 급진적인 입장을 취한
게 재건교단이었습니다.

　이들이 보기에 36년간의 식민 지배는 온전히 끝나지 않았습니
다. 이른바 친일목사들이 교권을 잡은 탓도 있지만, 신사와 일장기 앞
에 몸을 직각으로 숙이는 최경례(最敬禮)가 여전했기 때문입니다. 다
른 말로는 배례(拜禮)라고도 했습니다. 식민지 시기 때 국기(일장기)
는 일본의 혼이 담긴 신물(神物)이었습니다. 당연히 국기를 대하는 자
세도 남달라야 했습니다. 정중한 자세로 국기를 쳐다보는 행위만으
로는 부족했습니다. 동방요배를 할 때 국기도 배례의 대상으로 간주
된 까닭입니다.[35]

　출옥성도들은 해방 이후에도 성행한 배례를 우상숭배로 간주했
습니다. 이들은 각종 행사에서 배례가 행해지는 걸 보면서, 제국일본
이 강제력을 동원하여 추진한 국기 신격화 정책을 떠올린 건 아닌가
싶습니다. 특히 손양원 목사는 전국을 돌아다니며 국기배례의 문제점
을 알리는 데 힘을 쏟았습니다. 그는 자신이 태극기를 사랑하지만 절
을 하지 않는다는 입장을 명확히 밝혔습니다. 국기는 깃발 행렬을 하
고 만세를 부를 때 필요할 뿐 경배의 대상이 될 수 없다고 딱 잘라 말

35]　전우용, 「한국인의 국기관과 '국기에 대한 경례'」, 『동아시아문화연구』 제56집(2014),
　　31-34쪽.

했습니다. 국기배례는 우상숭배이며 망국의 길이라고 비판하는 데 주저함이 없었습니다.

대한민국 정부 수립 이후에도 국기배례는 여전했습니다. 아무래도 국기배례는 일선 학교에서 가장 빈번히 이루어지다 보니 사건도 학교 현장에서 터졌습니다. 예컨대 1949년 3월 경기도 파주군에 소재한 봉일천국민학교에서 약 42명의 학생이 국기배례를 거부하여 퇴학을 당한 사건이 발생했습니다.[36] 공교롭게도 이들 가운데 상당수가 파주군 조리면에 소재한 죽원리교회의 주일학교 학생들이었습니다. 결국 죽원리교회의 최중해 목사가 구속되는 일이 벌어졌습니다.[37]

이 사건은 교계에 큰 파장을 일으켰습니다. 주요 교단들이 국기배례 문제를 본격적으로 논의하게 됐으니까요. 1949년 4월 19일에 열린 장로교 총회에서 손양원 목사는 발언권을 얻어 국기배례 문제에 대한 대책을 강구하자고 제안했습니다. 대안으로 국기를 쳐다보는 첨례(瞻禮)와 오른손을 들어 올리는 거수례(擧手禮)가 거론되었습니다. 이에 장로교는 총회 차원에서 국기배례를 거부하기로 했고, 손양원 목사에게 정부와의 교섭을 맡겼습니다. 성결교 역시 총회를 열어 고개를 살짝 숙이는 주목례(注目禮)로 국기배례를 바꾸자는 입장을 세웠습니다. 감리교는 명확한 결론은 내리지 못했지만 총리원이 국기배례 문제를 다루기로 했습니다.

국기배례의 대안으로 첨례, 거수례, 주목례 등이 제기된 데서 알 수 있듯이 한국 교회는 경례 방식을 문제 삼았습니다. 국기 자체

36] 「국기배례문제계기로 아동 42명 퇴학처분」, 『조선중앙일보』, 1949년 5월 8일 자.
37] 고성은, 「대한민국 제1공화국에서의 교회와 국가 간의 갈등에 대한 연구: 국기배례 거부를 중심으로」, 『한국교회사학회지』 제47집(2017), 116쪽.

에 대한 거부는 아니었던 거죠. 이는 1949년 5월 한국기독교연합회 (NCC)가 발행한 「국기배례문제에 대하야 그리스도교의 입장을 천명함」이라는 소책자를 통해서 알 수 있습니다. 국기 자체는 우상이 아니라고 밝히고 있거든요. 국가나 민족이 하나님의 자리를 차지할 때에야 국기는 우상의 표징이 된다고 명시하였습니다. 국가에 경의를 표하는 건 거부하지 않았지만, 그 방식이 주목례였으면 하는 게 한국 교회의 입장이었습니다.

　1949년 상반기는 과거사 청산이 활발히 이루어지던 시기였습니다. 제헌헌법에 명시된 친일파 처단 조항을 근거로 성립된 '반민족행위특별조사위원회'(이하 반민특위)가 활동했기 때문입니다. 반민특위는 1949년 1월 8일 미국 도피를 시도하고 있던 박흥식을 검거하면서 본격적인 활동에 나섰습니다. 국회에 제출한 보고서에 의하면, 반민특위는 활동기간 동안 688명의 친일파를 취급했다고 합니다. 비록 이승만 정권의 방해를 받다가 6월 6일 경찰의 습격으로 힘을 잃었지만 말입니다.

　반민특위의 활동은 한국 교회가 국기배례를 우상숭배뿐만 아니라 일제잔재로 비판할 수 있는 사회적 맥락으로 작용했습니다. 과거사 문제가 공론화된 시대인 만큼 국기배례 문제를 일제잔재로 규정하기가 그리 어렵지 않았을 겁니다. 문제는 반민특위 습격사건(1949. 6. 6.)과 국회프락치사건(1949. 6. 20.), 그리고 김구암살사건(1949. 6. 26.)으로 이어지는 6월 공세를 통해 극우반공체제의 골격이 마련되면서 시작되었습니다. 반민특위의 와해로 친일파 청산의 노력이 좌절된 후 국기배례 거부는 이념적 문제로 비화되곤 했습니다. 예컨대 강원도 횡성군에서 김안위라는 국민학생이 국기배례를 거부한 일이 있었습니다. 교장이 연유를 물으니 김안위는 자기가 다니는 교회의 전도사가 국기배례를 우상숭배라고 했으므로 절을 할 수 없다고 밝혔습니다. 이 사실이 알려지면서 그 전도사는 공산주의자라는 명목 하에 연행되었습니다. 그는 수감된 지 80일 만에 무죄로 석방되었으나 하마터면 목숨을 잃을 뻔했습니다. 국기배례를 하지 않았다는 이유로 반국가적 사상을 지닌 위험인물로 찍혀 총살을 당할 수도 있었던 시기였으니까요.

또 다른 사례는 1949년 7월 18일 경남 거창군에 소재한 위천국민학교 졸업식에서 일어났습니다. 천세욱과 진학일이라는 교사를 필두로 65명의 학생들이 국기배례를 거부한 일이 벌어졌습니다. 백영희 목사가 담당하던 위천교회 주일학교 교사 및 학생들이 대부분이었는데, 이들은 다음 해 3월 1일에 시행된 3·1절 경축행사에서도 국기배례를 거부했습니다. 참고로 백영희 목사는 출옥성도 주남선 목사의 영향을 받은 인물입니다. 국기배례 거부의 뿌리가 신사참배 반대운동임을 반증하는 하나의 예라고 할 수 있겠습니다. 모든 주민이 동원된 행사에서 국기배례를 거부하여 천세욱 교사는 경찰로부터 폭행을 당했습니다. 국기배례를 거부한 학생들은 교사들에게 뺨을 맞았다고 합니다. 또한 경찰서로 끌려가 사찰계 형사에게 조사를 받았습니다. 당시 거창군은 빨치산이 출몰하던 지역 중 하나라 국기배례 거부를 매우 민감하게 받아들일 수밖에 없었겠지만, 극우반공체제의 경직된 반응으로도 볼 수 있습니다.

그럼에도 불구하고 1950년 4월 말에는 국기에 대한 배례가 주목례로 바뀌었습니다. 국기를 주목한 채 차려 자세에서 오른손을 왼편 가슴 심장 위로 얹는 방식으로 변화된 겁니다. 지금의 우리가 익히 알고 있는 형태입니다. 이는 이승만 정권이 한국 교회의 요구를 전적으로 수용한 까닭입니다. 국기배례 문제의 초점을 저항에 맞추다 보니 이 책에서는 주목하지 않았지만, 이승만 정권은 한국 교회에 여러 가지 특혜를 준 친기독교 정권이었습니다. 이후 한국 교회가 이승만 정권을 전적으로 지지할 때 내세운 근거 중 하나가 국기배례를 주목례로 바꾼 사례입니다. 국기배례를 거부한 이들은 국기의 우상화를 경계하며 저항했지만, 역설적으로 이들의 저항은 정교유착의 소스가 되고 말았습니다.

국기는 국가의 표상입니다. 국가라는 추상적인 관념을 구체적으로 표현한 상징물이 국기입니다. 문제는 국기를 한 국가의 상징으로 여기는 데 그치지 않고, 국가의 일원임을 자각할 수 있는 수단으로 삼는 데 있습니다. 예를 들어, 1960년대 중반부터 박정희 정권은 영화나 공연을 보기 전 애국가를 주제로 한 영상을 상영하라는 지시를 내렸습니다. 이때 관객은 모두 일어나 국기에 경례해야 했습니다. 공연을 보기 전 국기에 대한 경례를 해야 하는 진풍경이 벌어졌습니다. 그러다 1972년 8월 9일 국기에 대한 맹세가 제정되었습니다. 이때부터 모든 교사와 학생은 국기에 대한 맹세를 암송해야 했습니다. 1978년 10월 1일부터는 매일 저녁 6시마다 국기 하강식 방송이 시행되었습니다. 애국가가 울리는 동안 모든 시민은 국기에 대한 경례를 해야 했습니다. 영화 「국제시장」에서 주인공 부부가 말다툼을 하다가도 애국가가 나오자 국기에 대한 경례를 하는 장면을 떠올리면 됩니다. 이는 제국일본의 국기 신격화가 부활한 모습입니다.

유신체제의 국기 신격화에 김해여고 학생들은 거부로 맞섰습니다. 1973년 9월 교련 검열 대회를 앞두고 예행연습이 한창일 때 35명

의 학생들이 국기에 대한 경례를 거부한 겁니다. 끝내 6명의 학생이
입장을 고수하여 학교에서 쫓겨나고 말았습니다.[38] 1973년 10월에
는 거제 지세포중학교에 재학 중인 11명의 학생들이 우상숭배라는
이유로 국기에 대한 경례를 거부하여 무기정학을 당했습니다. 흥미
로운 점은 김해여고 학생들과 지세포중학교 학생들이 고신교회에 다
니고 있었다는 사실입니다. 출옥성도의 후예들이 종교적 신념을 지
키려고 큰 손해를 감수한 셈입니다. 1970-1980년대 군부독재 시절,
고신교회는 민주화운동에 참여하지 않았지만 양심의 자유를 지키고
자 용기를 낸 학생들은 그 안에 존재했습니다.

신사참배 반대운동과 국기배례 거부는 일종의 신앙고백이었습
니다. 사실 이들의 저항이 체제 자체에 대한 도전이었다고는 할 수 없
습니다. 자신의 종교적 신념에 위배되는 문제에 대해 저항의 목소리
를 냈을 뿐입니다. 이들의 저항이 비록 민족운동이나 민주화운동에
는 포함되지 못하더라도 역사적 의의는 충분하다고 생각합니다. 종
교의 자유와 양심의 자유를 지키는 데 선구적인 역할을 했으니까요.
그런 점에서 한국 교회의 보수교단은 내면의 자유를 위해 싸웠던 이
들을 뿌리로 두고 있다고 볼 수 있습니다.

아쉬운 점은 보수교단이 점차 경직되어 가고 있다는 것입니다.
작은 차이도 용납하지 못한 채 진리 수호라는 명목으로 상대방을 정
죄하는 경향이 점차 심해지는 것 같습니다. 신학적 견해를 주기적으
로 점검하고, 상대방의 사생활을 감시하고, 특정한 신학이 아니면 이
단으로 몰아가고 있습니다. 역설적이게도 이러한 사상검증은 제국일

38]　김두식, 『(개정증보판) 헌법의 풍경』(교양인, 2011), 245쪽.

본이 신사참배 거부자들을 옥죄었던 방식입니다. 70-80년이 흐른 지금, 신사참배 거부자들의 후예들이 제국일본의 사상검증을 되풀이하고 있지는 않은지 묻고 싶습니다. 양심의 자유를 지키기 위해 권력에 맞섰던 이들의 후예들이 도리어 양심의 자유를 억압하고 있는 슬픈 현실입니다.

03
부정선거를 규탄하다

| 민주화운동과 기독교 |

저항하는 그리스도인의 부활

한국 근대사의 절정을 찍은 3·1운동은 저항하는 그리스도인의 가능성을 보여준 사건이었습니다. 민족 독립에 대한 열망과 식민 지배에 대한 응분을 일거에 폭발시켰던 3·1운동을 통해 한국 기독교는 저항의 주체로 두각을 나타내기 시작했습니다. 이후 한국 기독교는 신사참배 강요에 맞섬으로써 양심의 자유를 지키는 일에 앞장섰습니다. 한국 근대사에서 저항하는 그리스도인의 족적은 3·1운동과 신사참배 반대운동을 통해 확인할 수 있습니다.

아쉽게도 저항하는 그리스도인의 역사는 해방 후 바로 이어지지 못했습니다. 이승만 정권이 집권했던 제1공화국 시기(1948-1960)는 저항하는 그리스도인의 역사에서 거의 공백상태나 다름이 없습니다. 이 시기에는 한국 기독교가 제도적 이익을 지키기 위해 이승만 정권의 조직적인 부정선거에 적극 협력하면서 불의에 맞서 싸우지 않았기 때문입니다. 그야말로 기독교가 지배자의 종교로 존재했다고 볼 수 있습니다. 이는 일제의 종교 탄압으로 가진 피해 의식이 왜곡된 방

향으로 작용한 결과입니다. 우상에게 절을 시키지 않고 종교의 자유
만 허용한다면, 그가 누구든 무조건적인 지지를 아끼지 않았던 겁니
다. 새로운 나라를 만들기 위해 다양한 세력이 이합집산했던 해방 3년
사(1945-1948)의 끝이 이승만 정권의 수립으로 이어질 때, 한국 기
독교는 환호하지 않을 수 없었습니다. 감리교 신자로 알려진 이승만
이 통치하는 나라라면, 일제 때의 억압을 다시 겪을 일이 없을 거라고
판단한 겁니다. 오히려 이승만을 중심으로 '기독교 국가'를 세울 수
있으리라고 전망했습니다.

물론 한국 기독교는 사안에 따라 적극적인 협력이 아니라 저항
의 기치를 내걸기도 했습니다. 문제는 저항의 이유였습니다. 제1공화
국 시기에 한국 기독교가 저항의 목소리를 내게 만들었던 사안은 제
도적 이익에 국한되었습니다. 가령 1955년 5월 8일에 실시되는 서울
특별시 동회장 선거가 '주일'이니 선거 날짜를 다른 날로 바꿔 달라
는 진정서를 보냈습니다.[1] 이를 계기로 한국 기독교는 국가행사를 주
일에 실시하지 않겠다는 이승만 대통령의 회답을 받았습니다. 이처
럼 정부 정책이 자신의 이익에 부합하지 않을 경우에만 한정해서 정
권에 불복종 의사를 표명했습니다.

한국 기독교는 이승만 정권의 배려로 많은 특혜를 입었지만, 결
정적으로 민심을 잃었습니다. 이러한 사실은 1960년 3·15부정선거
로 촉발된 4월 혁명을 통해 알 수 있습니다. 부정부패한 정권을 타
도하고자 학생, 시민, 지식인 등이 반정부 시위를 펼쳤던 4월 혁명은
한국 민주주의 역사의 분기점으로 볼 수 있습니다. 특히 전북 남원

1]   유호준, 『에큐메니칼: 한국기독교연합운동』(한국기독교연합회, 1959), 14쪽.

출신인 김주열이 마산상업고등학교 입학을 앞두고 시위에 참가했다가 싸늘한 시체로 발견되면서 저항의 불길은 더욱 번져 갔습니다. 시위에 시위가 이어지면서 이승만 정권은 몰락하고 말았습니다. 이승만은 하와이로 망명을 갔고, 그의 오른팔인 이기붕은 가족들과 함께 비극적인 최후를 맞았습니다. 이때 한국 기독교는 사회적 불신의 대상이 되고 말았습니다. 이승만 정권과 공생관계를 맺어 왔으니 당연한 순서였겠지요.

중요한 사실은 4월 혁명의 여파로 저항하는 그리스도인의 부활이 이루어졌다는 점입니다. 이승만 정권과 밀착했던 지난 과오를 반성하는 맥락에서 저항하는 그리스도인이 재등장하기 시작했습니다. 이는 4월 혁명의 시기에 빗발친 교회개혁에 대한 요구에서 비롯되었습니다. 당시 기독교 신문들은 교회개혁에 관한 글을 본격적으로 다루었고, 여러 곳에서 3·15부정선거에 적극적으로 협력한 교역자들의 사퇴를 거론했습니다. 교회 안팎으로부터 한국 기독교의 역사적 책임을 묻는 분위기가 조성되었습니다.

불의한 시대에 성직자가 감옥에 가는 일은 당연하다고 말했던 박형규(1923-2016) 목사는 평생 여섯 차례나 옥고를 치른 민주화운동의 산증인이었습니다. 그의 회고록 『나의 믿음은 길 위에 있다』에 의하면, 4월 혁명은 자신의 진로를 크게 바꾸어 놓았다고 합니다. 1959년에 목사 안수를 받을 때까지만 해도 그는 사회 부조리나 부정부패에 거의 관심을 두지 않은 채 평범한 목회활동을 즐겼습니다. 그러다 4월 혁명 때 부상당한 학생들의 모습을 보고 큰 충격을 받았습니다. 십자가에서 피 흘리는 예수의 모습을 그들에게서 본 것입니다. 이후 그는 달라졌습니다. 4월 혁명 때 받은 충격으로 그는 평생 저항

하는 그리스도인의 삶을 살았습니다.[2]

4월 혁명을 계기로 부활한 저항하는 그리스도인은 독재권력, 부조리, 부정부패 등의 체제 모순을 '불의'로 여겼습니다. 특히 1961년부터 1987년까지 이어진 군부독재를 몰아내고 민주주의를 회복하는 일에 앞장섰습니다. 이 과정에서 저항하는 그리스도인은 군부독재정권에 빼앗긴 주권을 되찾거나 국가폭력으로 유린된 인권을 지키는 데 적극 나섰습니다. 독재정권의 횡포에 맞서 싸운 이들이었습니다.

이러한 역사적 회심 속에서 박정희 정권이 추진한 한일회담은 한국 교회가 사회참여에 대해 진지하게 고민하게 되는 계기가 되었습니다. 1964-1965년에 걸쳐 진행된 한일회담에서 식민 지배에 대한 사과와 배상이 하나도 이루어지지 않자 여러 사람의 공분을 샀습니다. 박정희 정권의 굴욕외교를 보면서 지식인과 대학생들은 분노했고, 한일회담을 맹렬히 반대하는 시위를 벌였습니다. 이때 적지 않은 기독교인들도 광장으로 나갔습니다. 잘 알려지지 않은 사실입니다만, 1964년에는 '한국기독교어머니회'가 한일회담 반대운동으로 구속된 학생들의 석방을 위해 다양한 활동을 펼치기도 했습니다.[3] 이는 1965년 7월 1일 215명의 교회 지도자들이 반대 성명서를 발표함에 따라 전국적으로 열린 구국기도회보다 매우 앞선 행동이었습니다.

박형규 목사의 회고에 의하면, 한일회담 반대운동은 당시 대두되기 시작한 '세속화신학'과 결합하면서 사회참여 문제에 활발한 토론을 불러일으켰다고 합니다.[4] 세속화신학은 디트리히 본회

2] 신홍범 정리, 『나의 믿음은 길 위에 있다: 박형규 회고록』(창비, 2010), 97-102쪽.
3] 「기도하며 대통령께 탄원」, 『크리스챤신문』, 1964년 9월 9일 자.
4] 신홍범 정리, 『나의 믿음은 길 위에 있다』, 132쪽.

퍼(Dietrich Bonhoeffer)를 통해 우리나라에 소개되었고, 하비 콕스(Harvey Cox)의 『세속 도시』가 번역되면서 널리 알려졌습니다. 명칭으로 인해 다소 오해를 샀습니다만, 세속화신학은 비인간화 현상에 직면한 세속사회에서 기독교의 역할을 모색하기 위해 논의된 신학 담론입니다. 가난한 사람들이 찾아오기를 기다리는 '거룩한 교회'가 아니라 그들에게 직접 다가가는 '세속화된 교회'가 되어야 한다는 게 요지입니다. 이 신학 담론은 기성교회의 무력함에 회의를 갖고 있던 기독청년들에게 새로운 가능성을 제시하면서 기독교의 사회참여를 강력히 뒷받침하는 논리로 작용하였습니다.

게다가 1960년대 중반 이후에는 '기독자의 현존'(Christian Presence)이라는 용어가 청년들에게 큰 영향을 미쳤습니다. '기독자의 현존'은 가난하고 소외된 자들의 이웃이 되었던 예수 그리스도를 역사적 현실에서 구현하고자 했던 기독론이었습니다. 여기서 '현존'이라는 말은 그리스도의 이름으로 고난의 현장에 동참하는 행위를 의미합니다. 한마디로 사건의 한복판에 뛰어들어야 한다는 요청이었습니다. 불의한 문제 앞에 한국 기독교의 '부재'를 목격하던 기독청년들은 '현존'이라는 개념을 절실하게 받아들였습니다. '기독자의 현존'은 세속화신학과 맞물려 엄청난 파급력을 끼쳤습니다. 청년들로 하여금 예수 그리스도를 교회 울타리 안에서 증언하는 데 머물지 말고 세속사회 속에서 구현해야 한다는 생각을 갖게끔 했기 때문입니다.

이처럼 1960년대 초중반에는 4월 혁명을 통한 역사적 회심, 저항의식의 형성, 세속화신학이라는 교회개혁담론, 새로운 기독론인 '기독자의 현존' 등으로 불의에 저항하는 그리스도인들이 등장할 수 있는 내적 요건이 마련되었습니다. 여기서 또 하나 살펴봐야 할 사안은 1960년대에 본격화된 신학 논쟁입니다. 이 시기에는 다양한 신학 논쟁이 일어나면서 한국 교회의 신학적 분화가 급격히 고착화되었기 때문입니다. 이 균열 속에서 저항하는 그리스도인들이 나타날 수 있었던 신학적 토대가 마련되었습니다.

1960년대는 유학을 마치고 돌아온 소장 신학자들이 서구 신학을 활발하게 소개한 '한국 신학의 개화기'였습니다.[5] 교계에서는 이들을 중심으로 신학 논쟁이 활발히 전개되었습니다. 그 효시는 1963년에 집중적으로 이루어진 토착화신학 논쟁입니다. 토착화신학은 한국 교회의 주체성을 확립하기 위한 차원에서 서구 중심의 기독교를 극복하는 방안에 대해 고심하는 데 열중했습니다. 이 논쟁은 국내 신학자들이 총동원될 정도로 무척 뜨거운 반응을 불러일으켰습니다. 조직신학(전경연, 윤성범, 박봉랑, 이종성), 역사신학(이장식), 선교신학(유동식), 기독교윤리학(정하은, 홍현설) 등 신학의 전 분야가 토착화신학 문제를 다루었기 때문입니다. 이는 한국 신학계가 당면한 하나의 문제를 위하여 집단지성을 발휘한 대표적인 사례라 할 수 있습니다. 다만 토착화의 필요성과 방법론을 둘러싸고 다소 추상적인 논쟁으로 흐른 면이 없지 않으나 한국의 구체적인 상황(context)이 신학적 주제로 다뤄지게 된 토대를 마련했다는 점에서 결코 무의미한 토론으로 볼 수 없습니다.

토착화신학이 1960년대 상반기에 제기된 주요 주제였다면, 후반기에는 「1967년도 신앙고백서」가 논쟁의 중심에 섰습니다. 미국 연합장로교회가 만든 「1967년도 신앙고백서」는 시대적 변화

5]   유동식, 『한국신학의 광맥』(전망사, 1982), 219쪽.

에 대응하기 위한 차원에서 마련되었습니다. 독일신학자 칼 바르트 (Karl Barth)의 신학사상을 적극적으로 반영했다는 특징이 있습니다. 「1967년도 신앙고백서」가 국내에 알려지자 교계는 큰 논쟁에 휩싸였습니다. 보수신학을 견지하고 있던 측은 이 신앙고백서가 성서의 권위를 떨어뜨리고 사회구원에 치중하고 있다고 비판했습니다. 반면에 진보적 입장을 취하고 있던 쪽은 「1967년도 신앙고백서」를 긍정적으로 받아들였습니다.

「1967년도 신앙고백서」를 둘러싼 논란과 갈등은 교회분열의 고착화에 큰 영향을 미쳤습니다. 한국 기독교 역사에서 1950년대는 '분열의 시대'라 일컬을 정도로 갈등의 양상이 무척 심각했습니다. 장로교의 경우, 고신교단(1951)과 기독교장로회(1953)의 분립, 통합교단과 합동교단의 분열(1959)로 나타났고, 감리교회는 1954년에 총리원 측과 호헌파로 나뉘었습니다. 이러한 분열은 성결교회와 침례교회에도 나타났습니다. 그런데 1950년대의 교회분열은 신학적 토론과 논쟁으로 이루어진 현상은 아니었습니다. 신학적 차이로 인한 갈등이 아예 없었다고는 할 수 없지만 핵심은 교권을 둘러싼 갈등이었습니다. 그에 비해 「1967년도 신앙고백서」를 둘러싼 논쟁은 이해관계로 나뉜 교회분열에 신학적 정당성을 부여했다는 점에서 주목할 필요가 있습니다.

「1967년도 신앙고백서」 논쟁을 계기로 각 교단은 자신들의 교리적인 정체성을 명확히 할 필요성을 느꼈습니다. 특히 「1967년도 신앙고백서」를 강하게 비판했던 합동교단은 1968년 총회에서 「웨스트민스터 신앙고백서」를 공식적인 신앙표준으로 채택하는 정책을 취했습니다. 원래 합동교단은 그보다 5년 전에 「웨스트민스터 신앙고백서」를 신앙표준문서로 채택한 적이 있었습니다만, 자신들의 신학적 정체성을 분명히 하기 위해 다시 한 번 교리를 강화한 겁니다. 나름대로 중도적 입장을 취했던 통합교단도 내부 논쟁을 거친 뒤 「웨스트민스터 신앙고백서」를 총회 헌법에 수록하기로 결정하였고, 고신교단도 1969년에 「웨스트민스터 신앙고백서」를 채택하였습니다. 반면에 진보적 입장을 취했던 기독교장로회는 「1967년도 신앙고백서」를 적극 수용하면서 새로운 신앙고백에 대한 필요성을 느꼈습니다. 이를 계기로 새로운 신조를 만들려는 연구가 시작되었고, 그 결과 1972년도에 기독교장로회만의 신앙고백서인 「신앙고백선언」이 제정되었습니다.

불의에 대한 투쟁도 신앙이다

「1967년도 신앙고백서」를 둘러싼 논쟁 속에서 치러진 1967년 총선은 저항하는 그리스도인이 본격적으로 등장하는 사건이었습니다. 1967년 6월 8일에 있었던 이 선거는 박정희 정권이 장기집권체제를 마련하는 데 중요한 교두보가 되었습니다. 당시 헌법은 대통령의 재선까지만 허용했습니다. 문제는 박정희 대통령이 1967년 5월 3일 대통령 선거에서 재선에 성공했다는 점입니다. 헌법상 그는 더 이상 집권을 연장할 수 없는 상태였습니다. 이를 해결하려면 헌법을 뜯어고쳐야 했고, 개헌을 하려면 1967년 총선에서 개헌수를 확보해야 했습니다. 그러다 보니 1967년 총선은 이전 선거와 비교하기 어려울 정도로 부정과 불법이 횡행했습니다. 1967년 6·8총선은 박정희 대통령의 3선 출마를 가능케 하기 위한 부정선거로 얼룩졌습니다.

1967년 6·8총선은 지금까지 실시된 모든 선거를 통틀어 1960년에 있었던 3·15정부통령 선거와 함께 부정선거의 대명사로 꼽을 수 있습니다. 3·15선거가 관권과 폭력이 동원되고 투개표 부정이 아주 심했다면, 6·8총선은 관권에 금권, 선심 공약 등이 더해진 '타락 선거'였습니다. 폭력으로 얼룩진 3·15선거와 달리 1967년 총선은 유권자의 양심을 심하게 마비시켜 놨기 때문에 유권자들이 돈 받는 걸 당연하게 여기는 풍조를 만들어 냈습니다.[6] 게다가 이때는 대통령과 장관들이 선거운동에 직접 뛰어들었기 때문에 특별히 더 문제가 되었습니다. 박정희 정권이 개헌수를 확보하기 위해 만반의 준비를 다한 겁니다. 부정선거가 합법적인 시대였던 거죠. 거기다 박정희 정권은 지방행정 시찰을 명목으로 전국을 돌며 선심성 공약을 남발하였습니다. 여당 후보들을 지원하기 위해서였습니다. 중앙정부가 부정선거의 온상이 되어 버린 게 6·8총선이었습니다.

이뿐만이 아닙니다. 박정희 정권은 정보기관과 검찰을 동원해 야당의 손발을 묶었습니다. 야당 후보들과 선거 운동원들을 선거법 위반이나 반공법 위반으로 잇달아 구속시켰습니다. 선거운동 과정에서 공무원들을 동원해 현금, 쌀, 밀가루를 나눠 주며 유권자들을 매수하는 행위는 기본이었습니다. 투개표 과정에서도 갖가지 부정이 일어났습니다. 여수와 벌교에서는 여당 후보를 찍은 투표용지를 공무원들에게 보여줘야 하는 공개투표가 발각되기도 했고, 야당 후보를 찍은 투표용지가 개표 과정에서 무효표로 전락하기도 했습니다. 심지어 부정선거에 강력히 항의하던 야당 참관인들은 강제로 쫓겨나기

6] 서중석·김덕련, 『서중석의 현대사 이야기 11』(오월의봄, 2017), 57쪽.

도 했습니다.

개표 과정에서는 문제가 더 심각했습니다. 야당 참관인이 없는 가운데 개표가 진행되었고 물리적 충돌도 빈번했습니다. 야당 후보를 찍은 투표용지를 무효표로 만드는 '피아노 표'와 '빈대 표'가 무더기로 나오기도 했습니다. 참고로, 피아노 표는 이미 기표가 된 투표지에 손가락으로 주르륵 인주를 묻혀 무효표로 만드는 수법이고, 빈대 표는 개표 종사자가 야당 표에 인주를 묻혀 무효표로 만드는 수법을 말합니다. 경기도 화성군의 한 개표소에서는 야당이 빈대 표에 항의해 12시간 동안 개표가 중단되는 일이 벌어졌습니다. 전북 무주, 진안, 장수 지구에서는 투표자가 유권자보다 674명이나 많아서 화제를 모으기도 했습니다.[7] 몇몇 대표적인 사례를 거론했습니다만, 공명선거와는 거리가 먼 시대였음을 누구나 실감하리라 생각합니다.

대대적인 부정선거를 자행했으니 선거 결과가 여당에게 유리하게 나오는 건 당연했습니다. 1967년 총선으로 공화당은 개헌수를 충분히 차지한 거대 여당이 되었습니다. 그러다 보니 반발이 만만치 않았습니다. 부정선거를 규탄하는 시위가 대규모로 발생했습니다. 이때부터 저항의 논리는 민주주의에 초점이 맞춰지기 시작했습니다. 사실 2년 전 한일회담 때만 해도 주요 저항 의제는 민족주의였거든요. 이제 1967년 총선을 계기로 '민주 vs 반민주'라는 정치적 대립구도가 형성되었고, 2년 뒤 삼선개헌을 둘러싼 논란을 통해 이 구도가 완성되었습니다. 이후 적어도 1987년 6월 항쟁에 이르기까지는 '민주 vs 반민주' 대립구도가 한국 사회의 모든 걸 휘감는 소용돌이 이슈가 되

7] 서중석·김덕련, 위의 책, 90-91쪽.

었습니다.

흥미로운 점은 부정선거를 규탄하는 시위에서 적지 않은 기독교인들의 모습을 볼 수 있다는 사실입니다. 2년 전(1965) 한일회담 비준을 반대하기 위해 기독교인들이 시위에 참여한 적이 있지만, 그때는 '구국기도회'라는 명목으로 교회에서 모이는 경우가 훨씬 많았습니다. 기독교인들이 거리로 나오기 시작한 시기는 1967년 총선 때 자행된 부정선거를 규탄하는 시위부터였습니다. 가령 1967년 6월 11일에는 춘천의 기독교인들이 '부정선거규탄 종교인 궐기대회'를 열고 부정선거 관계자들에 대한 처벌을 강력히 요구하였습니다. 6월 14일부터는 신학생들의 시위가 학교별로 잇따랐습니다. 한신대생 300여 명, 장신대생 350여 명, 감신대생 180여 명, 서울신대생 200여 명이 무기한 단식농성에 들어가거나 부정선거를 규탄하는 시위를 벌였던 겁니다. 이제 민주주의를 외치며 시위에 나선 '저항하는 그리스도인'이 나타나기 시작했습니다. 불과 7년 전만 해도 한국 기독교는 부정선거의 협력자로 사회적 지탄을 받았는데 말입니다.

사실 1967년 총선이 치러지기 전에 '기독교의 정치참여'를 진지하게 논의한 일이 있었습니다. 1966년 1월 한국기독교연합회(NCC)와 동남아기독교연합회(EACC)가 "인간사회 안에 있는 기독교공동체"라는 주제로 공동 주최한 한국기독교지도자협의회에서였습니다.[8] 여기에서 말하는 정치참여는 특정 정당이나 세력 편에 선다는 의미가 아닙니다. 그보다는 공동선을 이루기 위한 하나님의 정치로 볼 수 있습니다. 이는 결의사항의 하나로서 "민주주의 성패의 관건은 선거

8] 「인간사회 안에 있는 기독교공동체」, 『크리스찬신문』, 1966년 1월 29일 자.

의 공명정대와 부패의 근절에 있다"라고 못 박았다는 데서 알 수 있
습니다. 1960년대 후반 이후 저항하는 그리스도인이 등장하여 예언
자적인 발언을 하고 행동을 취할 수 있었던 연유는 이와 같은 신학적
정리가 바탕을 이루었기 때문입니다.

그래서일까요. 부정선거를 규탄하는 국면에서 '저항적 신앙고백'
이 나오기 시작했습니다. 한국 교회의 대표적인 진보신학자 김재준
(1901-1987) 목사는 다음과 같이 부정선거 문제에 대한 입장을 분명
히 밝혔습니다. 우리가 그의 사상을 살펴봐야 하는 이유는 분명합니
다. 그는 기독교인의 '예언자적 역할'을 강조한 사회참여 신학을 제창
함으로써 저항하는 그리스도인이 형성되고 발전하는 데 크게 공헌했
기 때문입니다.

> 우리는 여야 어느 편에도 정당적인 의식을 가지고 편드는 일을 하
> 지 않는다. 정권이 어느 누구에게 넘어가든지 그것 자체에 대하여는
> 담담하다. 그러나 불의가 있을 경우에는 어느 편, 어느 누구의 소행
> 이든 간에 우리는 이를 묵과하지 못한다. 그것은 이 땅에 의를 세우
> 는 것이 우리 신앙의 본질에 속하는 일이기 때문이다. (중략) 기독교
> 의 무대는 역사 그것이다. 그러므로 교회와 사회는 한 신앙생활 안
> 에서 어울려 돌아간다. 분별되어 있으나 분리될 수는 없다. 누룩이
> 가루 반죽에 섞여 온 반죽이 부푸는 것과 같다. 그러므로 역사의 문
> 제는 그대로가 신앙의 문제로 되는 것이다.[9]

9] 김재준, 「불의에 대한 투쟁도 신앙이다」, 『사상계』, 1967년 7월 호.

그가 볼 때 신앙의 본질은 하나님의 공의를 세우는 일이었습니다. 공의를 위해서라면 불의와 싸우는 건 불가피했습니다. 그가 "불의에 대한 투쟁도 신앙이다"라고 고백할 수 있었던 이유이기도 합니다. 그렇다면 무엇이 불의한 문제였을까요. 김재준 목사는 민주국가의 기초인 선거를 부정으로 농락하여 민주체제의 근본을 파괴한 행위를 '용납할 수 없는 불의'로 규정하였습니다. 그는 불의가 있을 때엔 가차 없이 이를 규탄해야 한다고 강조했습니다. 예수 그리스도가 불의를 묵과하거나 불의와 타협하지 않았던 모습처럼 말입니다. 따라서 이 글은 부정선거규탄을 신학적으로 정당화하기 위해 김재준 목사가 자신만의 정의론을 정립시킨 내용이라 할 수 있습니다. 그의 저항적 신앙고백은 체제 모순에 대한 저항이 한국 교회 안에 하나의 흐름으로 자리 잡았음을 보여줍니다.

박정희 정권은 부정선거 후유증으로 한동안 골치가 아팠지만, 원내 3분의 2선을 확보하여 개헌을 추진할 수 있게 되었습니다. 1967년에 치른 두 차례의 선거를 통해 박정희는 재선에 성공했을 뿐만 아니라 국회마저 장악하였습니다. 이를 발판으로 박정희 정권은 2년 뒤 헌법을 다시 한 번 뜯어고쳤습니다. 자신의 3선 연임을 보장받기 위해서 말입니다. 이게 바로 제3공화국 최대 정치스캔들인 '삼선개헌'입니다. 박정희 시대의 중요한 분기점을 이룬 사건 중 하나이지요. 삼선개헌은 1969년 9월 14일 군사작전을 방불케 하는 여당의 날치기로 신속히 이루어졌습니다. 이제 박정희 대통령은 삼선개헌을 통해 세 번째 대통령 선거에도 출마할 수 있게 되었습니다.

한편, 삼선개헌은 느슨한 형태의 재야(在野) 조직이 탄생하는 계기가 되기도 했습니다. 바로 '삼선개헌반대 범국민투쟁위원회'입니다. '재야'는 한국 현대사에 등장하는 독특한 개념입니다. 독재정권에 맞서기 위해 민주화운동을 전개했던 지식인 중심의 저항집단이라고 생각하면 이해하기 쉽습니다.[10] 박정희 정권에 저항하는 과정에서 특정 계층이나 계급으로 환원되지 않는 지식인, 종교인, 정치인 등을 재야라고 합니다. 중요한 점은 재야의 형성과정에서 저항하는 그리스도인의 역할이 매우 중요했다는 사실입니다. 삼선개헌을 반대하는 운동을 통해 저항하는 그리스도인은 민주화운동의 중요한 인적 기반이 되었기 때문입니다. 보통 한국 교회가 민주화운동에 참여하기 시작한 시점을 김재준 목사가 삼선개헌반대 범국민투쟁위원회 위원장을 맡게 된 날로 보고 있습니다. 이로써 한국 교회 지형도는 크게 바뀌었습니다. 엄청난 정치스캔들이다 보니 삼선개헌을 둘러싸고 찬반논쟁의 열기가 뜨거웠는데 이 과정에서 교회의 사회참여를 둘러싼 논쟁이 발생했기 때문입니다. 다시 말해 한국 교회가 삼선개헌을 찬성하는 쪽과 반대하는 쪽으로 확연히 나뉘게 되었습니다.

민주주의를 외친 기독청년들

한국 근현대사에서 '기독청년'이라는 말은 황성기독교청년회(YMCA)의 설립과 함께 사용되기 시작했습니다. 러일전쟁이 발발하기 약 6개월 전인 1903년 10월 28일에 조직된 황성YMCA는 교육과 계몽, 그리고 선교를 목적으로 한 청년운동 단체였습니다. 출범 당시에는

10]　김대영, 「반유신 재야운동」, 『유신과 반유신』(민주화운동기념사업회, 2005), 392쪽.

외국 선교사들로 구성되었지만, 독립협회 계열의 인사들이 합류하면서 민족운동 노선을 띠기 시작했습니다. 이때 '기독청년'이라는 말은 YMCA 회원을 지칭하는 데 불과했습니다. 이 말이 구체적인 청년 담론으로 논의되기 시작한 건 1910년대 중반 이후였습니다. 식민지 시기에 '기독청년'은 민족개혁의 새로운 주체, 농촌계몽운동의 지도자, 유물론에 맞서 싸울 주체로 호명되었습니다. 해방 후 기독청년은 교회분열에 따라 다양한 모습으로 나타났습니다. 보수적인 곳에서는 복음전도를 위한 동원 대상이 되었고, 진보적인 곳에서는 교회개혁 및 민주화운동의 주체로 활약했기 때문입니다. 1987년 대통령 선거를 계기로 사회참여에 관심을 가진 복음주의자들이 등장하기까지 이러한 구분은 다소 명확한 편이었습니다.

진보 기독교 진영의 기독청년들이 민주화운동에 조직적으로 참여하기 시작한 건 1971년 대통령 선거 때부터였습니다. 1971년 대선은 1956년 정부통령 선거와 2002년 대통령 선거와 더불어 아주 열띤 선거였습니다. 야당은 1956년 정부통령 선거에서 "못살겠다 갈아보자"라는 선거 구호로 폭발적인 인기를 얻었고, 2002년 대선에서는 국민 경선이라는 초유의 후보 결정 방식을 선보여 대단한 반향을 불러일으켰습니다. 1971년 대선 때는 야당에서 40대 기수론을 내세운 김영삼과 김대중이 부각되었습니다. 결국 김대중이 김영삼을 누르고 야당의 대통령 후보로 출마했습니다. 그는 남북교류론 등 대담한 정책 공약을 내놓아 신선한 바람을 일으켰습니다.

1971년 대선은 4월 27일에 치러졌습니다. 그해 부활절은 4월 11일이었습니다. 한국기독학생회총연맹(KSCF), 한국기독교청년회(YMCA) 등 진보 기독교 진영의 기독청년들은 부활절 전날 나무로 만든 십자가를 선두에 세우고 행진을 시도했습니다. 불의를 방관하고 있는 교회의 죄를 스스로 짊어짐으로써 십자가 고난에 동참하고, 교회와 사회를 향해 양심의 부활을 촉구하겠다는 결단의 표시였습니다.[11] 예수가 골고다를 향해 십자가를 지고 무거운 발걸음을 내딛듯이 말입니다.

이들의 행진은 다음 날 부활절 연합예배가 열릴 남산을 향하고 있었습니다. 이들이 종로5가에 이르렀을 때 급히 출동한 경찰들이 무력으로 저지했습니다. 이유야 어쨌든 대통령 선거가 시행되기 약 보름 전에 일어난 일인지라 경찰들이 강경하게 진입하지 않았나 싶습니다. 이 과정에서 10여 명의 학생들이 심한 부상을 입었습니다. 이 사건은 진보 기독교 진영의 기독청년들이 신앙의 자유를 강력하게 부르짖는 계기가 되었습니다. 이들에게 신앙의 자유란 단순히 예배의 자유나 교회의 성역화로 국한되지 않았습니다. 오히려 "하나님의 역사에 참여하는 행위의 자유"로 폭넓게 해석하였습니다. 따라서 이들은 신앙의 자유를 근본적으로 보장받으려면 이 땅에 민주주의가 실현되어야 한다고 보았습니다. 이는 곧 있을 대통령 선거가 공명하게 치러져야 한다는 문제의식으로 이어졌습니다.

기독청년들이 십자가 행진을 할 무렵 '민주수호'를 내건 단체들이 속속 등장하기 시작했습니다. 재야인사들은 '민주수호국민협의회'를 출범시켰습니다. 여기에는 안병무, 은명기, 조향록, 한철하, 김재준 등 진보 기독교 진영의 주요 인물이 대거 참여했습니다. 이에 호응하

11] 한국기독교교회협의회 인권위원회, 『1970년대 민주화운동 Ⅰ』(한국기독교교회협의회, 1987), 115쪽.

여 대학생들은 '민주수호전국청년학생연맹'을 결성했고, 4월 혁명과
한일회담 반대운동에 가담했던 청년들은 '민주수호청년협의회'를 만
들었습니다. '민주수호'를 내건 단체들 중 종교적 색채를 띤 단체는
진보 기독교 진영의 기독청년들이 주축을 이룬 '민주수호기독청년협
의회'가 유일했습니다. 민주수호기독청년협의회는 '민주수호'야말로
그리스도인들이 양심을 가지고 끝까지 지켜야 할 가치라고 믿었습니
다.[12] 하나님 나라를 이 땅에 실현시키기 위해 필요한 구체적인 요건
으로 여겼습니다. 이렇게 1971년 대선을 일주일 정도 앞두고 재야,
대학생, 청년, 종교계(기독청년)에서 '민주수호'를 내건 단체들이 연
쇄적으로 등장했습니다. 민주화운동 세력이 조직적으로 선거에 직접
관여한 건 1971년 대선이 처음입니다.

이들이 '민주수호'를 표방한 단체들을 만든 이유는 아주 간단하
고 분명합니다. 1971년 대통령 선거가 부정선거로 얼룩지지 않게 하
기 위해서였습니다. 4년 전인 1967년에 실시되었던 6·8총선에서 극
심한 부정을 경험한 까닭입니다. 이를 실천하기 위해서는 선거참관
인 신분으로 투표장에 가서 투표와 개표 과정을 감시하는 방법밖에
없었습니다. 1987년 대통령 선거 이후 대중화된 공명선거운동의 시
초라고 할 수 있습니다. 문제는 그 당시 선거법이었습니다. 각 정당의
선거책임자가 선거참관인의 인적사항을 선거관리위원회에 신고해야
만 활동이 가능했습니다. 각 정당의 추천이 없으면 선거참관은 불가
능한 상황이었습니다. 이를 타개하고자 민주수호국민협의회는 여당

12] 「민주수호기독청년협의회 발기문」(민주화운동기념사업회 오픈아카이브), 1971년 4월
20일.

과 야당 모두에게 선거참관인을 알선해 주겠다는 공식 서한을 보냈습니다. 여당인 공화당은 선거참관인이 모두 예정되어 있다며 사양했으나 야당인 신민당은 즉각 환영했습니다. 조직력이 부족했던 야당의 입장에서는 시민들의 자발적인 선거참관운동을 마다할 이유가 없었습니다.

선거참관운동을 한다는 발상은 기독청년들에게서 나오지 않았나 싶습니다.[13] 예를 들어 1971년 4월 10일 한국기독학생회총연맹의 한 간부가 선거참관운동 방침을 밝혔고, 15일에는 서울대 기독학생회 회원들이 공명선거를 위해 선거참관인으로 참여하겠다는 의사를 내비쳤습니다. 4월 18일에는 서울지구 교회청년협의회가 "여·야당은 기독청년을 각 당의 추천 참관인으로 받아들여 줄 것"을 요구했습니다. 이러한 입장표명이 가능했던 이유는 기독교 신문이 평소 공명선거의 필요성을 역설했기 때문입니다. 1971년 1월 12일 자 『크리스챤신문』은 "공명선거에 저해되는 요소를 제거하고 여야가 공명선거를 실시함으로써 참신한 정치풍토"를 조성할 것을 요구했으며, 3월 28일 자 『교회연합신보』는 사설을 통해 "한 사람 한 사람의 투표행사가 자유롭고 공정하게 행사될 수 있는 공명한 선거"를 주장함과 동시에 한국 교회가 "부정선거의 방지를 책임진 십자군"의 소임을 다해야 한다고 주장했습니다. 1971년 대통령 선거가 공정하게 치러져야 한다는 생각이 기독교 신문을 통해 꽤 퍼져 있었다는 걸 알 수 있습니다.

1971년 4월 27일 대통령 선거가 치러지던 날, 민주수호국민협

13] 홍석률, 「1971년의 선거와 민주화운동 세력의 대응」, 『역사비평』 98호(2012), 130-131쪽.

의회는 6,139명으로 구성된 선거참관인단을 전국에 파견하였습니다. 이들 중 1,140명은 민주수호기독청년협의회가 모집한 자원봉사자였습니다. 이들의 선거참관은 곧바로 큰 난관에 봉착하고 말았습니다. 정부 당국과 여당의 방해를 감수해야만 했기 때문입니다. 일례로 선거참관인단이 현지에 도착하면 교통수단을 차단시켜 활동에 지장을 준다거나 민주수호국민협의회의 참관인 신청을 거부한 채 친정부적인 종교 지도자들을 동원하였습니다.[14] 선거참관운동에 참여한 어느 신학생은 "신학생이 목사나 될 일이지 투표 참관이 다 뭐냐?"라는 협박을 받거나 "예수 믿는 자식들이 기도나 하지 사회정의가 다 뭐냐?"라는 폭언을 들었다고 합니다.[15] 그럼에도 불구하고 야당이 제대로 된 야당 역할을 하지 못하는 상황에서 시민들의 자발적인 참여로 그 부족함을 채울 수 있었습니다.

앞에서 살펴본 것처럼 부정선거 반대운동은 이때가 처음이 아니었습니다. 1960년 4월 혁명 때도 있었고, 1967년 총선 직후에도 있었습니다. 다만, 이 둘은 이미 일어난 부정선거에 대해 사후적으로 반발하는 형태로 수동적인 측면이 컸습니다. 이와 반대로 1971년 대선 때 활약한 선거참관운동은 부정선거를 방지하기 위해 사전에 조직을 만들어 적극적으로 대응한 성격을 지녔습니다. 또한 재야, 학생, 청년, 기독교 등이 공통의 목표점을 설정하고 조직적으로 연대를 구축한 점도 이례적이었습니다. 선거 결과, 박정희 후보가 약 94만 표 차이로 김대중 후보를 이기고 제7대 대통령으로 당선되었습니다. 4년 전만큼은 아

14] 민주수호전주청년학생연맹, 「4·27선거 학생참관 임시보고서」(민주화운동기념사업회 오픈아카이브), 1971.
15] 「4·27 이후의 한국 교회」, 『기독교사상』, 1971년 6월 호, 97쪽.

니지만 이를 부정선거로 규탄하는 시위가 벌어졌습니다. 민주수호국
민협의회는 언론의 불공정한 보도, 선거인 명부 조작, 금권에 의한 매
수 등으로 '원천적 부정'이 자행되었다고 비판하였고,[16] 민주수호기독
청년협의회는 "고도로 지능화된 입체 부정선거"였다고 비판한 후 그
리스도인이 불의에 저항할 것을 촉구하였습니다.

1971년 대선은 한국 기독교 역사에서 획기적인 전환점을 마련했
습니다. 선거가 민주주의에 직결된 문제라는 사실을 인식하고 저항하
는 그리스도인들이 직접 행동에 나선 최초의 사례였기 때문입니다. 그
것도 조직적으로 대응한 형태로 말입니다. 또한 1971년 대선은 진보
기독교 진영의 기독청년들에게 여러 가지로 뜻 깊었습니다. 선거참
관의 경험은 이들에게 정치의 복합성을 체험하는 계기가 되었고, 정
치적 부정이 하루이틀에 걸쳐 이루어지는 게 아니라는 사실을 몸소
겪었기 때문입니다. 지속적인 관심과 행동이 있어야 민주화가 가능
하다는 자각을 하게 되었습니다. 거기다 민주수호기독청년협의회를
조직함으로써 일반 민주화운동 단체와 연대를 하게 되었습니다. 기
독청년운동의 외연이 확장된 셈입니다.

유신체제에 균열을 일으키다

1971년 대선에서 나름 큰 반향을 일으켰던 공명선거운동은 이후 17년
동안 단 한 번도 전개되지 못했습니다. 공명선거운동은 누구나 상관

16] 민주수호국민협의회, 『자료집』(민주화운동기념사업회 오픈아카이브, 1971), 35쪽.

할 거 없이 게임의 룰을 공정하게 지키자는 건데, 1972년 10월 유신체제가 수립되면서 게임의 룰 자체가 불공정해졌기 때문입니다. 유신체제는 대통령 한 사람에게 극단적으로 모든 권력이 집중된 제도적 장치였습니다. 오직 박정희만을 위한 1인 지배체제였지요. 대통령의 임기는 6년으로 연장되었고, 중임제한 조항이 삭제되었습니다. 유신헌법에 의하면, 대통령은 국회를 해산시킬 수 있는 권한을 가졌을 뿐만 아니라 국회의원의 3분의 1을 직접 임명할 수도 있었습니다. 그 대신 국회의 대통령 탄핵권은 사라졌으며, 국정감사권도 없어졌습니다. 국회의 행정부 견제 기능을 철저하게 무력화시킨 겁니다. 심지어 대법원장과 일반 법관의 임명도 대통령의 권한에 맡겨졌습니다. 이로써 대통령은 행정부와 입법부, 그리고 사법부를 장악한 최고 권력자로 군림하게 되었습니다. 삼권분립의 원칙을 철저히 짓밟은 반(反)헌법적인 정부가 탄생하였습니다.

시인 양성우가 "겨울공화국"으로 부른 이때는 민주주의가 완전히 유린된 시대였습니다. 권력이 "총과 칼로 사납게 윽박지르고", "군화발로 지근지근 짓밟아" 대는 시대였습니다. 흥미로운 점은 저항하는 그리스도인이 유신체제의 균열에 촉매제 역할을 했다는 사실입니다. 경직되어 있던 저항의 흐름에 물꼬를 터주었습니다. 심지어 두 번이나 말입니다. 첫 번째는 1973년에 일어난 남산 부활절 연합예배 사건이었습니다. 이 사건은 빈민촌에서 활동하던 사회선교 실무가들이 남산 부활절 연합예배에 참석한 신자들을 대상으로 '민주 회복'과 '언론 자유'를 촉구하는 내용의 유인물을 배포할 계획을 세우면서 시작되었습니다. 아쉽게도 이들의 계획은 실패로 끝났습니다. 현수막을 펼치지 못한 채 전단만 조금 나눠 주는 정도로 끝나고 말았기 때문입니다. 이때가 1973년 4월 22일이었습니다. 그런데 약 3개월이 지난 7월 6일에 이들은 내란음모를 기도한 반역자가 되었습니다. 유신정권이 이들에게 내란예비음모죄를 적용한 까닭입니다. 이때부터 아무도 상상하지 못한 파장이 일게 되었습니다.

남산 부활절 연합예배 사건을 통해 기독교 인사들이 반체제 혐의로 구속되자 한국 교회는 당황하지 않을 수 없었습니다. 이런 유형의 사건은 그동안 전혀 경험하지 못했기 때문입니다. 재빨리 태세를 가다듬은 한국 교회는 이 사건에 조직적으로 대응하기 시작하였습니다. 결과적으로 이 사건은 국제적인 기독교 네트워크가 국내의 민주화운동을 지원하게 된 계기가 되었습니다.[17] 해외의 기독교 단체들이 꾸린 공동조사단의 보고가 결정적인 역할을 했습니다. 이때부터 한국 기독교의 민주화운동은 '국제적인 기독교 네트워크의 지원'이라는 강점을 가지기 시작했습니다. 덕분에 저항하는 그리스도인들은 국가권력의 통제로부터 자유롭고, 수적으로 절대 우위를 차지하고 있는 보수교단의 압력으로부터 벗어날 수 있었습니다. 역설적이게도 유신정권은 조용히 묻혀 버린 실패한 거사를 거창한 내란음모사건으로 주목하게 만들어 민주화운동의 중요한 전환점을 만들어 냈습니다. 역사의 간지라는 게 이런 걸 말하지 않나 싶습니다.

거기다 한국 교회는 이 사건을 통해 부당한 인권침해를 구체적으로 경험하게 되었습니다. 이 경험은 교회 내에 인권 문제를 지속적으로 다룰 수 있는 상설 기구의 필요성을 느끼게 했습니다. 그 결과 1974년 5월 4일 한국기독교교회협의회(KNCC) 산하에 '인권위원

17] 손승호, 『유신체제와 한국기독교 인권운동』(한국기독교역사연구소, 2017), 95쪽.

회'가 조직되었습니다. 이전만 해도 민주화운동은 사안에 따라 만들어진 한시적인 조직에 의해 전개되었습니다. 장점도 있었겠지만 지속적이지 못하다는 한계가 있을 수밖에 없었습니다. 민주화운동은 KNCC 인권위원회의 출범을 계기로 상시 운영되는 조직을 갖게 되었습니다.

남산 부활절 연합예배 사건이 세상에 알려질 때쯤 유신정권의 입지를 약화시키는 두 사건이 발생했습니다. 하나는 남북대화의 결렬이었습니다. '통일'이 유신체제의 중요한 명분이었기 때문에 남북대화의 결렬이 가져다준 파장은 적지 않았습니다. 다른 하나는 야당의 주요 지도자 김대중이 일본에서 납치된 사건이었습니다. 이 일은 유신정권을 수세적 입장에 처하게 만들었습니다. 이러한 상황에서 민주화를 요구하는 시위가 시작되었습니다. 1973년 10월 2일 대학생들은 자유민주주의 체제의 확립과 김대중 납치사건의 진상 등을 요구하는 시위를 벌였습니다. 유신체제가 수립된 지 약 1년 만에 저항의 움직임이 본격적으로 일어났습니다. 곧바로 시위는 전국으로 확산되었습니다. 11월 20일에는 80여 명의 기독청년들이 구속학생을 위한 기도회를 열었고, 29일에는 감리교신학교 학생들이 신앙의 자유를 요구하며 광화문까지 걸어갔습니다. 그해 12월에는 유신반대시위가 고등학교로까지 확산될 정도로 광범위해졌습니다.

유신체제의 성립은 한국 헌정사를 크게 바꾸어 놓았습니다. 그 이전만 해도 개헌을 시도하는 쪽은 언제나 집권세력이었습니다. 발췌개헌(1952)과 사사오입개헌(1954), 그리고 삼선개헌(1969)의 사례에서도 알 수 있듯이 집권세력은 개헌을 통해 집권 연장을 시도하였습니다. 이러한 경향은 유신체제의 등장으로 말미암아 변화되었습니다. 개헌과 호헌을 주장하는 주체가 확 바뀐 겁니다. 1973년 12월 24일 재야인사들을 중심으로 '헌법개정청원운동본부'가 발족된 사실만 봐도 알 수 있습니다. 이들은 헌법 개정을 청원하기 위해 시민들의 서명을 모으는 운동을 벌였습니다. 유신헌법에 반대하는 민심을 보여주기 위해서였습니다. 이제 호헌은 유신정권이 고수하는 입장이 되었고, 개헌은 민주화운동과 동일시되었습니다. 이러한 구도는 1987년 6월 항쟁으로 대통령 직선제가 시행되기까지 이어졌습니다. 민주헌법을 쟁취하기 위한 험난한 여정이 시작된 참입니다.

개헌운동은 시민들의 적극적인 동참에 힘입어 일파만파로 번져나갔습니다. 시작된 지 8일 만에 서명자가 5만 명을 넘어설 정도로 큰 호응을 얻었습니다. 10여 일이 지난 시점에서는 약 30만 명이 서명을 했다고 합니다. 이뿐만이 아닙니다. 다양한 곳에서 개헌운동을 지지하는 선언이 쏟아져 나왔습니다. 진보 기독교 진영에서도 개헌운동을 적극적으로 지지했습니다. 예를 들어, 1974년 1월 4일 한국기독학생회총연맹은 개헌운동을 지지하는 성명을 발표했으며,[18] 1월 7일 전남 광주의 목회자 15명은 "삼권분립원칙에 입각한 자유민주체제의 헌법으로 복귀할 것을 촉구"하는 시국선언문을 발표하였습니다.[19]

개헌운동이 점차 확산되자 유신정권은 '긴급조치'라는 강경책으로 사태를 수습하려고 했습니다. 긴급조치는 유신헌법이 대통령에게 쥐어 준 막강한 권한 중 하나로 시민들의 기본권을 좌지우지할 수 있었습니다. 1974년 1월 8일 유신정권은 긴급조치 1호와 2호를 발표하여 유신헌법을 부정하거나 헌법의 개정 또는 폐지를 주장하면 영장

18] 「한국기독학생회총연맹 개헌청원서명운동 지지」, 『동아일보』, 1974년 1월 4일 자.
19] 「광주지방교회목사 15명 개헌청원 지지 시국선언」, 『동아일보』, 1974년 1월 8일 자.

없이 체포하고 15년 이하의 징역형을 주겠다는 으름장을 놓았습니다. 유신헌법을 둘러싼 갈등은 민청학련 사건이 터지면서 절정으로 치달았습니다. 1973년 10-12월에 시위를 벌인 대학생들은 연대조직에 대한 필요성을 강하게 느꼈습니다. 이들은 비밀리에 '전국민주청년학생총연맹'(약칭 민청학련)을 만들었습니다. 그리고 1974년 4월 3일 민청학련은 유신 반대와 헌법 개정을 요구하는 유인물을 살포하였습니다. 그러나 상당수의 학생들이 경찰에 체포되면서 민청학련의 시도는 좌절될 수밖에 없었습니다. 그날 오후 10시 유신정권은 긴급조치 4호를 발동하고 민청학련의 배후에 불순세력이 있다고 발표하였습니다. '사법살인'으로 유명한 인혁당 사건의 서막이 열린 겁니다.

저항의 흐름이 거세지자 유신정권은 긴급조치 9호를 선포하여 체제비판을 좀 더 촘촘하게 금지시켰습니다. 헌법에 대한 논의 자체는 물론 유언비어조차 범죄로 규정하였습니다. 사회적 분위기가 더욱 급속하게 냉각되는 건 시간문제였습니다. 때마침 일어난 인도차이나 반도의 공산화는 유신정권에 명분을 더해 주었습니다. 1975년 이후는 이른바 '긴급조치 9호 시대'라고 하여 헌법과 체제에 대한 정치적 논의가 원천적으로 금지됨으로써 민주주의가 가진 유연성이 완전히 박탈당한 시기였습니다.[20]

이때 1976년 3월 1일 명동성당에서 발표된 「3·1민주구국선언」은 긴급조치 9호로 침체된 민주화운동에 불을 다시 지폈습니다. 남산 부활절 연합예배 사건이 예기치 못한 방향으로 촉발되어 반유신운동의 문을 열었듯이 말입니다. 저항하는 그리스도인이 유신체제에 균

20] 조희연, 『박정희와 개발독재시대』(역사비평사, 2007), 185쪽.

열을 일으킨 두 번째 사건이었습니다. 이 선언은 3·1절을 기해 민주화의 열망을 담은 성명서였습니다. 초반에는 큰 반향을 일으키지 못했으나 열흘이 지난 3월 10일부터 세간의 주목을 받았습니다. 선언서의 작성자인 문익환 목사를 비롯하여 서남동, 안병무, 문동환 등 당국으로부터 해직된 신학 교수들뿐만 아니라 전직 대통령(윤보선)과 야당 정치인(김대중과 정일형)이 연루되었기 때문입니다. 이 사건은 국내외적으로 큰 파문을 불러일으켰습니다. 먼저 국내 각 대학에서는 선언문이 비밀리에 배포되는가 하면, 「3·1민주구국선언」을 지지하는 성명서가 잇달아 발표되었습니다. 그러면서 정권에 대한 비판의 수위가 점차 올라갔고, 민주화

유신시대를 풍자하고 있는 기독교 신문의 만평. (출처: 「한국기독공보」, 1973년 12월 1일 자)

운동에 활기가 돌기 시작했습니다.

그뿐만이 아닙니다. 미 국무성이 한국의 인권 문제에 대해 강한 우려를 표명했으며, 『뉴욕타임스』는 유신정권의 탄압을 비난하는 글을 실었습니다. 4월 2일에는 미국 상하원의원 119명이 박정희 대통령에게 공동서한을 보냈고, 6월 24일에는 퀘이커 교단의 성명이 주미대사에게 전달되었다고 합니다. 독일의 경우, 신학자들이 구속자들의 석방을 위한 서명운동을 도와주기도 했습니다. 즉, 안병무 박사와 함께 신학을 공부했던 하인츠 퇴트(Heinz Eduard Tödt)와 울리히

빌켄스(Ulrich Wilckens), 그리고 유명한 구약학자인 한스 발터(Hans Walter)도 물심양면으로 지원해 주었습니다. 이를 계기로 독일 교회는 한국의 민주화운동을 돕는 일에 적극적으로 나서기 시작했습니다.

선택 없는 선거를 거부하다

지배의 수단과 관련하여 박정희 정권은 국민투표 제도를 활용하는데 적극적이었습니다. 국민투표는 지금까지 총 6회 실시되었는데,[21] 그중 4회가 박정희 정권 때 실시되었으니까요. 원래 국민투표는 직접민주주의의 대표적 제도 중 하나입니다만, 엉뚱하게도 한국에서는 지배의 정당성을 확보하기 위한 조치로 시행된 게 대부분이었습니다. 이 가운데 우리가 함께 살펴볼 사례는 박정희 정권이 실시한 제4차 국민투표입니다. 이전의 1-3차 국민투표는 헌법 개정을 묻기 위해 시행되었습니다. 그러다 민청학련 사건 이후 저항의 움직임이 생각보다 거세지고 세계 여론도 유신정권에 호의적이지 않은 상황이 되자 돌파를 위한 카드가 필요해졌습니다. 이로써 박정희 대통령은 1975년 1월 22일 특별담화를 통해 2월 중에 국민투표를 실시하겠다는 입장을 밝혔습니다(결국 1975년 2월 12일에 시행). 유신헌법에 대한 찬반 여부와 대통령에 대한 신임 여부를 묻는다는 명목으로 말입니다.

문제는 게임의 룰 자체가 공정하지 않았다는 데 있습니다. 국회

21] 국민투표는 총 6회 실시되었는데, 그 시기와 내용은 다음과 같습니다. 1962년 12월 17일 헌법 개정, 1969년 10월 17일 헌법 개정, 1972년 11월 21일 헌법 개정, 1975년 2월 12일 정부 신임, 1980년 10월 22일 헌법 개정, 1987년 10월 27일 헌법 개정.

의 검증을 거치지 않았고, 언론 비판도 허용되지 않았습니다. 사회적인 찬반토론은 더더욱 허락되지 않았습니다. 적절한 논쟁이나 합리적인 토론 없이 국민투표가 강행되는 상황이었습니다. 거기다 긴급조치로 인해 정치·사회적으로 억압된 상황이었습니다. 사실상 반대는 전혀 생각할 수 없었습니다. 오로지 찬성을 위한 찬성만이 강요되었습니다. 박정희 정권이 지난 1967년 총선과 1971년 대선에서 대대적인 부정선거를 자행했지만, 그때는 그나마 게임의 룰 자체가 불공정하지는 않았습니다. 그 룰을 지킬 것인지가 관건이었지요. 하지만 이번에는 차원이 전혀 달랐습니다. 이는 민주주의를 단순히 다수지배의 메커니즘으로 이해했기 때문입니다. 여기서 자유는 지배를 위한 수사(rhetoric)에 불과했습니다. 그러다 보니 민주화운동 세력은 국민투표가 기만행위에 불과하다고 여기고 보이콧을 선언하였습니다. 선택 없는 선거를 거부한 셈입니다.

개인은 누구나 자기가 옳다고 믿는 가치관을 표현하고 그 믿음에 따라 행동할 권리가 있습니다. 이를 양심의 자유라고 합니다. 입헌주의는 양심의 자유를 보장하기 위해 마련된 체제입니다. 국민투표에서도 마찬가지입니다. 개인의 양심에 따라 찬성 내지 반대할 수 있어야 하는데, 1975년 2월 12일에 시행된 국민투표는 양심의 자유를 아주 심각하게 침해했습니다. 찬성과 반대라는 두 가지 선택지 중에서 찬성만을 강요했기 때문입니다. 이런 점에서 국민투표 거부는, 비록 소극적이었지만 양심의 자유를 지키려고 한 불복종운동으로 볼수 있습니다. 자유가 극도로 억압된 상황에서 유일하게 선택할 수 있는 자유는 거부였기 때문입니다.

선택의 자유가 없는 국민투표가 실시되기까지 약 3주 동안 여러 단체가 반대와 거부 입장을 표명하였습니다. 진보 기독교 진영 중에서는 한국기독학생회총연맹, 한국기독교교회협의회, 기독교장로회 전북노회, 한국교회여성연합회, 민주수호기독자회, 구속자가족협회 및 목요기도회 등이 국민투표를 비판하고 거부했습니다. 반면에 유신정권은 일방적인 찬성을 유도하려고 별별 방법을 동원하였습니다. 그 하나가 유죄판결이 확정되지 않은 구속자들을 '정부전복자'로 선전하는 조치였습니다. 유죄판결이 확정될 때까지는 무죄로 '추정'되어야 하는 법의 원칙을 어겼다는 점에서 명백한 인권침해였습니다. 정부가 무죄 추정의 원칙을 지키지 않은 겁니다.

곧바로 진보 기독교 진영은 국민투표 거부와 함께 구속자 석방을 강력하게 요구하였습니다. 인권 문제의 공론화를 시도한 셈입니다. 선거는 투표를 통해 대표를 선출할 뿐만 아니라 시민들의 집합적인 요구가 분출되는 과정이기 때문입니다. 즉, 1975년 1월 30일 구속자가족협회 및 목요기도회는 "현행 헌법에서 인권침해의 독소를 제거시킬 것", "인권침해의 현실을 과감하게 척결할 것", "구속 인사의 지체 없는 석방"을 다시 한 번 강력히 촉구했습니다. 이러한 조치 없이 강행되는 국민투표는 아무런 의미가 없으므로 거부한다는 입장을 밝혔습니다. 1970년대 인권운동의 주요 주체였던 '가족'과 '종교'(기독교)가 국민투표 기간에 공론장으로서의 선거를 선보인 셈입니다.

유신정권이 야심차게 추진했던 국민투표는 투표율 79.8퍼센트에 지지율 73.1퍼센트라는 결과로 끝나고 말았습니다. 절대평가로 따지자면 상당히 높은 편이지만, 헌법 개정을 위해 3년 전 실시한 국민투표에 비하면 현저히 후퇴한 결과였습니다. 3년 전만 해도 91.9퍼센트의 투표율에 91.5퍼센트의 지지율을 자랑했거든요. 정부의 일방적인 선전 공세와 반대 의견을 개진할 수 없었던 상황, 부정투표가 횡행했던 걸 감안하면 이번엔 그리 좋은 성적은 아니었습니다. 이 결과는 유신체제에 대한 반감이 어느 정도 균열을 일으키고 있음을 보여주고 있습니다. 간혹 이때의 통계 자료만을 가지고 유신체제에 대한 동의가 광범위했다는 식으로 얘기하는 경우를 볼 수 있습니다. 그 당시의 억압적인 정치 상황을 고려하지 않은 해석입니다.

유신체제가 억압적인 법제도에 기반을 둔 만큼 한국기독교교회협의회(KNCC) 산하에 설치된 인권위원회는 부당한 사법적 대우를 받고 있는 사람들을 구조하는 데 힘썼습니다. 1975년 2월 1일에는 법률 구조 활동을 효율적으로 진행하기 위해 '법률자문위원회'를 구성하였습니다.[22] 법률자문위원회의 구성원들은 전원 변호사였습니다. 이들은 법률 구조 활동을 수행하는 변호사로 활동하면서 KNCC의 인권운동에도 영향을 미쳤습니다. 예를 들어, KNCC는 국민투표 반대성명을 1월 27일과 2월 5일 두 차례나 발표하는데, 첫 번째 성명은 "국민투표에서 공정한 절차가 보장되어야 하며 현재의 상황으로서는 이것이 불가능하기 때문에 국민투표에 앞서 국민투표법이 개정되어야 한다"라고 주장하는 데 그쳤습니다. 일반적인 수준의 비판이었습니다. 그런데 법률자문위원회의 자문 이후에 발표된 두 번째 성명에서는 유신정권이 추진하는 국민투표가 유신헌법에 비춰 봤을 때 위헌이라는 주장을 담았습니다. 법리적 해석을 담은 비판이 제기된 셈입니다.

현행 헌법상 국민투표를 할 수 있는 경우는 첫째, 헌법 제49조에 의

22] 손승호, 『유신체제와 한국기독교 인권운동』, 106쪽.

하여 국가의 중요정책에 대한 경우, 헌법 개정의 경우뿐이며 위의 두 가지 경우 외에는 국민투표를 할 수 없는 것이다. 이번 국민투표 안은 헌법 개정을 위한 것이 아님은 명백하며 또 이는 헌법에서 말하는 '국가의 중요정책'이 아니라, 이번 국민투표는 이미 지속해 온 유신체제 또는 대통령에 대한 신임을 묻기 위한 것이기에 헌법의 위반이라고 본다.[23]

이 성명은 박정희 정권이 장기집권체제를 마련하기 위해 만든 유신헌법을 비판의 근거로 삼고 있다는 점에서 매우 독특합니다. 유신헌법으로 추가된 헌법 제49조는 "대통령은 필요하다고 인정할 때에는 국가의 중요한 정책을 국민투표에 붙일 수 있다"라고 규정하고 있습니다. 이 조항을 근거로 볼 때 제4차 국민투표는 위헌이었습니다. 유신헌법에 대한 찬반 여부와 대통령 신임 여부를 묻는 건 국가의 중요정책이 아니니까요. 국민투표 국면에서 만들어진 법률자문위원회 덕분에 인권위원회는 법률적 근거로 유신정권을 비판할 수 있었습니다.

국민투표가 끝난 후 전국 곳곳에서 부정선거 문제가 불거졌습니다. 대구 서구 개표소에서는 유신정권을 찬성하는 무더기표가 발견되었고, 야당은 30여 건의 부정선거 사례를 적발하였습니다. 심지어한 공화당원은 자신이 27명의 투표용지를 받아 대리 투표한 사실을 폭로하면서 사회적 파장을 일으키기도 했습니다. 이때 당국은 선거사범 명단을 발표했는데, 이게 참 웃겼습니다. 국민투표를 거부하거나 거부 의사를 표명한 사람들은 구속되었지만, 찬성유도자와 대리투표

23] 한국기독교교회협의회, 「성명서」(민주화운동기념사업회 오픈아카이브), 1975년 2월 5일.

자는 불구속처리 되었으니까요. 정당한 권리를 행사한 사람들은 감옥에 갇히게 되었고 부정선거를 저지른 사람들은 풀려난 셈입니다.

혹시 『꼬방동네 사람들』이라는 소설을 아시나요? 달동네 사람들의 이야기를 다룬 작품으로 개발독재 시대의 민낯을 잘 보여주고 있습니다. 1980년대 초반에 영화로도 만들어졌습니다. 이 책은 제13대 국회의원(1988-1992)을 지낸 이철용 작가가 썼습니다. 작품이 출간된 당시에는 '이동철'이라는 필명으로 알려졌지요. 이 얘기를 하는 이유는 따로 있습니다. 그가 국민투표법 위반 혐의로 구속된 적이 있기 때문입니다. 그렇다고 부정선거를 저질렀던 건 아닙니다. 오히려 부정선거 사실을 방송국에 고발했을 뿐입니다. 문제는 그 일 때문에 허위사실 유포 혐의로 옥고를 치르게 되었다는 점입니다.

더 가관인 건 당국의 거짓말입니다. 당국은 이철용이 불구속되었다고 발표했지만 명백한 허위사실이었습니다. 불구속이 아니라 구속되어 있었거든요. 이 사실은 그가 거주하던 동네의 빈민운동가 허병섭 목사를 통해 알려졌습니다. 『꼬방동네 사람들』에 등장하는 공병두 목사의 실제 모델인 허병섭 목사는 사건의 진상을 알리고 도움을 요청하는 진정서를 KNCC 인권위원회에 보냈습니다. 사건을 접수한 인권위원회는 곧바로 법률 구조 활동에 착수했습니다. 부정선거를 폭로하고 허위사실을 유포한 혐의로 구속된 이철용은 법률자문위원회의 도움을 받게 되었지만, 문제는 첩첩산중이었습니다. 구속재판 중 징역 6개월의 실형을 받았기 때문입니다. 이에 이철용은 즉시 항소했습니다. 그런데 항소 시 이미 1심 형량이 끝난 상태였습니다만, 항소를 제기했다는 이유로 그를 풀어 주지 않았습니다. 신체의 자유를 침해한 겁니다.

당국이 그를 석방하지 않은 이유는 빈민운동과 관련이 있어 보

입니다. 이철용은 허병섭 목사와 함께 청계천 주변의 판자촌에서 빈
민운동을 주도했습니다. 몸이 심각하게 아파도 돈이 없어 병원 문을
두드리지 못하는 주민들을 위해 의료협동조합을 만들기도 했고, 판
자촌 주민들이 살고 있는 땅을 매입해서 공동투자와 융자로 연립주
택을 마련하는 계획을 세우기도 했습니다. 이들의 연립주택 계획은
구청장의 감탄을 얻기도 했습니다. 일이 어느 정도 순조로이 진행될
무렵 느닷없이 철거 경고장이 날아왔습니다. 철거를 막으려고 이들
은 동분서주했습니다. 종로5가에 위치한 어느 큰 교회가 창립 80주
년 행사를 열려고 하자 이들은 찾아가서 자신들의 사정을 호소하는 계
획을 세웠습니다. 높은 사람들이 그날 많이 올 것이기 때문이었습니다.
결국 이들의 호소는 철거 연기로 이어졌습니다.[24] 이때가 1974년도였
습니다. 하지만 이철용이 허위사실 유포 혐의로 구속되면서 철거 경
고장이 다시 날아왔습니다. 빈민지역 지도자인 이철용을 묶어 둠으
로써 빈민운동의 구심력을 와해하고자 한 것은 아닌가 싶습니다.

체육관 대통령의 시대

그렇다면 유신체제에서 대통령 선거는 어떻게 되었을까요. 이때의
선거제도는 크게 '통일주체국민회의'와 '체육관 선거'로 요약할 수
있습니다. 통일주체국민회의는 유신헌법에만 존재하는 독특한 국가

24] 한국기독교사회문제연구원 편, 『민중의 힘, 민중의 교회: 도시빈민의 인간다운 삶을
위하여』(민중사, 1987), 83-87쪽.

기관으로 대통령 간선제에 명분을 주려고 마련했습니다. 통일주체국 민회의는 2,500명 내외의 대의원들로 구성되었는데, 이들은 대체로 관변단체 출신의 지역유지인 경우가 많았습니다. 이들이 할 일은 장충체육관에 모여 대통령을 선출하는 겁니다. '체육관 선거'라는 말이 나온 이유입니다. 문제는 대통령 선출권을 지닌 이들을 뽑는 선거 자체가 매우 불공정했다는 점입니다. 관권 개입으로 야당 인사의 출마는 애초에 불가능했거든요. 대의원을 뽑는 선거연설에서는 유신과업에 대한 의견만 발표하도록 되어 있었습니다. 친정권적인 성향의 인물 외에는 참여 자체가 제한되어 있었습니다. 거기다 이들의 투표로 진행된 대통령 선거에서 후보는 한 명밖에 나오지 않았습니다. 바로 박정희 대통령이었습니다. 유일한 후보였기 때문에 실질적으로는 찬반 투표였습니다. 이때 과연 어느 누가 반대에 투표할 수 있었을까요. 유신체제에서 대통령 선거는 오로지 박정희 대통령의 영구집권을 위한 쇼에 불과했습니다. 바야흐로 '체육관 대통령'의 시대가 열린 겁니다.

유신체제에서 통일주체국민회의 대의원을 뽑는 선거는 딱 두 차례 실시되었습니다. 그 당시에는 줄여서 '통대 선거'로 불렀습니다. 첫 번째 통대 선거는 1972년 12월 15일에 실시되었습니다. 이때는 너무나 급작스럽게 진행되어 반대고 뭐고 없었습니다. 반(反)유신 세력이 형성되지 않은 시점이기도 했고요. 다만, 제1차 통대 선거 때는 『한국기독공보』의 전무이사와 『주간 기독교』의 편집부국장이 각각 출마하여 공천을 얻으려고 노력했습니다.[25] 덕분에 『한국기독공보』

25] 한국기독교교회협의회 인권위원회, 『1970년대 민주화운동 Ⅱ』(한국기독교교회협의회, 1987), 641쪽.

는 '유신공보'라는 별명을 얻기도 했습니다.

유신헌법이 대통령 임기를 6년으로 규정했기 때문에 두 번째 통대 선거는 1978년에 실시되었습니다. 이 해에는 통대 선거(5. 18.), 대통령 선거(7. 6.), 제10대 국회의원 선거(12. 12.)가 잇달아 잡혀 있었습니다. 그야말로 '선거의 해'였습니다. 그래서인지 1978년 봄부터 대학생들의 시위가 부쩍 늘어났고, 농민과 노동자의 생존권 투쟁도 본격화되었습니다. 1978년 6월 26일에는 1,000여 명의 대학생이 광화문 일대 도심지를 누비며 시위를 벌일 정도였습니다. 1972년 이후 교내시위 수준을 벗어나지 못했던 대학생들의 시위가 서울 중심가로 진출한 겁니다.[26] 이때부터 광화문 광장은 시민들이 민주주의를 부르짖는 공간으로 자리 잡기 시작하지 않았나 싶습니다.

1978년 5월 18일에 실시된 통일주체국민회의 대의원 선거는 유신체제가 유권자들을 얼마나 기만하고 있는지를 잘 보여줍니다. 이때 유신체제는 유권자들에게 '선택의 환상'을 제공하였습니다. 유권자들이 직접 통일주체국민회의의 대의원을 뽑는 거였지만 선거 자체가 매우 불공정한 룰로 이루어졌거든요. 누구에게 투표를 하든 유신정권을 찬성하는 인물이 대의원에 선출되는 건 마찬가지였습니다. 통대 선거는 사실상 요식행위였을 뿐입니다. 강한 거부감이 드는 건 당연했습니다. 1978년 5월 15일 한국기독교교회협의회는 통대 선거를 거부하는 성명서를 발표하였고, 5월 16일 한신대 학생 150여 명은 통대 선거를 전후하여 휴강 조치를 취한 학교의 결정에 격렬하게 항의했습니다. 학생들이 학교에 모여 시위를 벌이는 일을 애초에 막

26] 민주화운동기념사업회 연구소 엮음, 『한국민주화운동사 2』(돌베개, 2009), 251쪽.

으려고 한 조치였기 때문입니다. 통대 선거 당일에는 함석헌, 공덕귀 등의 기독교계 재야인사들과 양심범 가족들이 한빛교회에 모여 통대 선거를 반대하는 의미로 투표용지를 소각하기도 했습니다.

한편, 이날에는 해고노동자들이 부산에서 유인물을 뿌리다가 선 거법 위반으로 검거된 사건이 발생했습니다. 그녀들은 동일방직에서 근무했던 노동자였습니다. 사실 1970년대 초반까지만 해도 노동자를 대변해 주는 노조는 별로 없었습니다. 대부분 회사의 뜻에 따라 움직 이는 어용노조뿐이었습니다. 그러다 1970년대 중반부터 노동자를 대 변하는 민주노조가 나타나기 시작했습니다. 원풍모방과 동일방직이 가장 잘 알려진 사례입니다.

중요한 사실은 동일방직의 민주노조가 도시산업선교회의 영향 을 적지 않게 받았다는 점입니다. 도시산업선교회는 노동자들을 교 회로 데리고 가는 전도에 그치지 않고, 노동자들이 처한 모순적 상황 을 함께 풀어 나가는 데 초점을 두었던 사회선교 단체입니다. 노동자 들을 대변하지 못했던 기존의 어용노조를 민주노조로 바꾸는 데 적 지 않은 기여를 했습니다. 동일방직의 민주노조는 인천 도시산업선교 회에 소속된 조화순 목사의 지도 아래 소그룹 활동을 해온 여성 노동 자들이 주도했습니다. 그녀들 중 한 명인 주길자는 1972년에 한국 최 초의 여성 노조위원장으로 선출되기도 했습니다. 이는 한국 노동운 동사에서 기념비적인 사건입니다.

동일방직 경영진은 어떻게든 그녀들을 무력화하려고 했습니다. 여성이 주축이 된 노조지도부를 없애고 다시 어용노조로 바꾸려고 했습니다. 이를 위해 남성 노동자들을 동원했습니다. 갈등은 1976년 7월에 실시된 노조 선거에서 일어났습니다. 여성 대표들을 불참시킨 가운데 선거를 진행한 겁니다. 회사는 여성 노동자들이 밖으로 나오지 못하게 기숙사에 가두었고, 회사의 부당한 처사에 그녀들은 맞서 싸웠습니다. 이 과정에서 그녀들은 알몸으로 대항했지만 역부족이었습니다.

그녀들의 싸움은 계속되었습니다. 1977년 3월 31일에 실시된 노조 선거에서 이총각이라는 여성 노동자가 위원장으로 선출되면서 탄압은 더욱 심해졌고, 다음 해 사달이 났습니다. 1978년 2월 21일 노조 선거일에 동일방직 여성 노동자들이 똥물을 뒤집어쓴 겁니다. 아주 충격적인 사건이었습니다. 하지만 그녀들은 자신들의 억울함을 알리고 노동인권을 보장받기 위한 싸움을 포기하지 않았습니다. 똥물을 뒤집어쓴 그해 3월에 열린 부활절 연합예배에서 여성 노동자들은 "노동3권 보장하라", "동일방직사건을 해결하라", "산업선교회는 빨갱이가 아니다" 등을 외쳤습니다. 이 시위에 참여했던 노동자들은 전부 기독교인이었다고 합니다. 교회 밖에서 벌어진 인권침해를 교회 사람들에게 알리고 호소하고자 벌인 기습시위였습니다.

이런 과정을 거쳐 동일방직에서 해고된 노동자들은 산업선교회 건물을 빌려 임시 노조를 만들었습니다. 그 후 첫 번째로 취한 행동이 바로 부산에서 통일주체국민회의 대의원으로 출마한 섬유노조 위원장의 당선을 저지하는 일이었습니다. 자신들에게 똥물을 뒤집어쓰게 하고 기존의 민주노조를 다시 어용노조로 만들어 버린 장본인이었기 때문입니다. 그녀들은 해고자 전원의 복직과 민주노조의 부활을 요구하는 유인물을 부산 시내에 뿌렸습니다. 통대 선거 자체는 반(反)민주적이지만, 그녀들은 자신들의 문제를 공론화시키는 계기로 삼은 겁니다. 이 일로 해고노동자들은 대량의 유인물을 뿌려 사회여론을 환기시키는 데 열중하기 시작했습니다.

이뿐만이 아닙니다. 통대 선거는 유신체제를 지탱하는 중요한 제도인 만큼 박정희 사후에도 쭉 지속되었습니다. 10·26사건으로 박정희 대통령이 사망하자 당시 국무총리였던 최규하가 대통령 권한 대행으로 정국을 수습하는 역할을 맡게 되었습니다. 그런데 그는 기존의 유신헌법과 선거제도를 바꾸려는 노력을 하지 않았습니다. 오히려 그는 통일주체국민회의를 통해 선출된 새 대통령이 헌법을 개정한다는 계획을 발표했습니다. 이는 박정희 대통령의 죽음으로 유신체제가 철폐되고 민주화가 진행되길 바라는 사람들의 반발을 사고 말았습니다.

문제는 10·26사건으로 비상계엄이 내려진 상황이라 집회를 열기가 거의 불가능에 가까웠다는 점입니다. 하지만 통일주체국민회의로 새 대통령을 선출하는 건 어떻게든 막아야 했습니다. 이때 기발한 기획이 나왔습니다. 바로 결혼식을 가장한 집회를 연 겁니다. 1979년 11월 24일 명동에 위치한 한국기독교여자청년회(YWCA) 1층 강당에서 민주청년협의회 홍성엽과 가상인물 윤정민의 결혼식이 거행되었습니다. 500명이 넘는 사람들이 결혼식장을 가득 메운 가운데 신랑이 입장하였습니다. 그 순간 「통대 저지를 위한 국민선언」이라는 유인물이 뿌려졌습니다. 유신체제의 전면적인 청산, 군의 정치적 중립, 외세의 간섭 거부 등을 요구하였습니다. 곧바로 계엄군이 진압을 시도했으나 간신히 빠져나온 사람들을 중심으로 시위가 벌어졌습니다.

이 YWCA 위장결혼식 사건은 10·26 이후 민주화의 열망을 가로막았던 '박정희 없는 유신체제'에 대한 저항이었습니다. 비록 이들의 요구는 하나도 관철되지 않았지만, 신군부가 새로운 권력의 실체로

등장하고 있음을 보여주었지요. 특기할 만한 사실은 이 사건이 민주청
년협의회와 기독청년들의 합작품이라는 점입니다. 이는 구속자 수를
봐도 알 수 있습니다. 이 사건으로 14명이 구속되었는데, 그중 3명이
한국기독청년협의회(EYC) 간사 및 임원이었고, 나머지 1명은 한국
기독학생회총연맹(KSCF) 간사였거든요. EYC의 간사인 권진관은
이 사건을 통해 기독청년이 예언자의 사명을 실천할 수 있었다고 진
술하기도 했습니다.[27]

  그래서일까요. 이 사건은 다른 기독교인들에게 자극을 주었습니
다. 청주 도시산업선교회의 정진동 목사와 조순형 전도사는 교역자
모임에서 YWCA 위장결혼식 사건을 설명한 후 「통대 저지를 위한
국민선언」을 배포하다 구속되었으며, 감리교회의 청년 3명도 광화문
일대에서 이를 살포하려다가 체포되었습니다. YWCA 위장결혼식
사건은 '서울의 봄'이라 불리는 공백기에 저항하는 그리스도인들의
활약을 살펴볼 수 있는 사례로 기억할 필요가 있습니다.

선거의 역동성이 살아난 1978년 총선 이야기

1970년대 중후반에 실시된 국민투표와 통대 선거를 통해 우리는 유
신체제가 '양심의 자유'를 얼마나 억압했는지 살펴봤습니다. 양심의
자유가 전제되지 않는 민주주의는 언제든 전체주의로 돌변할 수 있

27] 「명동 YWCA 위장결혼 불법집회 사건: 피고인 17명 1심 최후진술」(민주화운동기념
  사업회 오픈아카이브), 1979.

다는 걸 잘 보여줍니다. 이는 두 번째 통대 선거로 선출된 대의원들이 체육관에 모여 실시한 제9대 대통령 선거에서 더욱 명확해집니다. 1978년 7월 6일에 시행된 대선에서 단독으로 출마한 박정희 대통령이 99.9퍼센트에 달하는 지지율로 당선되었거든요. 아무리 한 개인이 이룬 업적이 대단해도 100퍼센트에 가까운 지지율을 얻는 건 불가능하다고 생각합니다. 유신체제가 양심의 자유를 심각하게 훼손하면서 점차 전체주의로 경도되고 있음을 알 수 있습니다.

그렇다고 이 시대를 살아간 이들이 절망의 늪에 빠지지는 않았습니다. 재야를 중심으로 한 민주화운동 세력의 저항은 끊이지 않았고, 이들은 양심의 자유를 보장하고 존중하는 시스템을 되찾고자 부단히 애썼습니다. 양심의 자유를 침해하는 권력과 맞서 싸웠다는 점에서 민주화운동 세력은 '자유주의자'라고 할 수 있습니다. 그러다 결정적인 균열이 발생했습니다. 1978년 12월 12일에 치러진 제10대 국회의원 선거를 통해 선거의 역동성이 발휘된 겁니다.

이 선거는 유신체제가 수립된 후 두 번째로 실시된 총선이었습니다. 이때도 게임의 룰이 불공정한 건 마찬가지였습니다. 유신정권은 선거법 개정을 통해 한 선거구에 2명 이상을 뽑는 중선거구 제도를 도입했거든요. 덕분에 여당은 농촌 지역뿐만 아니라 도시 지역에서도 당선 가능성을 높일 수 있었습니다. 거기다 유신헌법에서는 국회의원 정수의 3분의 1을 통일주체국민회의에서 선출할 수 있도록 명시해 놨습니다. 이렇게 선출된 국회의원들은 따로 '유신정우회'라는 원내교섭단체로 모였습니다. 말하자면 유신정우회는 대통령이 입법부를 지배할 수 있는 구조를 제도화한 어용단체였을 뿐입니다.

결과가 뻔히 예측되다 보니 선거 거부는 계속되었습니다. 1978년

7월 5일에 결성된 재야 조직인 민주주의국민연합을 중심으로 선거 거부운동이 일어났습니다. 민주주의국민연합은 "유신체제 아래서 이루어지는 일체의 선거를 거부하며 또 인정치 않는다"라고 명시할 정도로 선거 거부에 대한 입장이 명확했습니다. 비록 민주주의국민연합의 활동은 성명전 위주의 담론에 그치고 말았으나 언론이 억압된 상황 속에서 대항 언론을 구축하는 데 기여했습니다.

제10대 국회의원 선거를 앞두고 민주주의국민연합은 다른 단체와 함께 「12·12선거에 대한 우리의 입장」이라는 공동성명을 발표했습니다. 여기에는 기독자교수협의회, 한국기독교교회협의회 인권위원회, 한국기독교사회선교협의회, 기독교청년운동, 서울지구인권선교협의회 등 진보 기독교 진영의 연대가 있었습니다. 이들은 유신정권하에 시행되는 선거의 비민주성을 지적하고 '민주화와 인권'을 지향하는 선거가 아니라면 단호히 거부하겠다는 입장을 밝혔습니다. 궁극적으로는 유권자의 의사를 반영할 수 있는 민주적인 선거제도가 마련되어야 한다는 주장을 펼쳤습니다.

선거 결과는 어땠을까요. 막상 뚜껑을 열어 보니 대역전극이 일어났습니다. 야당인 신민당이 여당인 공화당보다 1.1퍼센트나 많은 표를 받은 겁니다. 아무도 예상치 못한 이변이었습니다. 긴급조치 9호가 발령된 가운데 치러진 선거인 만큼 유신체제에 대한 논쟁이 일체 금지된 상황이었습니다. 정치적 쟁점 사항이 전혀 부각되지 못한 채 실시되었음에도 불구하고 여당이 야당에게 패한 결과가 나온 겁니다. 이는 여당이 전국 득표수에서 야당에게 뒤진 최초의 선거로 기록되고 있습니다. 결과적으로 1978년 총선을 계기로 유신정권은 기울어지기 시작했습니다. 게임의 룰이 매우 불공정했음에도 불구하

고 야당이 이겼다는 건 유신체제의 내구성이 점차 약해지고 있음을
의미했기 때문입니다. 이는 1978년 총선 이후 야기된 부마항쟁과
10·26사건으로 알 수 있습니다. 1978년 총선은 유신정권의 붕괴를
알린 상징적인 사건이라고 할 수 있습니다. 이런 점에서 1978년 총
선은 선거가 한국 현대사에 역동성을 불어넣은 대표적인 사례 중 하
나로 꼽을 수 있습니다.[28]

양심의 자유를 위한 저항

박정희 정권의 독재는 선거 부정과 헌법의 개악이라는 형태로 이루
어졌습니다. 그러니 자유민주주의 제도의 심각한 훼손을 동반할 수
밖에 없었습니다.[29] 그에 따르는 반발을 무마하기 위해 헌법에 보장
된 사상 및 언론의 자유를 억압하였고 인권침해도 마다하지 않았습
니다. 이는 다시 정권의 반민주성을 강화시키는 악순환으로 이어졌
습니다. 그러다 보니 민주화운동 세력은 자유민주주의 제도를 수호
내지 회복하려는 경향으로 가면서 부정선거와 개헌 같은 제도적 문제
에 집중했습니다. 이런 와중에 "개인의 자유를 최고의 정신적 가치로
여기는 신념"인 자유주의가 민주화운동의 이념적 기반으로 작동하였
습니다.

　원래 자유주의는 봉건귀족과 절대왕권에 저항하기 위해 등장했

28]　서중석, 『대한민국 선거이야기』(역사비평사, 2008), 195쪽.
29]　문지영, 『지배와 저항: 한국 자유주의의 두 얼굴』(후마니타스, 2011), 232쪽.

던 이념이었습니다. 역사적으로 자유주의는 '개인의 자유와 권리'를 억압하는 양상이 변화함에 따라 다양한 모습으로 나타났습니다. 우리나라에서 자유주의는 자유민주주의 형태로 1948년 정부 수립과 함께 제도화되었습니다. 처음에는 자유주의가 반공주의와 결합되면서 지배 이념으로 부각되었습니다. 다른 한편, 자유주의는 독재정권에 맞서는 저항 이념으로 등장했습니다. 독재정권의 입장에서는 자유민주주의의 외피를 완전히 포기할 수 없었고, 민주화운동 세력은 자유민주주의의 정상적인 작동을 간절히 원했기 때문입니다.[30] 민주화운동의 이념으로 작동한 자유주의를 여기에서는 '비판적 자유주의'로 명명하고자 합니다.

1960년대 중후반에 본격적으로 등장한 저항하는 그리스도인들은 그야말로 '비판적 자유주의'의 담지자였습니다. 이 시대 저항하는 그리스도인을 대표하는 김재준 목사는 자유주의의 핵심을 기독교 언어로 재해석하는 데 탁월했습니다. 그는 '하나님 형상'(Imago Dei)이라는 메타포로 개인의 신성불가침한 존엄성과 권리를 강조함으로써 인간의 본질을 얘기했습니다. 바로 하나님 형상에 뿌리를 둔 자유였습니다. 즉, 인간의 본질은 자유인데 그 자유로운 인간의 본성이 하나님의 형상에서 기인한다는 설명입니다. '자유'는 그의 정치사상을 이해하는 데 매우 중요한 키워드라고 할 수 있습니다.

김재준의 인간 이해에서 '자유'가 중요한 만큼 죄는 '자유의 상실'을 의미했습니다. 여기서 그는 자신만의 정치사상을 구체화해 나갑니다. 바로 자유가 상실된 인간의 모습을 다시 회복시킬 수 있는 체

30] 문지영, 위의 책, 36쪽.

제를 찾습니다. 그가 볼 때 최선의 선택은 자유민주주의였습니다. 이를 근거로 그는 독재권력이 인간의 본질적 특성인 자유를 말살하여 비인간화를 초래하고 있다고 비판했습니다. 이러한 생각은 기독교의 정치참여를 매우 폭넓게 이해할 수 있는 여지를 주었습니다. 자유의 상실을 막기 위해서는 교회의 정치참여 이전에 각 개인의 정치참여가 중요하기 때문입니다. 자유가 인간의 본성이므로 자유를 되찾기 위해 저항하는 일은 어느 누구라도 취해야 마땅한 행동 양식이라는 논리가 가능했습니다. 김재준 목사가 민주화운동에 참여하면서 반대파로부터 '정치 목사'라는 말을 많이 들었지만, 사실 그의 행동은 '인간의 본질＝자유'라는 인간 이해에 기반을 두었다고 할 수 있습니다.

자유를 강조하는 그의 정치사상은 지금 보면 다소 진부해 보일 수 있습니다. 그러나 그 시절에는 자유 자체가 매우 절박하고 큰 의미로 다가왔습니다. 선거의 4원칙인 '보통, 평등, 직접, 비밀'이 관권과 금권에 의해 제대로 보장받기 어려웠던 시대라는 걸 기억해 봅시다. 양심의 자유가 권력에 의해 크게 훼손되면서 선거의 4원칙은 깡그리 무시되었기 때문입니다. 저항하는 그리스도인은 양심의 자유를 보장하는 자유민주주의를 수호 내지 회복하기 위해 부단히 들고 일어났습니다.

다만 저항하는 그리스도인들은 보수적인 기독교인들에 비해 진보적이었지만 급진적이지는 않았습니다. 이들의 핵심가치는 절차적 민주주의에 있었기 때문입니다. 다시 말해 이들이 부정선거를 규탄하고 선택 없는 선거를 거부한 행위는 자유주의적 개혁운동에 지나지 않았습니다. 이들은 권력이 자유민주주의 본래의 내용과 제도에 충실하기를 바랄 뿐이었습니다.

저항하는 그리스도인을 상징하는 김재준 목사가 반공주의자라는 점도 유의해 볼 사항입니다. 그가 이북에서 공산주의를 겪은 월남민인 탓이 큽니다만, 1970년대까지만 해도 반공주의는 기독교의 진보와 보수를 아우르는 이데올로기였습니다. 단지 저항하는 그리스도인들은 '반공을 위한 반공'이나 '구실로서의 반공'을 추구하지 않았습니다. 자유민주주의를 실현하는 하나의 수단으로 여겼습니다. 저항하는 그리스도인의 반공주의는 의도치 않은 효과를 발휘하는데, 그건 바로 권력으로부터의 이념공세를 방어하는 데 큰 도움이 되었다는 점입니다. 이들이 유신정권을 강력하게 비판하면서도 이념적으로 큰 오해를 사지 않을 수 있었던 이유는 반공주의의 덕이 컸습니다.

1960-1970년대에 저항하는 그리스도인의 역할은 매우 컸습니다. 저항하는 그리스도인은 자유민주주의와 반공의 범주에 머물렀습니다만, 독재정권에 매우 강력히 도전한 세력으로 부상했기 때문입니다. 이들의 저항은 독재권력에 반대한다는 점에서 '반정부 활동'이지만, 자유민주주의를 지키려고 했다는 측면에서 체제 수호적인 성격을 띠었습니다. 한마디로 저항하는 그리스도인은 시민불복종 운동을 행사한 셈입니다. 이것은 권력이 공공적 가치와 민주주의 원칙을 위배할 때 우리가 어떤 선택과 행동을 해야 하는지를 하나의 선례로 잘 보여주고 있습니다.

04

기독교 여성, 가부장제에 맞서다

| 한국교회여성연합회의 인권운동 |

'그들'의 이야기에서 '그녀들'의 이야기로

우리는 일반적으로 역사를 승자에 의해 기록된 이야기로 알고 있습니다. 크게 틀린 말은 아닙니다. 역사는 사료에 기초해야 하는데, 대부분의 사료는 역사의 승자가 남겼으니까요. 그래서 전문적인 역사학자들은 사료에 나오는 이야기를 곧이곧대로 받아쓰지 않습니다. 일종의 사료비평을 통해 승자의 기록을 여과시킵니다. 사료라는 게 기본적으로 자신의 이야기를 글로 남길 수 있는 식자층 위주의 것이다 보니 아래로부터의 역사에 관심이 많은 역사학자들은 또 다른 고민에 빠질 수밖에 없습니다. 사료를 남기지 못한 이들의 역사는 어떻게 복원할 것인가. 승자가 되지 못한 채 역사에서 배제된 이들의 이야기를 망각에서 건져내는 작업은 정말 쉬운 일이 아닙니다. 그중에 하나가 바로 '여성사'입니다.

여성사는 그간 남성 중심의 역사에서 생략되고 배제되었던 여성의 존재를 드러내고, 여성의 시각으로 역사를 재해석하는 역사 서술입니다. 남성 중심의 거대 서사를 문제화함으로써 기존의 역사학에 맞섭니다. 이는 기존의 역사학이 남성 위주의 이야기로 구성되었고, 그나마 등장하는 여성도 가부장제 아래서 주어진 역할을 다하는 존재로 나올 뿐입니다. 누군가의 딸과 아내, 그리고 어머니로서 말입니다. 혹은 남성을 파멸로 이끄는 팜파탈(femme fatale), 즉 악녀로 그려졌습니다. 이러한 왜곡된 여성 이미지를 교정하고자 여성사가 출발했다고 할 수 있습니다. 여성의 과거를 여성의 역사로 복원하려고 한 셈입니다.

그렇다고 여성사가 단지 역사책에 빠져 있던 부분을 채워 넣는데 급급한 건 아닙니다. 역사학은 여성사를 통해 더욱 풍성해질 수 있습니다. 여성사 연구로 역사 인식의 지평이 넓어지고, 새롭고 다양한 주제들이 발굴되기 때문입니다. 일례로 여성사는 젠더(gender) 개념을 도입하여 기존의 역사학에 근간을 이루었던 개념과 가치들을 전면적으로 재검토하였습니다. 젠더란 남녀의 생물학적 차이와 경험의 차이를 드러내고, 여성들 간의 차이를 포괄할 수 있는 개념입니다. 생물학적 성이 아니라 사회·문화적으로 형성된 성을 표현하는 용어입니다. 덕분에 계급이나 민족이라는 틀로 볼 수 없었던 내용들을 알 수 있습니다. 그야말로 젠더로 보면 역사가 달라질 정도였죠. 이제 젠더는 계급과 민족과 더불어 역사학의 주요 해석틀로 자리 잡았다고 해도 과언이 아닙니다.

이제 한국 기독교 역사도 그들의 이야기(history)에서 그녀들의 이야기(herstory)로 전환할 필요가 있습니다. 초대교회부터 오늘날까지 여성은 기독교 역사의 기저를 형성해 왔습니다. 기독교 공동체를 구성하는 데 여성은 다수를 이루었죠. 가장 헌신적이었던 신자들도 여성인 경우가 많았습니다. 문제는 여성들을 보조자의 역할에만 머물게 할 뿐 중요한 결정을 내리는 자리에 앉게 하는 경우가 거의 없었다는 데 있습니다.

물론 한국 기독교 여성사가 전혀 없었다고는 할 수 없습니다. 다만, 신앙적으로 귀감이 되는 분들을 소개하는 정도에 그쳐 아쉬울 뿐이죠. 교회 봉사에 헌신했던 권사님들의 업적을 복원하는 데 치중했거든요. 아니면 여성으로서 민족운동에 참여했던 경우라 할 수 있습니다. 예컨대 자선활동, 금연·금주운동, 여성교육운동에 앞장선 조선여자기독교청년회(YWCA)를 들 수 있습니다. 이는 기존의 역사서술에서 생략된 여성의 역사적 경험을 발굴하고 보완한다는 점에서 의의가 있지만, 남성에 의해 규정된 가치관에 따른 평가에 기초하는 측면이 있습니다. 성차별이나 젠더에 대한 감수성은 잘 드러나지 않습니다.

최근 들어, 내한 여성 선교사와 기독교계 신여성에 대한 연구가 활발해지기 시작했으나 주요 인물을 다루는 정도입니다.[1] 이른바 엘리트 기독교 여성에 치중되다 보니 상대적으로 전도부인에 대한 연구는 덜된 편이고요. 그렇습니다. 숙제가 많습니다. 그나마 한국 기독교 여성사를 '젠더사'의 관점으로 재조명한 연구가 드문드문 있어 다행입니다. 한국 교회 여성의 순종적 정체성이 어떻게 형성되었는지를 고찰한 『한국 기독교와 여성 정체성』(이숙진 지음, 한들, 2006)은 기독교 여성사에 관심 있는 분이라면 꼭 읽어야 할 책입니다. 한국 기독교의 민족 담론에 내재한 가부장적 논리를 추적함으로써 자발적 순종의 에토스가 어떠한 과정을 거쳐 한국 교회 여성에게 뿌리내렸는

1] 류대영, 「해방 이전 한국 개신교 여성에 관한 연구: 현황과 과제」, 『한국기독교와 역사』 제47호(2017), 202쪽.

지를 주목하고 있거든요.

능력 부족으로 이 책에서는 전혀 다루고 있지 못하지만, 한국 기독교 역사에 젠더를 적용할 필요가 있습니다. 젠더는 관계의 복잡한 얽힘이라 할 수 있습니다. 지금까지 간과되었던 관계들을 포착하는 데 유용합니다. 한국 기독교 역사에서 젠더가 작동하는 방식에 대한 고민이 필요합니다. 젠더에 따른 개종의 다양성\을 포착한『한국 초기 기독교의 죄 이해: 1884-1910』(이유나 지음, 한들, 2007)도 권하는 바입니다.

이 장에서는 한국교회여성연합회의 인권운동을 중심으로 기독교 여성사를 살펴볼까 합니다. 평화운동의 선두자인 한국교회여성연합회는 1970-1980년대에 전방위적인 인권운동을 펼쳤습니다. 인권이 유린된 현장에는 항상 그녀들이 있었죠. 사회 발전에 크게 기여한 여성들의 모습을 담은 공헌사에 그치지 않을까 내심 걱정이 되지만, 하나님의 환대를 구현하기 위해 불의에 저항했던 기독여성들의 이야기를 우리가 너무 모르고 있다는 생각이 듭니다. 엄혹한 군사정권 시절에 평화의 가교를 놓는 데 헌신한 그녀들을 만나 보겠습니다.

여성 안수 문제를 제기하다

한국 기독교 역사에서 기독교 여성들이 저항의 기치를 처음으로 내걸었던 건 여성 안수 문제였을 겁니다. 이 문제는 지금도 논란이 될 정도로 100여 년 세월 동안 늘 '뜨거운 감자'였습니다. 그만큼 여성 안수를 둘러싼 찬반 입장은 극명히 갈렸다고 할 수 있습니다. 최초의

여성안수운동은 초기 한국 교회가 조직화의 단계로 접어들 때 여성
들의 지도력을 배제한 조치에 대한 저항으로 발생했습니다. 예를 들
어, 1907년 장로교의 정치기구인 독노회(獨老會)가 세워질 때 한국
교회는 "목사와 장로는 세례 받은 남자여야 한다"라는 규정을 만들
어 여성 안수를 허용하지 않았습니다. 이때 배출된 한국 교회 최초 목
사 7인이 모두 남성이었던 사실은 이를 잘 보여줍니다. 1912년에는
장로교 총회가 조직되었는데, 여성의 역할을 전도자로 한정시켜 버렸
습니다. 반대로 남성에게는 목사, 장로, 강도사, 조사, 전도인 등 다양
한 역할을 부여했습니다. 초기 한국교회사에서 경이적인 역할을 했던
기독교 여성들은 교회 제도로 편입되면서 전도와 심방의 역할에 머물
게 되었습니다. 기독교 여성은 교회의 의사결정 과정에 전혀 참여할
수 없는 수동적인 존재가 되고 말았습니다.

감리교의 경우, 장로교보다 선구적이었던 측면이 있습니다.
1930년 남북 감리회가 통합되어 '조선그리스도교감리회'가 만들어
질 때 교역자의 자격에 남녀 구별이 없음을 명시하여 여성 목사 제도
를 승인했기 때문입니다. 엄밀히 따지자면 식민지 조선에 거주하고
있던 외국인 여선교사들을 위한 조치에 불과했지만요. 이때 한국인
으로는 유일하게 '홍에스더'라는 여성이 목사안수를 받을 뻔했으나
중도에 하차하고 말았습니다. 1934년에는 현실상 여성 목사를 둘 형
편이 되지 못하므로 '여집사'라는 직임을 새로 만들자는 제안이 나오
기도 했고요. 심지어 여성교역자의 자격 요건을 "가정의 책임이 없는
자"로 규정함으로써 매우 심각한 성차별을 저지르기도 했습니다.

이에 함경남도의 기독교 여성들은 남성 중심적인 교회체제에 의
문을 던지기 시작했습니다. 함남 지역 여전도회 회장 최영혜를 중심

여성 안수 문제를 다룬 기독교 신문의 만평. (출처: 왼쪽 「크리스챤신문」, 1974년 10월 12일 자; 오른쪽 「교회연합신보」, 1984년 12월 2일 자)

으로 최초의 여성안수운동이 일어난 겁니다. 초기의 여성안수운동은 '장로 청원'에 초점을 맞추었습니다. '목사 청원'은 1970년대 중반이 되어서야 제기되기 시작했죠. 함경도의 기독교인들은 진보적인 신학 노선의 캐나다 연합교회의 영향을 많이 받았기 때문에 누구보다 먼저 한국 교회의 가부장제에 문제를 제기할 수 있었지 않았나 싶습니다. 1933년 제22회 총회를 앞두고 그녀들은 "여자로서 교회 치리하는 권한 부여"를 요청하는 청원서를 함남노회에 제출하였고, 함남노회는 그녀들의 청원을 총회에 정식으로 제출하였습니다. 여성 안수 문제가 최초로 총회 의제로 상정된 겁니다. 이 사건은 사회적으로도 주목을 받았습니다만, 총회는 여성에게 치리권을 허락할 수 없다며 부결시키고 말았습니다. 총회의 결정에 굴복하지 않은 그녀들은 다음 해(1934)에 다시 한 번 청원서를 제출했지만, 이번에는 함남노회가 "매년 이 문제를 총회에 제출하기가 미안하다"는 이유로 받아 주지 않았습니다. 그녀들의 시도는 실패하고 말았으나 한국 기독교 역사에서 매우 유의미한 족적을 남겼습니다. 교회의 반여성적 제도에 대해 기독교 여성들이 집단적으로 항의한 최초의 사건이었기 때문입니다.

한국 교회가 여성 안수를 불허한 까닭은 무엇일까요. 여성 안수 반대론자들은 성서구절을 근거로 제시합니다만 1930년대만 해도 그렇지 못했습니다. 1930년 미국 북장로회가 여성에게 장로를 허락한다는 결의를 내리자 경안노회는 여성 안수의 합법성을 문의했습니다. 함경남도의 기독교 여성들이 여성안수운동을 일으키기 1년 전이었죠. 총회의 답변은 간단했습니다. "우리와 상관이 없고 조선 장로교는 본 정치에 의하여" 여성에게 안수를 줄 수 없다는 이유를 들었습니다. 이는 총회가 여성 안수 문제를 성서에 입각하여 답하지 않았다는 걸 의미합니다.

최초의 여성안수운동이 좌절되자 곧바로 신학 논쟁이 발생했습니다. 여성안수운동을 이끈 최영혜는 교계 신문에 글을 발표하여 여성 안수 반대 논리에 대해 하나하나 반박했습니다. 그녀는 '예수 그리스도 안에서는 남자도 여자도 없다'는 갈라디아서 3장 28절이 무시되면 안 된다고 지적하고, 예수가 마리아의 발언권을 적극적으로 인정한 사실을 언급했습니다. 또한 예수의 고난과 부활에 그를 배신했던 남성 제자들이 아니라 여성 제자들이 동행했음을 강조하였습니다. 그 외에도 그녀는 여자가 나중에 창조되었기 때문에 권위가 없다는 논리에 "하나님은 아담이 도저히 홀로 생존을 유지할 수 없음을 아시고 하와를 돕는 짝으로 지으셨습니다. 짝이라 함은 쌍방이 동일

하다는 의미이지 결코 도움을 받는 남자보다 지위가 낮음을 의미하
는 말씀이 아닙니다"라고 논하였습니다.

한편, 그녀들의 고군분투를 지켜본 김춘배 목사는 여성안수운
동을 지지하는 글을 교계 신문에 기고하여 교계에 큰 반향을 불러일
으켰습니다. 그 당시 김춘배 목사는 함남노회에 속했기 때문에 누구
보다 그녀들의 고민과 생각을 가까이에서 알았으리라 생각합니다.
그의 논지는 분명했습니다. 여성 안수 반대의 근거가 되는 성서구절
은 2천 년 전의 풍습을 반영했을 뿐 만고불변의 진리가 아니라는 것
입니다. 성서무오설이 지배적이었던 상황에서 그의 글은 용납될 리
없었습니다. 김춘배 목사는 즉시 제23회 총회(1934)에 제소되었습니
다. 장로교는 이 문제를 1년 동안 연구하기로 하고, 제24회 총회
(1935)에서 다루었습니다. 결론은 김춘배 목사가 성서의 절대권위를
밝히고 있는 신조 제1조를 위반하고 있으니 그의 목사직을 박탈해야
한다는 것이었습니다. 사실 제24회 총회는 종교재판의 성격을 띤 총
회라는 평가를 받을 정도로 여러 사건을 교리적으로 정죄하는 결정
을 내린 걸로 유명합니다. 징계조치에 직면한 김춘배 목사는 사과문
을 발표하고 자신의 주장을 철회함으로써 위기를 모면할 수 있었지
만, 여성안수운동은 원천적으로 봉쇄되고 말았습니다.

이 사건은 한국 근현대사에서 기독교가 여성해방에 끼친 영향
을 곰곰이 생각하게 만듭니다. 사실 우리는 막연하게나마 남성의 예
속물로 여겨졌던 조선의 여성들이 기독교를 통해 억압적 현실로부
터 해방된 사실을 알고 있습니다. 철저한 신분사회이자 가부장제 사
회였던 조선에서 남녀가 동등하게 창조되었다는 기독교의 메시지는
가히 혁명적이었습니다. 봉건적 사회질서에 도전한 셈이니까요. 이는

여성들이 일요일에 교회에 나가 남성들과 마찬가지로 설교를 듣고, 성서를 읽는 과정에서 문자를 깨달으면서 이루어졌습니다. 아주 가시적인 여성해방은 내한 선교사들이 세운 여학교를 통해 나타났습니다. 여성을 위한 교육기관이 부재했던 상황에서 여성에게 교육의 기회를 제공했기 때문입니다. 게다가 초기 한국 교회는 축첩을 엄격히 금지함으로써 일부일처제 확립에 큰 공을 세웠습니다. 이로써 초기 한국 교회는 여성의 권익을 높이는 데 적지 않은 기여를 했습니다.

그렇다면 기독교가 여성해방의 창구로 활약했음에도 불구하고 1930년대 초반에 여성안수운동이 일어난 이유는 무엇일까요. 이는 교회가 조선의 여성들을 전통적 억압으로부터 벗어나게 해주었지만 동시에 또 다른 억압 구조를 만들어 냈기 때문입니다. 예를 들어, 여성해방이 가시적으로 나타난 미션 여학교는 사실 가정 내에서 좀 더 합리적인 생활태도를 가진 '현모양처'를 양성하는 데 목표를 두었습니다. 신식 남편에게 어울리는 아내가 되기 위한 수단이었던 셈이죠. 전통사회에서 '현모'에 고정되었던 여성의 역할이 '양처'로 더욱 분화되었을 뿐입니다. 여기에 젠더의 위계화가 이루어졌습니다. 교회 내 여성의 역할이 남성 교역자의 보조로 그치고 만 겁니다. 제도적으로는 여성 안수를 금지함으로써 교회의 의사결정 구조에 여성 참여를 완전히 배제했고요. 가부장적 가족 구조에 근거한 성 역할이 교회라는 공간에서도 그대로 적용되었습니다. 이로써 기독교 여성들은 가정에서 수행했던 일을 교회에서도 자연스럽게 되풀이하는 비운을 겪어야 했습니다.

세계 여성과의 연대와 한국교회여성연합회의 등장

여성 안수 문제를 계기로 저항의식이 싹튼 기독교 여성들은 교파를 초월해 함께하기 시작했습니다. 그 계기는 1887년 미국으로 이민 온 사람들이 부당한 대우로 많은 어려움을 겪자 그들을 돕기 위해 열었던 기도 모임이었습니다. 이 기도 모임은 나중에 '세계기도일(World Day of Prayer)운동'으로 발전했습니다. 1928년 예루살렘에서 열린 국제선교회의(IMC)를 계기로 더욱 널리 확산된 세계기도일운동은 현재 180여 개 나라의 여성들이 동참할 정도로 국제적인 기도운동으로 부상했습니다. 지난 2017년에는 130주년을 기념하는 행사가 열렸다고 하니 세계에서 가장 오래된 기도운동이 아닐까 싶습니다.

세계기도일운동은 세계 여러 나라의 여성들이 어떤 상황에서 성서를 읽는지, 어떻게 성서를 해석하고 있는지, 자신들의 신앙고백과 실천은 무엇인지, 누구를 위해 또는 무엇을 위해 기도하고 있는지를 확인하는 시간이라 할 수 있습니다. 전 세계 여성들이 매년 하나의 주제 아래 작성된 기도문을 보면서 세계의 평화와 화해를 기도하는 운동이기 때문이죠. 세계기도일운동의 가장 큰 특징은 세계 여성들이 나라별로 돌아가며 기도문을 작성하는 데 있습니다. 이를 통해 세계 여성들은 예배의 주체로 참여하고 있습니다.

정확한 기록이 남아 있지 않아 의견이 분분하지만, '세계기도일운동'이 국내에 소개된 시기는 1920년대 초중반으로 짐작됩니다. 식민지 조선에서는 '세계기도일'을 '만국부인기도회'로 불렀습니다. 이 기도회를 통해 식민지 조선의 기독교 여성들은 세계 여성들과 연대하는 교회일치운동을 경험했습니다. 세계기도일운동은 매년 각 나라가 돌아가며 공동기도문을 작성하는데, 1930년에는 김활란이 "예수님만 바라보라"라는 주제로 공동기도문 작성을 담당했습니다. 김활란은 예루살렘 국제선교회의에 참석한 인물이었으니 당시 시대적 분위기를 잘 알지 않았나 싶습니다.

문제는 총독부가 1941년 만국부인기도회에 대해 트집을 잡았다는 사실입니다. 이때 기도문은 중국 상하이의 여성들이 작성했습니다. 제목은 "뜻이 하늘에서 이룬 것같이 땅에서도 이루어지이다"였습니다. 하나님의 뜻이 개인의 생활, 이웃과 나라, 온 세상에 이루어지기를 기도했습니다. 총독부의 눈에는 불온한 내용이 적지 않았습니다. 일단, 다니엘서와 계시록이 인용되었거든요. 종말사상을 터부시한 만큼, 임박한 종말을 강조한 다니엘서와 계시록 인용이 마음에 들지 않았을 겁니다. 또한, 만국부인기도회 순서지에는 세계평화를 기원하는 기도 제목이 적지 않았습니다. 총독부는 이를 근거로 만국부인기도회가 반전(反戰)적인 분위기를 초래하여 혼란을 자극하고 있다는 혐의로 관련자들을 체포했습니다. 672명에 달하는 신자들을 심문하였죠. 전시 상황에서 열린 공개 집회에서 전쟁을 반대하는 목소리를 낸다는 건 사실상 불가능에 가깝습니다. 총독부는 이 기도회를 반국가적 책동으로 몰아 선교사들을 추방하고, 통제를 강화하려고 했습니다. 다행히 세계기도일운동은 해방 후 다시 시작되어 지금에 이르고 있습니다.

이번에는 인도의 샨티 솔로몬(Shanti Solomon)이 창안한 '적은 돈 모으기 운동'을 살펴보겠습니다. 흥미롭게도 '적은 돈 모으기 운동'은 한국과 인연이 깊습니다. 1956년 미국 장로교여성협의회는 전쟁의 참화를 겪은 아시아의 나라들을 순회하면서 용서와 화해를 구하는 여정에 나서기 위해 각 나라의 대표들을 모아 방문단을 꾸렸습니다. 여기에 샨티 솔로몬도 참여했는데, 공교롭게도 인도와 한국이 미수교 상태라 한국 입국이 허락되지 않았습니다. 어쩔 수 없이 필리핀에 홀로 남게 된 샨티 솔로몬은 분쟁과 갈등을 치유할 길이 없을까 고민하다가 세계 여성들이 함께할 수 있는 기도운동을 고안해 냈습니다. 세계평화를 위해 기도할 때마다 적은 양의 돈을 조금씩 떼어 모으는 형태였습니다. 그렇게 모인 돈은 세계평화를 증진시키는 데 쓰기로 했습니다. 그 첫 모금이 한국전쟁으로 부모를 잃은 전쟁고아들을 위한 사업에 사용되었습니다. 이후에도 '적은 돈 모으기 운동'은 한국 기독교의 사회운동에 적지 않은 지원을 했습니다. 그야말로 십시일반(十匙一飯)의 미덕을 잘 보여준 셈입니다.

중요한 사실은 '세계기도일운동'과 '적은 돈 모으기 운동'이 한국교회여성연합회(이하 교회여성연합회)를 탄생시키는 모체가 되었다는 점입니다. 이 두 운동은 한국의 기독교 여성들이 초교파 여성단체를 만들고 세계 여성들과 연대하는 데 중요한 기반을 조성해 주었거든요. 이 두 운동 덕분에 한국의 기독교 여성들은 교단의 경계를 넘어 연대를 이룰 수 있었습니다. 특히 세계기도일운동의 초교파적 조직은 교회여성연합회의 실질적 토대가 되었습니다.[2] 이후 '세계기도일운동'과 '적은 돈 모으기 운동'은 한국의 기독교 여성들이 교회여성연합회를 매개로 꾸준하게 전개한 특별한 전통으로 볼 수 있습니다.

교회여성연합회의 등장은 기독교 여성들이 교단의 벽을 넘어 독자적이고 자율적인 활동공간을 확보한 사건이라 할 수 있습니다.

2] 이현숙, 『한국교회여성연합회 25년사』(한국교회여성연합회, 1992), 30쪽.

1967년 4월 15일에 창립된 교회여성연합회는 분열된 교회를 여성의 힘으로 하나로 만들겠다는 포부를 지녔습니다. 이로써 1960년대까지만 해도 자선에 집중해 오던 기독교 여성들의 활동이 전혀 다른 차원을 맞았습니다. 교회 안팎에서 남성 목회자들이 외면해 온 첨예한 문제들을 붙들고 씨름하며, 소외되고 억눌린 사람들을 위한 인권운동을 과감히 펼쳤기 때문입니다. 누구도 해내지 못한 역사적 과제들을 풀어 나간 새로운 유형의 '저항하는 그리스도인'이 나타난 겁니다.

탁월한 시대감각을 가지고 연합운동의 필요성을 간파한 이연옥, 무궁화 브로치를 고안해 초기 활동의 모금원을 마련한 김옥라, 가는 곳마다 여성인권운동의 새로운 장을 열어 놓은 이우정, 영부인으로서의 예우를 마다하고 고난의 현장과 함께한 공덕귀, 여성노동자와 기독교 여성 사이에 다리가 되어 준 조화순은 교회여성연합회의 대표적인 인물입니다.[3] 물론 이들 이외에도 궂은일 마다하지 않았던 실무자들이 있었기에 교회여성연합회가 존재할 수 있었겠지요.

1966년 1월 일본 도쿄에서 열렸던 아시아교회여성연합회 제3차 총회는 교회여성연합회가 등장하게 된 직접적인 계기가 되었습니다. 이때는 '적은 돈 모으기 운동' 10주년 기념식이 겹쳐 좀 더 많은 세계 여성들이 참여했습니다. 그러다 보니 1차(1958)와 2차(1962)에 비해 세계 여성들의 공동체 의식이 고조될 수밖에 없었습니다. 여기에 이우정, 이연옥, 김옥라 등이 참석했는데, 이들은 아시아 여성들이 민족과 문화를 초월해 교회와 사회 문제를 놓고 토론하는 모습에 깊은 감

3] 김은정, 『씨가 자라 나무가 되듯이: 한국교회여성연합회 50주년 하이라이트』(고려글방, 2017), 44쪽.

동을 받았습니다. 귀국 후 이들은 초교파 여성단체를 결성하자는 데 의견을 모았습니다.

초창기 교회여성연합회는 '무작정 상경하는 시골 소녀'들이 포주의 꼬임에 빠지지 않도록 미연에 방지하는 선도활동에 중점을 두었습니다. 서울역에서 보따리를 들고 어리둥절해하는 소녀들은 포주의 먹잇감이 되기 십상이었습니다. 이들은 박정희 정권이 초래한 심각한 불균형 현상으로 삶의 기반을 박탈당한 존재들이었죠. 1970년 대 인기소설 「영자의 전성시대」가 잘 보여주듯이 이들은 도시에 아무런 연고가 없는 상황에서 공장 노동자, 버스 안내양, 식모 등으로 전전하다가 자신의 몸을 파는 상황에 놓이는 경우가 많았습니다.

이러한 상황이 심각한 사회문제로 부각되자 교회여성연합회는 무궁화 브로치를 제작하여 판매하는 등 재원을 확보한 다음 상담소를 차렸습니다. '윤락여성 미연방지사업'이라는 명목하에 상담소 완장을 두르고 서울역으로 들어가 이제 막 상경한 여성들에게 어려움이 있으면 연락해 달라는 식으로 활동했습니다. 그렇게 전화가 오면 안전한 숙소와 일자리를 제공하고 포주의 꼬임에 넘어가지 않게 교육을 시켰습니다. 초기 활동의 중심적인 관심사가 매매춘 문제였다는 점은 향후 교회여성연합회의 활동 방향을 가늠할 수 있는 이정표였습니다. 1970-1980년대 교회여성연합회가 기생관광추방운동과 일본군 '위안부' 피해자 운동에 앞장서게 된 바탕을 이루었으니까요. 다만, '윤락여성'이라는 말을 거리낌 없이 사용했다는 점은 교회여성연합회가 아직 젠더 의식이 빈약했음을 반증합니다. '윤락여성'이라는 말은 윤리적으로 타락한 여성을 가리키기 때문이죠. 이는 당시 사회 전반의 의식 수준을 반영한 것이니 교회여성연합회만의 문제라 할 수 없습니다.

교회여성연합회가 인권운동에 본격적으로 뛰어든 계기는 남산 부활절 연합예배 사건이었습니다. 유신체제가 성립된 후 민주주의의 회복을 외친 이들이 내란예비음모혐의로 구속되어 징역형을 선고받게 되자 교회여성연합회는 이들의 선처를 바라는 탄원서를 제출하였습니다. 이때부터 교회여성연합회는 고난에 처한 이들과 함께하기 시작했습니다. 민주화운동으로 감옥에 간 이들의 석방을 호소하고 그들의 가족을 돕는 식으로 말입니다. 1974년 5월 20일에는 인권 문제를 전담하는 '인권위원회'를 신설하여 인권을 억압하는 불의에 본격적으로 맞섰습니다.

인권위원회가 열리면 사태를 설명하고 교회여성연합회가 인권 문제에 참여해야 하는 신앙적 이유를 설명하는 데 힘을 쏟은 이는 이우정과 공덕귀였습니다.[4] 1970년대 교회여성연합회의 인권운동은 이 둘을 주축으로 이루어졌다고 해도 과언이 아닙니다. 제4·5대 회장(1973-1977)을 역임한 이우정은 원래 대학 교수였습니다. 한국신학대학(1953-1970)과 서울여대(1974-1976)에서 교편을 잡았죠. 교회여성연합회가 막 조직될 때는 초대 국제위원장을 맡아 세계기도일 운동과 '적은 돈 모으기 운동'의 기틀을 다지는 데 힘을 쏟았습니다.[5] 이후 그녀는 여성운동가로서의 진면모를 선보였습니다. 민주화 이후 제14대 국회의원(1992-1996)으로 정치계에 발을 들여놓기도 했죠.

교회여성연합회의 초대 인권위원장(1974-1977)과 6·7대 회장

4] 이현숙, 『한국교회여성연합회 25년사』, 79쪽.
5] 이문숙, 『이우정 평전: 오직 한 가지를 택하였다』(삼인, 2012), 124쪽.

(1977-1981)을 지낸 공덕귀는 청년 시절 인도 선교사를 꿈꿨던 신학생이었습니다. 유학이 좌절된 후 그녀는 여전도회장을 맡으며 교회봉사에 만족했습니다. 그러다 차츰 기독교 여성들은 교회에서 밥만 하는 데 시간을 보낼 게 아니라 여성들의 한(恨)을 풀어 주는 데 관심을 두어야 한다는 생각을 갖게 되었습니다. 그녀가 교회여성연합회의 초대 인권위원장을 맡으면서 영부인 출신의 민주투사로 알려진 건 결코 우연이 아닙니다.

기생관광 문제를 규탄하다

1970-1980년대 한국은 세계적으로 유명한 섹스 관광국이었습니다. 좀 자극적인 표현일지 모르겠지만, 엄연한 사실입니다. 일본인 남성 관광객을 상대로 여성을 '기생'으로 상품화한 기생관광이 호황을 이루었으니까요. 중요한 점은 기생관광이 식민지 시기의 '일본군 → 주한 미군 → 일본인 남성 관광객'으로 이어지는 성매매 제도의 연속선상에 있었다는 사실입니다. 요컨대 1950-1960년대의 성매매 제도가 미군에 초점이 맞추어져 있었다면, 1965년 한일국교정상화를 계기로 일본인 남성 관광객이 급증하자 이들을 겨냥한 섹스 관광이 추진되었습니다. 일본인 관광객의 85퍼센트 이상이 기생관광을 즐기기 위해 한국을 방문했을 정도입니다.

사실상 기생관광은 공창제(公娼制)나 다름이 없었습니다. 정부는 기생관광을 제재하기는커녕 적극 지원했기 때문입니다. 이는 박정희 정권이 이들에게 등록증을 발급하고, 성병 검사와 교육을 주관했다는 점에서 알 수 있습니다. 정책적으로 기생관광을 관리한 셈이죠. 좀 더 구체적으로 살펴보면, 정부는 한국관광협회에 기생관광이라는 외주를 맡겼습니다. 1963년에 특수법인 형태로 설립된 한국관광협회는 '요정과'라는 부서를 두어 기생관광을 체계적으로 감독했습니다. 먼저, 관광기생들이 호텔에 들어갈 때는 '접객원 증명서'가 필요했는데, 이 접객원 증명서를 한국관광협회 요정과가 발급했습니다. 일종의 허가증인 셈입니다. 나중에는 접객원 증명서라는 노골적인 방법에 말썽이 생겨 여론이 악화되자 '보건증'으로 대체되었습니다. 사실상 접객원 증명서와 별반 다르지 않지만요.

이 접객원 증명서(또는 보건증)를 발급받으려면 이른바 소양교육을 이수해야 했습니다. 한국관광협회의 요정과가 주관한 교육이었죠. 서울의 경우, 주로 문화체육관에서 소양교육이 이루어졌다고 합니다. 저명한 인사나 교수들이 와서 한다는 이야기가 가관입니다. 기생아가씨들이 벌어들이는 외화는 우리의 경제발전에 긴요하게 쓰이고 있다, 전후 일본 여성들이 몸을 팔아 벌어들인 달러는 일본 경제의 건설을 가능하게 했다, 외화 획득이라는 성전(聖戰)을 위해서는 어떤 희생도 감수해야 한다, 외국 남성을 상대로 몸을 파는 행위는 매춘이 아니고 애국행위의 발로라는 식의 교육이 이루어졌습니다.[6]

어이없는 사실은 기생관광이 라이센스로 운영되다 보니 '정식기생'과 '불법기생'으로 나뉘어 있었다는 점입니다. 정식기생은 소양교육을 이수한 후 접객원 증명서를 발급받았기 때문에 호텔 출입이 자

6] 공덕귀, 「기생관광실태 조사보고서를 내면서」, 『기생관광: 전국 4개 지역실태조사 보고서』(한국교회여성연합회, 1983), 112쪽.

유로웠습니다. 이런 식으로 관광요정에 등록된 정식기생은 2만 명에 가까웠습니다. 그 반면, 관광요정과 상관없이 독립적으로 활동하는 '불법기생'이 있었습니다. 이들은 증명서가 없기 때문에 호텔 출입이 자유롭지 못했습니다. 그 대신 연줄을 만들어 호텔을 출입했죠.

기생파티가 이루어지는 관광요정은 서울, 부산, 경주, 제주 등 27군데에 분포되어 있었습니다. 일본인들은 관광요정을 '기생하우스'라고 불렀다고 합니다. 특히 종로구 익선동은 명월관, 오진암, 대하, 청풍 등의 요정이 몰려 있어 "기생관광의 살아 있는 현주소"로 불리기도 했습니다. 한국관광협회의 회원명부에는 이 요정들을 단지 '일반유흥 음식점'이라고 명시한 채 '한국식 요리점'이라는 설명만 덧붙였습니다. 국제관광공사가 발간한 안내지도에는 호텔, 고궁, 주요 공공시설과 더불어 요정들의 위치를 한자와 일본어로 표기해 두었다고 하니 그야말로 국가가 기생관광을 권장한 셈입니다.[7]

이유는 간단했습니다. 외화벌이가 쏠쏠했기 때문입니다. 외화 획득을 위해 정부는 관광요정의 시설 기준을 명시하기도 했습니다. 수용 객실 수, 교통, 실내구조, 정원, 공기조절기, 수세식 화장실, 주방 등의 여건을 구체적으로 제시했습니다.[8] 관광요정의 '접객 여성'은 교육 이수증을 소지해야 했고, 조리사 자격증을 지닌 사람이 한 명 이상 있어야 했습니다. 그뿐만이 아닙니다. 정부는 관광기생을 외화를 벌어들이는 '애국적 노동'으로 칭송하며, 그녀들을 애국하는 노동자로 호명하는 데 주저하지 않았습니다. 그녀들의 성 판매가 국가 발전

7] 한국교회여성연합회, 『기생관광: 전국 4개 지역실태조사 보고서』, 13쪽.

8] 권창규, 「외화와 '윤락': 1970-80년대 관광기생을 둘러싼 모순적 담론」, 『현대문학 의 연구』 65권(2018), 289쪽.

에 공헌한다는 식의 논리를 펼쳤죠. 이는 국가와 자본의 이해를 은폐하기 위한 번드레한 수사였을 뿐입니다.[9] 정부가 일본인 남성 관광객을 겨냥하여 성 판매 여성을 관리하고 한국식 요정을 적극적으로 장려했다는 점에서 공창제가 존속했다고 볼 수 있습니다.

사실 한국 기독교는 이전에 공창제폐지운동에 앞장선 적이 있습니다. 1920-1930년에 절제운동의 일환으로 공창제폐지운동을 전개했었습니다. 절제운동은 성서가 음행, 호색, 술 취함, 방탕함을 경계하고 있다는 인식을 바탕으로 전개된 사회개혁운동이었습니다. 주로 금주운동과 금연운동의 형태로 펼쳐졌지만, 아편금지나 협동조합 설립운동을 포함하기도 했습니다. 현재 한국 교회가 금주와 금연에 민감하게 반응하는 이유 중 하나가 바로 절제운동의 영향입니다. 어쨌든 1920-1930년대에는 감리교가 절제부와 사회개량부를 두어 공창제폐지운동에 두각을 나타냈습니다. YWCA는 공창폐지를 주요 사업으로 채택했고요. 장로교의 경우 면려회(일종의 청년회)가 계독부(戒毒部)를 설치하여 공창제폐지운동을 실시했습니다.

흥미로운 점은 1920-1930년대 절제운동이 일본 기독교의 영향을 받았다는 사실입니다. 일본에서는 1880년대부터 공창제폐지운동이 실시되었는데, 주로 일본기독교부인교풍회와 구세군을 중심으로 이루어졌습니다. 일본기독교부인교풍회의 경우, 1920년대에 식민지 조선으로 진출하여 서울, 부산, 평양, 진남포, 대구 등에 지부를 설치하기도 했습니다. 일본 기독교의 공창제폐지운동은 언론을 통해 알려지면서 적지 않은 영향을 미쳤죠. 일본 구세군의 사령관이자 공창

9] 권창규, 위의 논문, 308쪽.

제폐지운동의 활동가인 야마무로 군페이(山室軍平)의 글이 신학 잡지인 『신학세계』와 『신학지남』에 게재되기도 했습니다.

세계대공황(1929)과 농업공황으로 농촌이 파탄지경에 이르자 생계유지가 막막한 여성들이 자신의 몸을 팔기 시작했습니다. 빈곤층 여성의 성매매가 증가하는 상황이 벌어진 겁니다. 이때도 식민지 조선의 기독교는 공창제폐지운동에 적극 앞장섰습니다. 문제는 공창제 폐지의 논리였습니다. 성매매를 개인의 기질 문제로 치부하다 보니 성을 파는 여성에게만 윤리적 책임을 묻고 있기 때문입니다. 공창제 자체를 문제시할 뿐 이 제도가 만들어진 사회구조적 원인에 대해 의문을 제기하지 않았습니다. 예컨대 『기독신보』의 경우 "저들은 좋게 말하면 웃음을 팔고 노래를 팔아 산다 하지만 실상은 몸을 팔고 정조를 팔고 있는 것이니 곧 생명을 팔고 영혼을 파는 것이다"라고 비판만 할 뿐이었습니다.[10] 그러다 점차 그들을 구제의 대상으로 바라보게 되었지만 한계는 여전했습니다. 공창제 문제를 식민지 현실에 기반을 둔 사회적 문제가 아니라 개인의 품성 문제로 국한시켜 버린 경향이 여전했기 때문입니다.[11] 나중에는 절대 빈곤을 성매매의 원인으로 인식하게 되었지만, 가정교육이나 종교교육을 통한 도덕의식 함양에 해결책을 두었다는 점에서 한계는 여전했습니다.

성매매를 도덕이 아니라 여성 인권의 차원에서 문제 제기한 건 이로부터 40-50년이 지나서였습니다. 1973년 12월 3일 교회여성연합회가 기생관광을 여성의 인권을 유린하는 관광정책이라고 비판하는

10] 「창기와 인도문제」, 『기독신보』, 1928년 11월 28일 자.

11] 윤은순, 「일제 강점기 기독교계의 공창폐지운동」, 『한국기독교와 역사』 제26집 (2007), 202쪽.

성명서를 발표했거든요. 기생관광이 호황을 누리는 현실 앞에서 교회
여성연합회는 여성의 인권을 말하기 시작했습니다. 교회여성연합회는
사람이 부당한 대접을 받아서는 안 되며, 사람다운 대접을 받아야 할
권리가 있다고 역설했습니다. 사람은 '하나님의 형상'으로 만들어진 존
재이기 때문이죠. 교회여성연합회가 조국 근대화라는 명분으로 외화
를 벌어들이기 위해 매춘관광을 방조하고 권장하는 국가의 성(性)산업
을 '비성서적인 정책'이라고 비판할 수밖에 없었던 이유였습니다.

　　교회여성연합회가 기생관광 문제를 처음 공식적으로 거론한 건
1973년 7월 초였습니다. 서울 수유리 아카데미하우스에서 열린 제
1회 한일교회협의회에서 이우정 회장이 동 협의회에서 기생관광 문
제를 다루어 달라는 건의문을 제출하면서 말입니다. 한일교회협의회
는 한일 간의 이슈를 그리스도인들이 연대하여 함께 해결하려고 한
모임이었습니다. 기생관광은 일본인 남성 관광객이 한국인 여성들의
성을 사는 문제인 만큼 한일교회협의회의 의제로 가장 적합하다고
볼 수 있습니다. 이우정 회장의 증언에 의하면, 한국 대표들의 반응은
소극적이었습니다. 반면에 일본 대표들은 분노와 충격을 받았다고
합니다.[12] 이를 계기로 기생관광추방운동은 한국과 일본의 여성들이
연대하는 형태로 이루어지기 시작했습니다.

　　예컨대 교회여성연합회가 중점에 둔 기생관광 실태조사는 두 일
본 여성의 내한을 계기로 본격적으로 시도되었습니다. 1973년 11월
21일부터 28일까지 서울의 유명 호텔을 방문 조사하는 일을 벌였습
니다. 매매춘이 얼마나 공개적으로 성행하고 있는지를 살피기 위해

12]　이현숙, 『한국교회여성연합회 25년사』, 86쪽.

서였습니다. 이때 한일 여성들은 기생관광의 현실을 직접 목격하고, 대응방안을 논의하기 위해 1973년 11월 30일 "관광객과 윤락여성 문제에 대한 세미나"를 개최하였습니다. 12월 3일의 성명이 나오게 된 연유라 할 수 있습니다.

여기에 반응을 보인 이는 대학생들이었습니다. 1973년 12월 19일 이화여대 학생들은 김포공항에서 피켓시위를 벌였습니다. 입국하는 일본인 관광객들을 향해 "매춘관광 반대", "더 이상 여성의 몸을 팔아 외화를 벌 수 없다", "우리는 진정한 관광객을 원한다" 등의 메시지를 전했습니다. 12월 22일에는 서울대 기독학생들이 일본대사관 1층 로비에서 기생관광을 반대하는 시위를 펼쳤습니다. 같은 날 오후에는 한국신학대학 여학생들이 기생관광을 반대하는 목소리를 냈습니다.

그뿐만이 아닙니다. 1973년 12월 13일 일본의 여성단체들은 기생관광반대운동을 공식적으로 천명했습니다. 12월 25일 이들은 하네다 공항에서 시위를 벌였습니다. 공항대합실 유리창에 페인트로 '매춘관광 반대'라고 쓰려다가 공항경찰의 제지를 받기도 했습니다. 이들은 일본 여행사들이 일본인 남성 관광객에게 기생파티를 주선함으로써 한일관계를 악화시키고 있다고 비판했습니다.

소기의 성과도 있었습니다. 한일 여성들의 연대로 이루어진 기생관광추방운동에 압력을 느꼈는지 한국관광협회는 관광요정을 없애고 건전한 관광을 시행하겠다는 공문을 보내왔습니다. 하지만 교회여성연합회의 기생관광추방운동은 1974년 2월을 기점으로 갑자기 종적을 감추었습니다. 1974년 2월 26일에 개최된 기생관광 반대 강연회 이후 뚜렷한 행보를 포착하기가 어렵습니다. 이는 긴급조치 4호가 1974년 4월에 공포되고 나서 교회여성연합회 회장인 이우정이 중앙정보부에 연행된 일과 관련이 있습니다. 여성신학자이기도 한 이우정은 일주일 만에 석방되었지만, 정부의 탄압이 극심해지면서 기생관광추방운동은 사실상 중단되기에 이르렀습니다. 1980년대 중반에 재개되기까지 기생관광추방운동은 10여 년간 공백 상태에 있었습니다.

그런데 왜 기생일까요. 성매매 여성을 '양공주', '왜공주', '갈보' 등 일종의 비속어로 지칭하는 경우가 일반적인데 말입니다. 유독 일본인 남성 관광객을 상대하는 성매매 여성을 '기생'으로 호명하는 이유는 기생이 일종의 식민지적 기표였기 때문입니다. 기생은 총독부에 의해 성매매 여성으로 재구성된 측면이 있습니다.[13] 1920-1930년대 식민지 관광에서 기생은 일본인 남성들의 성적 판타지를 자극하는 아이콘으로 각종 안내서에 등장했습니다. 이러한 식민지 젠더가 1970-1980년대 기생관광으로 부활한 겁니다. 일본인 남성 관광객은 기생의 접대를 받으며 과거 제국일본을 향유하지 않았나 싶습니다. 이때 기생은 잃어버린 과거를 환기하는 기표이기도 했습니다.

거의 시작 단계에서 철퇴를 맞긴 했지만, 기생관광추방운동은 성매매 문제에 대한 국내외 여론의 관심을 불러일으키는 데 적지 않은 기여를 했습니다. 1974년부터 1977년까지는 일본인 관광객의 방문이 60퍼센트대로 감소했다고 하는데, 교회여성연합회의 기생관광추방운동이 한몫을 하지 않았나 싶습니다.[14] 실제적인 억제력을 어느 정도 행사한 셈입니다. 역사적 의의를 따지자면, 여성의 성을 경

13] 이하영·이나영, 「'기생관광'—발전국가와 젠더, 포스트식민 조우」, 『페미니즘 연구』 제15권 제2호(2015), 182쪽.

14] 이현숙, 『한국교회여성연합회 25년사』, 93쪽.

제성장의 수단으로 동원한 군사정권에 대한 도전이라 할 수 있습니다. 성매매 쟁점을 여성운동의 의제로 복원했다는 점에서도 의의가 있습니다. 다만, 관광기생들을 선도와 보호 대상으로 여겼다는 점은 분명한 한계라 할 수 있습니다. 한 좌담회에서 이우정은 기생관광에 대해 "허영과 사치 때문에 인격의 존엄을 무시하고 값싸게 자신을 내던져 버리는 여성들에게도 책임이 있다"라고 발언한 적이 있습니다.[15] 물질 우위의 현대 문명이 여성들을 무슨 짓을 해서라도 돈을 벌어 호화로운 생활에 탐닉하게 만들었다는 이야기입니다. 성매매 문제를 여성 개인의 도덕적 타락에 초점을 두는 경향이 완전히 극복되지는 않았음을 보여줍니다. 그렇다고 하더라도 교회여성연합회의 기생관광추방운동이 여성인권운동의 선구적인 케이스라는 점은 변함없습니다.

원폭피해자의 문제를 알리다

이와 함께 1970년대 교회여성연합회가 가장 지속적으로 벌여 온 활동은 '한국인 원폭피해자들을 위한 인권운동'이었습니다. 한국인 원폭피해자란 1945년 8월 6일과 9일, 각각 히로시마와 나가사키에 투하된 원자폭탄에 의해 방사능 피폭을 당한 조선인들을 가리킵니다. 원폭피해자들은 상당수 일본인이었지만, 조선인의 비율도 적지 않았습니다. 이들은 강제징용이나 생계문제를 해결하기 위해 일본으로

15] 「관광에 이상(異常) 있다」, 『새가정』, 1973년 8월 호, 64쪽.

이주해 온 조선인이었습니다. 과거사 문제와 관련하여 일본은 원폭의 경험을 독점하여 피해자로서의 정체성을 갖고 있지만, 한국인 원폭피해자도 분명 존재합니다. 하지만 이들에 대한 관심과 인식은 예전이나 지금이나 아주 낮은 수준에 있습니다.

공덕귀의 자서전에 의하면, 어느 여름날 원폭피해자들의 실상을 보도한 조간신문을 읽고 이들의 존재를 알게 되었다고 합니다.[16] 히로시마에 원자폭탄이 투하될 때 피폭을 당한 두 살 아기가 그 후 빛 공포증에 걸려 평생 어두운 다락방에서 지내고 있다는 기사였습니다. 이 조간신문의 정확한 출처는 찾지 못했지만, 유사한 사례는 어렵지 않게 접할 수 있습니다. 나가사키 근처에서 피폭을 당한 김정순과 김명순 모녀의 사연, 37년 동안 다락방에 살았던 김신자의 경우가 비슷하기 때문입니다.[17] 우연히 역사의 비극을 접한 공덕귀는 원폭피해자 문제에 많은 관심을 두기 시작했습니다.

결정적인 계기는 1974년 2월 일본에서 열린 국제여성평화회의였습니다. 여기에 참여한 이는 이우정과 공덕귀였습니다. 이들은 평화회의 일정으로 히로시마에 들렀는데, 외진 곳에 있는 한국인 희생자 위령탑을 보고 큰 충격을 받았습니다. 이 위령비는 고종의 손자 이우와 2만여 명의 조선인 피폭자들을 추모하기 위해 세워진 조형물이었습니다. 일본 측에서 히로시마 평화공원 내에 둘 수 없다 하여 이우가 피폭 후 발견된 장소 근처에 설립했다고 합니다. 이름도 알 수 없는 수많은 사람들이 강제로 끌려가 노동을 하다가 원폭으로 죽은 대

16] 공덕귀, 『나, 그들과 함께 있었네』(여성신문사, 1994), 163-164쪽.

17] 한국교회여성연합회, 『반전·반핵·평화』(한국교회여성연합회, 1988). 김정순과 김명순 모녀의 사연은 5-9쪽, 김신자의 사연은 100쪽에 실려 있습니다.

가가 공원 밖의 개울 한쪽 구석이라니. 두 사람은 절치부심(切齒腐心) 하지 않을 수 없었습니다. 아무도 원폭피해자들에게 관심을 보이지 않던 1970년대에 교회여성연합회가 원폭피해자의 인권을 위해 앞장 서게 된 사건이었습니다.

원폭피해자인권운동의 초창기는 원폭피해자들에게 사회적 안전 망을 제공하고 이들의 문제를 사람들에게 알리는 데 방점을 찍었습니다. 당시 경남 합천에 원폭피해자 진료소가 있었지만, 정부의 예산 지원이 중단되어 휴업 상태나 마찬가지였거든요. 그래서 교회여성연합회는 세브란스병원과 계약을 맺고 치료에 나섰습니다. 1976년부터 1987년까지 12년 동안 1,651명의 원폭피해자들이 치료를 받았고, 96명이 수술을 했다고 합니다.[18] 이들에 대한 치료대책을 마련한 셈입니다. 일본 정부든 한국 정부든 한국인 원폭피해자들을 철저히 외면하던 상황에서 교회여성연합회는 이들을 위한 대안적인 사회안전망을 구축하는 데 애썼습니다.

다음으로 교회여성연합회는 원폭피해자의 실태를 조사하는 작업에 착수했습니다. 조사는 세 번에 걸쳐 이루어졌습니다. 1974년 가을에 진행된 첫 번째 조사를 통해 「한국 원폭피해자의 실태」라는 르포 기사를 세상에 선보였습니다.[19] 이를 바탕으로 『한국원폭피해자 실태보고서』라는 소책자를 간행하기도 했습니다. 두 번째 조사는 1977년 여름 일본에서 열리는 국제심포지엄을 겨냥하고 시작되었습니다. 이때 『한국원폭피해자 실태보고서』의 일본어 버전이 발행되었

18] 한국교회여성연합회, 「원폭피해자돕기 사업보고 및 안내」, 위의 책, 137쪽.

19] 이우정, 「한국 원폭피해자의 실태」, 『창작과 비평』 1975년 봄 호.

죠. 세 번째 조사의 경우에는 우여곡절이 좀 많았습니다. 10·26사건과 5·18항쟁 등과 맞물려 1983년에 가서야 결과물을 낼 수 있었거든요. 덕분에 교회여성연합회는 원폭피해자들의 존재와 그들의 어려움을 널리 알릴 수 있었습니다. 한편, 교회여성연합회는 방송작가인 박수복이 쓴 『소리도 없다, 이름도 없다』라는 소설을 대량 구매하여 여러 곳에 배포하기도 했습니다. 이 책은 원폭피해자들의 문제를 다룬 최초의 소설이었습니다. 1978년에는 사진전을 개최하기도 했는데, 큰 주목을 받았습니다.

1980년대에 이르면 원폭피해자들은 구제와 자선의 대상이 아니라 평화운동의 주체로 서기 시작합니다. 그 하나가 바로 여성 피폭자 모임이었습니다. 교회여성연합회는 평생 동안 자신이 피폭자임을 숨겼던 이들이 한자리에 모일 수 있도록 기회를 마련했습니다. 아니, 사실은 피폭자들의 요구로 성사된 모임이었죠. 1985년 3월 20일부터 21일까지 1박 2일의 여정으로 여성 피폭자 모임이 열렸습니다. 식민지 조선의 가난한 여성으로서 짊어져야 했던 고충, 병마와 가난에 시달리며 한 번도 털어놓지 못한 속마음, 원폭이 남긴 길고 무서운 시련을 맨몸으로 견뎌야 했던 사연의 향연이었습니다.

원폭피해자들을 가장 고통스럽게 하는 문제는 '이상한 질병을 앓고 있는 자식들'이었습니다. 허약증세, 고질적 피부병, 시력장애, 뼈가 물러지고 잘 휘고 부러지는 증상, 코피를 자주 흘리는 증상 등이 두드러지게 나타났기 때문입니다. 일본 정부는 피폭후유증의 유전가능성을 공식적으로 인정하지 않고 있지만, 피폭자 1세의 고통이 대물림되는 건 분명한 사실입니다. 1984년 12월 뇌종양에 시달렸던 피폭자 2세 황의태가 10일 정도 단식을 하다가 자살을 선택한 사건은 교회여성연합회가 피폭자 2세 문제에 나선 계기가 되었습니다. 가장 먼저 한 일은 원폭피해자 문제를 소재로 소설을 쓴 박수복 작가에게 실태 조사를 맡긴 겁니다. 20명 넘게 피폭자 2세들을 인터뷰한 박수복 작가는 1986년 6월 『핵의 아이들: '86한국원폭피해자 2세의 현장』이라는 르포를 출간했습니다. 피폭자 2세에 대한 사회적 관심을 환기시키고 핵무기의 위험성을 경고하기 위해서였습니다.

이를 계기로 피폭자 2세들은 뭉치기 시작했습니다. 1986년 7월 14일 교회여성연합회 사무실에서 '평화의 샘'이라는 모임을 만든 겁니다. 평화의 샘은 원폭피해자들의 빼앗긴 권리를 되찾고, 피폭자의 실상을 세상에 알리는 데 중점을 두기로 했습니다. 이들은 약 한 달 뒤에 치르는 '제4회 반전·반핵·평화마당'에 자신들의 문제를 마당극으로 극화하여 선보이기로 했습니다. 1986년 8월 9일, 40년 전 나가사키에 원폭이 투하된 날에 맞춰 개최된 이 행사에서 피폭자 2세들은 "핵의 아이들"이라는 제목으로 마당극을 펼쳤습니다. 일제 말에 자행된 강제징용과 해방 후의 빈곤한 삶, 그리고 피폭으로 인한 절망 등을 다룬 이 작품은 큰 주목을 받았습니다. 평생 자신을 숨기기에 급급했던 피폭자 2세들은 마당극을 통해 자신의 이야기를 들려줄 수 있었죠. 이후 평화의 샘이 주관하는 마당극은 교회여성연합회 행사에 정규 프로그램으로 자리 잡았습니다.

교회여성연합회가 주최한 '제4회 반전·반핵·평화마당'은 반핵 주장을 펼 수 있는 공간을 찾지 못하고 있던 청년들에게 일종의 분출구나 마찬가지였습니다. 당시 한국 사회에서 '반핵'이라는 말은 불온한 용어였습니다. 반핵을 주제로 한 대중집회도 자유롭지 못했습니다. 당시 청년, 대학생들은 1985년 4월 28일 서울대의 김세진과 이

재호가 반전과 반핵을 외치며 분신한 사건의 영향으로 핵 문제에 대해 관심이 많았습니다. 그러다 보니 핵무기 논쟁이 금기시된 상황에서 열린 '제4회 반전·반핵·평화마당'은 청년, 대학생들의 큰 관심을 받을 수밖에 없었습니다. 공덕귀는 이때 모인 청중을 보고 깜짝 놀랐다고 합니다. 모임 장소인 기독교백주년기념회관 대강당이 수백 명의 학생으로 꽉 들어찼기 때문입니다. 교회여성연합회 모임이 이 정도로 크게 이루어진 적은 이때가 처음이었다고 합니다.[20] 참고로 이 행사는 이전에 세 차례에 걸쳐 진행된 평화세미나를 셈했기 때문에 '제4회'라고 불렸습니다만, 사실상 제1회입니다.

처음에는 인도주의적 차원에서 이들의 문제를 해결해 주려고 나섰습니다. 하지만 원폭피해자들과 만나면서 교회여성연합회는 핵문제에 대한 진지한 고민을 하지 않을 수 없었습니다. 핵무기의 치명적 파괴력과 참상을 목도하게 되었으니까요. 이는 원폭피해자들을 양산한 핵무기 자체에 대한 비판으로 나아갔고, 1970년대 중반 이후에 교회여성연합회가 두 차례에 걸쳐 핵문제 세미나를 연 계기로 작용했습니다. 핵문제에 대한 사회적 관심이 전무한 상황이었으니 매우 선구적인 기획이라 할 수 있습니다. 이로부터 10년 후에는 '평화세미나'와 '제4회 반전·반핵·평화마당'을 개최함으로써 교회여성연합회는 탈핵운동의 기원을 이루었습니다.

현재 우리는 핵 시대(nuclear age)를 살아가고 있습니다. 핵 시대란 핵무기와 핵발전이 인류의 생명과 평화를 위협하는 시대를 말합니다. 이는 핵에 대한 무지와 탐욕 그리고 무서운 자기기만으로 이루

20] 공덕귀, 『나, 그들과 함께 있었네』, 181-182쪽.

어졌습니다.[21] 핵 시대를 살아가는 그리스도인들에게 주어진 사명은 간단합니다. 핵 없는 세상이야말로 그리스도인의 사명인 겁니다. 창조질서를 파괴하고 인간과 자연의 공멸을 이끌 핵에 대해 분명한 목소리를 낼 필요가 있습니다.

이런 점에서 교회여성연합회의 원폭피해자 인권운동은 '핵 없는 세상을 위한 신학'의 출발이라고 볼 수 있습니다. 망각과 무관심 속에 고통받으며 살고 있는 원폭피해자들의 존재를 세상에 알리는 데 공헌했으니까요. 단 한 번의 핵발전소 사고만으로도 한반도는 방사능 오염을 피할 수가 없습니다. 사회학자 울리히 벡(Ulrich Beck)은 위험 사회의 '제도화된 무책임성'을 고발한 적이 있습니다. 어느 누구도 위험에 대해 독자적으로 책임질 수 없고 전문가가 될 수 없다 보니 위험은 일상화되었습니다. 위험 자체를 느끼지도 못하고, 설사 알아챈다고 하더라도 어쩔 수 없는 문제로 여기기 십상인 겁니다. 이럴 때일수록 저항하는 그리스도인은 파수꾼의 역할을 충실히 할 필요가 있습니다.

일본군 '위안부' 피해자 운동의 기원을 이루다

한편, 유신정권의 탄압으로 주춤했던 기생관광추방운동은 '더 스포팅 뉴스 사건'으로 다시 수면 위로 올라오기 시작했습니다. 1985년 10월 미국의 스포츠 주간지 『더 스포팅 뉴스』(The Sporting News)가 서울

21]　장윤재, 「'핵 없는 세상을 위한 신학'을 향하여」, 『신학사상』 159집(2012), 84쪽.

올림픽 조직위원회의 의뢰로 별책부록을 한국특집으로 꾸몄는데, 기생파티를 연상시키는 장면을 실어 큰 파문을 일으켰습니다. 더군다나 정부의 적극적인 협력으로『더 스포팅 뉴스』의 취재가 이루어졌다는 점이 밝혀지면서 사안은 더욱 심각해졌습니다. 이 사건은 외화벌이를 위해서라면 정부가 언제든 기생관광을 부추길 수 있겠다는 생각을 심어 주었습니다. 교회여성연합회는 86아시안게임과 88올림픽을 앞두고 정부가 기생관광을 조장하리라고 판단했습니다. 이는 교회여성연합회가 10여 년 만에 기생관광추방운동을 재개하게 된 계기로 작용했습니다.

앞서 교회여성연합회는 1983년에『기생관광: 전국 4개 지역실태조사 보고서』를 출간했습니다. 실태조사에 착수한 지 10년 만에 얻은 결실이었습니다. 아시아교회여성연합회의 재정 후원으로 출판할 수 있었던 이 보고서는 직접인용과 간접인용, 그리고 인터뷰 내용과 조사자의 견해가 구분되지 않는 등 방법론적 결함이 많습니다만,[22] 기생관광을 심층적으로 접근하고 현황과 문제점을 구조적으로 분석했다는 점에서 언론의 주목을 받았습니다. 이 책을 통해 교회여성연합회는 기생관광의 문제를 널리 알릴 수 있었습니다. 이후 교회여성연합회는 기생관광을 포함한 성매매 문제를 전반적으로 다루기 시작했습니다. 1986년 10월 14일 "매춘 문제와 여성운동"이라는 주제로 열린 세미나를 통해 교회여성연합회는 미군 기지촌 여성, 제주도 기생관광, 동남아시아 매매춘 현실 등을 다루었습니다. 이때 매춘(賣春)

22] 박정미,「성 제국주의, 민족 전통, 그리고 '기생'의 침묵」,『사회와 역사』제101집(2014), 418쪽.

이라는 용어에 대한 문제 제기가 이루어졌습니다. 매춘은 성을 파는 '여성'만을 강조하므로 '매매춘'이라는 용어를 써야 한다는 주장이 나왔거든요. 성을 사는 남성의 존재를 은폐시키지 말자는 내용입니다.

이 세미나를 통해 교회여성연합회는 제주도 지역의 기생관광 실태를 재조사하기로 했습니다. 제주도 종합개발계획에 따른 성산업 문제를 집중적으로 논의하다 보니 자연스럽게 나온 결론이었습니다. 그런데 왜 많고많은 관광지 중에 제주도냐고요? 1980년대가 되면서 제주도는 국제 관광지로 명성을 얻게 됩니다. 문제는 1980년 11월 15일 제주도에 오는 일본인에게 입국 사증을 지니지 않고도 닷새 동안 머물 수 있게 한 조치가 취해지면서 시작되었습니다. 1983년 5월부터는 이 기간이 보름으로 연장되었죠.[23] 원래 무사증 입국이 불가능했던 일본인에게 제주도 관광의 문이 활짝 열린 겁니다. 덕분에 제주도의 관광요정은 1980년대에 호황을 누릴 수 있었습니다. 심지어 중소기업 뺨칠 정도의 규모로 기업화되기도 했습니다. 서울의 관광요정은 1970년대 말에 고전을 면치 못하고 폐업하거나 업종을 바꾸었는데 말입니다. 일본 관광객이 한창 몰리는 봄과 가을에는 수요를 감당할 수 없어서 직업소개소를 통해 서울과 부산에서 성매매 여성들을 데려왔다고 하니 제주도는 기생관광의 도시나 마찬가지였습니다.

제주도 실태조사는 1987년 1월부터 12월까지 진행되었습니다. 그 결과가 1988년 4월에 발간된 「여성과 관광문화: 제주 지역 중심으로」라는 보고서입니다. 이 조사 결과를 토대로 교회여성연합회는 세계 여성들과 함께 국제관광이라는 명목으로 자행되는 성매매 문제를

23] 설호정, 「제주도 땅에 몰리는 관광 기생」, 『샘이 깊은 물』, 1986년 5월 호, 67쪽.

다루는 세미나를 열었습니다. 1988년 4월 20일부터 23일까지 "여성과 관광문화"라는 주제로 열린 이 국제 세미나는 현장 견학, 강연, 각 지역 보고로 이루어졌습니다. 참석자들은 세 곳의 성매매 집결지를 둘러본 후 강연을 들었는데, "성(性)의 역사적 측면"이라는 주제로 진행한 윤정옥 교수(당시 이화여대 영문학과)의 강연은 참석자 모두에게 큰 충격을 주었습니다. 반세기 동안 잊혀 온 정신대, 즉 일본군 '위안부'의 존재가 폭로되었기 때문입니다. 미국, 캐나다, 영국, 스웨덴, 스위스, 일본, 대만, 태국, 필리핀에서 온 참석자들뿐만 아니라 국내 참석자들도 윤정옥 교수의 발표에 말할 수 없는 충격을 받았습니다.

여기서 '정신대'란 전쟁터로 끌려간 남자들을 대신해서 노동력을 착취당한 여성들을 말하고, 일본군 '위안부'는 일본군 위안소로 연행되어 성폭행을 겪은 여성들을 가리킵니다. 초기에는 이 두 용어가 섞여 '위안부'를 정신대로 부르기도 했습니다. 그리고 일본군 '위안부'에 작은따옴표를 붙이는 이유는 이 용어가 이미 굳어져 대체할 말을 찾지 못했기 때문입니다. 원래 위안부라는 말은 '안식을 주고 위안을 주다'라는 의미를 가지고 있습니다. 여성들이 자발적으로 참여했다는 뉘앙스를 담고 있는 셈입니다. 일제에 의해 강요된 성 착취를 은폐하고자 하는 의도가 담겨져 있다고 볼 수 있습니다. 문제는 이 용어를 대체할 만한 적절한 표현이 없다는 점입니다. 그래서 작은따옴표를 사용하여 표기를 하되 원래 의미를 인정하지 않겠다는 입장을 드러낸 겁니다.

'위안부' 피해자들과 동년배인 윤정옥 교수는 어린 시절 정신대로 끌려갈 뻔했지만, 극적으로 피할 수 있었다고 합니다. 이 일은 그녀에게 양심의 가책을 느끼게 했습니다. 일종의 부채의식으로 작용

1988년 4월에 열린 "여성과 관광문화" 국제 세미나. 일본군 '위안부' 피해자 운동의 계기가 되었다. (출처: 이현숙, 「한국교회여성연합회 25년사」)

한 셈이죠. 해방 후 윤정옥은 '처녀공출'로 끌려갔던 여성들이 돌아왔다는 소식을 어느 곳에서도 들을 수 없었던 사실에 의아하여 사라진 친구들의 소식을 캐묻기 시작했습니다. 그러다 강제징용으로 끌려갔던 한 남성에게서 여자아이들이 밤낮으로 군인들을 상대했다는 이야기를 듣게 되었습니다. 그 후 미국 유학을 다녀와 이화여대 영문학과 교수가 되었습니다. 그녀는 학도병과 징용으로 끌려갔던 사람들의 증언이 담긴 『분노의 계절』을 읽다가 일본군 '위안부'의 실체를 접하게 되었습니다. 센가 가코(千田夏光)라는 일본인 기자가 쓴 『통곡! 위안부』라는 책에 일본군 '위안부' 문제를 다룬 글이 실려 있었던 겁니다.

거기다 오키나와의 '위안부' 생존자 배봉기 할머니의 사연은 윤정옥 교수를 '위안부' 문제에 뛰어들도록 했습니다. 사람이 사람을 이렇게까지 대할 수 있단 말인가. 강한 회의와 책임감이 윤정옥을 뒤흔들기 시작했습니다. 그녀의 삶에 역사의 소용돌이가 몰려오면서 일본군 '위안부' 문제는 그녀를 빨아들이기 시작했습니다.[24] 오키나와, 북해도 등 조선인들이 강제 연행된 곳을 찾아다니면서 일본군 '위안부'에 대한 자료를 찾고 증인을 만났습니다. 1980년 11월에는 오키나와에 거주하던 배봉기 할머니를 방문하기도 했습니다. 그러다 기회가 찾아왔습니다. 1987년 12월 제주도 지역의 기생관광 실태조사가 마쳐질 때쯤 교회여성연합회가 정신대 조사단을 꾸리기 시작한 겁니다. 이때 분단사회학의 창시자이자 한국 페미니즘의 대모라고 할 수 있는 이효재 교수가 윤정옥 교수를 교회여성연합회에 소개했습니다. 직장동료인 윤정옥 교수가 고군분투하며 일본군 '위안부'와 관련된 자료를 수집했던 사실을 잘 알고 있었기 때문입니다.

교회여성연합회의 정신대 조사단은 윤정옥 교수를 중심으로 조직되었습니다. 그 외에 김혜원과 김신실이 한 팀을 이루었죠. 이 세 사람은 1988년 2월 12일부터 27일까지 일본군 '위안부'의 흔적을 찾아가는 여정에 나섰습니다. 제일 먼저 찾아간 곳은 규슈 지방이었습니다. 수많은 조선인들이 채탄작업을 하다가 죽은 지역입니다. 그 다음으로는 오키나와 섬을 찾았습니다. 정신대 조사단은 오키나와에 일주일 동안 머물면서 여러 사실을 알게 되었습니다. 위안소라 불렸던 빨간 기와집, 미군의 폭격으로 사망한 '위안부'들, 고향에 대한 그리움을 달래기 위해 불렀던 아리랑, 한국인 희생자 위령비에서조차 삭제된 그녀들, 두고 온 어린 아들을 못 잊어 자주 눈물을 흘렸던 '하루에'의 사연(현지 증언자는 일본군 '위안부' 피해자의 일본식 이름만을 기

억했거든요). 마지막 답사지 삿포로에서는 오사카 방직공장에서 중노동과 배고픔에 시달리던 조선 여성들이 중개인의 꾐에 빠져 유곽으로 팔려갔다가 성매매 강요를 견디다 못해 몸을 던져 자살했던 절벽을 둘러보기도 했습니다.[25] 이러한 과정을 거쳐 조사된 내용이 알려지면서 일본군 '위안부' 문제의 해결을 촉구하는 세계 여성들의 연대가 이루어질 수 있었습니다.

반세기 가까이 잊혀져 온 일본군 '위안부' 문제를 교회여성연합회가 전면적으로 다루게 된 이유는 무엇일까요. 1988년 4월 23일 국제세미나가 폐회되기 전 교회여성연합회가 발표한 「반(反)기생관광에 대한 기독여성 선언문」을 보면 그 이유를 알 수 있습니다. 그녀들의 단호한 결의를 잘 보여주는 이 성명서는 다음과 같이 기생관광과 정신대를 동일시하고 있습니다.

일본 제국주의 군대의 위안부로 동원되어 짓밟혔던 정신대의 치욕과 분노의 역사를 가지고 있는 우리 여성들은, 해방된 조국에서 또다시 경제대국이 된 일본이 한국 여성을 일본 남성의 위안부로 억압하는 신(新)정신대 정책, 즉 기생관광 정책을 단호히 거부하는 바이다.[26]

관광기생을 '신(新)정신대'로 명명한 이 성명은 식민지 시절에 자행된 여성 억압의 역사가 해방 후 기생관광을 통해 반복되고 있음을 비판

25] 김혜원, 위의 책, 36-43쪽.
26] 「반(反)기생관광에 대한 기독여성 선언문」(민주화운동기념사업회 오픈아카이브), 1988년 4월 23일.

하고 있습니다. 성폭력의 역사가 정신대(일본군 '위안부')와 관광기생
으로 관통하고 있다는 역사의식이 형성된 겁니다. 이는 외화 획득을
위해 가난한 여성으로 하여금 몸을 팔게 하는 행태가 일본 제국주의
에 의해 자행된 정신대에 그 뿌리를 두고 있다고 보았기 때문입니다.
기생관광을 '제국주의 성 침탈', '외세의 성 침탈', '성적 식민지화' 등
성 제국주의로 규정한 1980년대 여성운동의 영향이라고 할 수 있습
니다. 여성의 인권침해는 제국주의로 기인한다는 인식이 생기면서 일
본군 '위안부' 문제가 함께 제기될 수 있었던 겁니다. 성 제국주의 담
론은 은폐된 역사를 폭로했다는 점에서 의의가 있지만, 성매매를 제국
주의에 의한 민족 수탈로 제한해 버린 측면이 있습니다.

　　거기다 교회여성연합회의 기생관광 담론은 민족주의로 환원되
는 측면이 강했습니다. 교회여성연합회의 선의와 헌신은 분명했지만,
관광기생들을 '우리의 딸'이나 '다음 세대의 어머니'로 호명했습니다.
관광기생을 민족의 일원으로 정의하기 위해 딸과 어머니로 재현한
겁니다. "우리의 후손을 낳아 번영된 미래를 약속할 다음 세대의 어
머니들이 이처럼 병들어 가고 있는데 도대체 나 혼자 깨끗하면 이 사
회가 저절로 밝아질 수 있는 것"이냐는 반문에는 여성이 건강한 민족
성원을 재생산함으로써 민족에 기여해야 한다는 메타포가 깔려 있습
니다. 그러니까 교회여성연합회의 기생관광추방운동에는 가부장적
인식이 은근히 깔려 있었던 겁니다.

　　몇 가지 한계가 있긴 했지만, 교회여성연합회의 기생관광추방운
동이 일본군 '위안부' 피해자 운동의 밑거름이자 마중물이었던 건 분
명합니다. 이후 교회여성연합회는 외연을 확장하여 일본군 '위안부'
문제에 천착하기 시작했습니다. 1988년 5월 18일 노태우 대통령의

일본 방문 즈음에 교회여성연합회는 다른 여성단체들과 함께 기자회견을 갖고 일본군 '위안부' 문제에 대한 여성계의 입장을 밝혔습니다. 요지는 재일교포에 대한 차별을 철폐하고, '위안부' 문제에 대한 사죄와 배상이 반드시 이루어져야 한다는 내용이었습니다. 그러고는 교회여성연합회 산하에 '정신대문제연구위원회'를 두기 시작했습니다. 윤정옥 교수의 연구를 뒷받침하기 위한 조치였습니다.

교회여성연합회의 일본군 '위안부' 피해자 운동이 활기를 띠기 시작한 계기는 일본 정부의 망언이었습니다. 1990년 6월 일본 사회당의 모토오카 쇼지(本岡昭次) 의원이 고위 관리에게 '위안부' 문제에 대한 진상조사와 보상을 질문했습니다. 이에 대해 노동성 직업안정국장 시미즈 츠타오(淸水傳雄)는 "종군위안부는 민간업자가 한 것 같으므로 정부로서는 실태조사를 할 책임이 없다"라고 대답했습니다. 이 사실이 알려지면서 국내외 여성단체들은 힘을 모아 한국 정부와 일본 정부에 각각 항의서한을 보냈고 주한일본대사관을 찾아갔습니다. 그 사이에 정신대문제연구위원회는 교회여성연합회로부터 독립하고 '정신대연구회'로 전환했습니다. 그리고 이 정신대연구회를 중심으로 1990년 11월 16일 '정신대대책협의회'(이하 정대협)가 발족되었습니다. 이로 보아 정대협의 기원이 교회여성연합회라고 해도 크게 틀린 말은 아닐 겁니다. 이후 교회여성연합회는 정대협의 회원단체로서 일본군 '위안부' 피해자 운동에 참여했습니다.

여기서 김학순(1924-1997) 할머니에 관한 이야기를 하지 않을 수 없습니다. 1991년 8월 14일에 이루어진 '위안부' 피해자 김학순 할머니의 기자회견은 세상을 뒤흔들었습니다. 16세에 납치되어 일본군 '위안부'로서 겪은 경험은 대중들에게 큰 충격을 주었습니다. 김학순 할머니 이전에도 자신이 일본군 '위안부'였음을 세상에 알린 분들이 있었지만, 큰 파급을 일으키지는 못했습니다. 그런 점에서 김학순 할머니의 미투(Me Too)는 일본군 '위안부' 피해자 운동의 중요한 전환점을 이루었죠. "내가 바로 위안부요" 하고 나선 김학순 할머니의 용기는 많은 사람을 고무시켰거든요. 교회여성연합회는 이를 계기로 '정신대 신고전화'를 개설했습니다. 덕분에 김학순 할머니의 뒤를 이어서 문옥주 할머니와 김복선 할머니의 증언이 이루어질 수 있었습니다. 교회여성연합회가 받은 신고 건만도 260명 정도였다고 합니다. 침묵을 강요당하던 '유령'들이 시간을 훌쩍 넘어 피해자이자 생존자로 세상에 나오게 되었습니다.[27]

김학순 할머니의 증언은 일본 정부의 발뺌에 대한 분노에서 시작되었습니다. 1991년 4월 일본 정부는 '위안부' 동원에 대한 증거가 없다는 이야기를 구두로 통보했거든요. 이에 교회여성연합회는 원폭 피해자 할머니들에게 수소문을 했습니다. 일본군 '위안부' 피해자를 알고 있으면 데려와 달라는 부탁이었죠. 그렇게 해서 김학순 할머니를 만나게 된 겁니다. "하나님이 나를 지금까지 살려 준 거는 이거를 가지고 싸우라고 한 거다. 그러니까 나는 언제든지 말할 수 있으니까 나한테 기회를 주면 한다"라는 김학순 할머니.[28] 지금까지 자신을 존재하게 만든 힘이 '증언'이라고 믿었던 김학순 할머니의 용기로 일본군 '위안부'에 얽힌 비극이 세상에 알려지게 되었습니다.

27] 이나영, 「'정대협' 운동의 기원과 시작 배경」, 『삶이 보이는 창』, 2018년 여름 호, 123쪽.
28] 이나영, 「'정대협' 운동의 기원과 시작 배경」, 위의 책, 121쪽.

여성신학자, 인권을 말하다

그 밖에 '위안부' 문제 해결에 적극적으로 참여한 기독교 여성단체로는 '한국여신학자협의회'가 있습니다. 1980년 4월 21일에 설립된 한국여신학자협의회(이하 여신협)는 한국 여성신학의 모체이자 뿌리라할 수 있습니다. 여신협의 창립을 실질적으로 준비한 주체는 교회여성연합회였습니다. 원래는 '여신학사'라고 하려다가 현장에 있는 여전도사들 중에 신학사 학위가 없는 경우가 많아 '여신학자'로 바꾸었다고 합니다. 여신협 회원들은 '여신학자'라는 명칭에서 부담감을 느끼기도 했지만, '여신학자'라는 명칭에 걸맞게 여성신학을 함께 공부하며 저항의 주체로 서게 되었습니다.

백소영 교수에 의하면, 기독교 페미니즘에는 네 가지 패러다임이 있다고 합니다. 제도 종교로서의 '기독교'를 넘어서려고 한 탈기독교 페미니즘, 전통 안에서의 페미니즘, 전통의 재구성을 시도하는 페미니즘, 사회주의 기독교 페미니즘.[29] 여신협은 주로 두 번째와 세 번째 패러다임을 추구했다고 볼 수 있습니다. 여신협이 추구해 온 여성신학은 여성의 눈으로 성서를 재조명하는 데 관심이 있기 때문입니다. 이는 두 번째 패러다임을 대표하는 레티 러셀(Letty M. Russell)의 글이 여신협 창립 이전부터 번역되었다는 사실에서도 알 수 있습니다. 바로 여성신학에 대한 요구와 맞물려 번역된 『여성해방의 신학』(대한기독교출판사, 1979)과 『해방의 말씀』(대한기독교출판사, 1980)입니다. 그 이후에도 레티 러셀은 여신협의 초청으로 내한하여 강연을

29]　백소영, 『페미니즘과 기독교의 맥락들』(뉴스앤조이, 2018), 111-160쪽.

하는 등 국내에서 가장 잘 알려진 여성신학자였습니다. 그러다 점차 성서의 특정 본문이 여성들을 억압할 때, 그 본문의 기본 주체나 틀을 가지고 재구성해 보는 세 번째 패러다임으로 전환되었습니다.

창립 이후 여신협은 다양한 활동을 펼쳤지만, 크게 세 가지로 나누어 볼 수 있습니다. 하나는 교회 내 여성 억압의 문제를 공론화했다는 점입니다. 조선 후기에 기독교가 전래되면서 여권이 신장되었다고는 하지만, 역설적이게도 한국 사회에서 여성의 위치가 가장 낙후된 곳은 교회입니다. 이러한 상황을 타개하고자 여신협은 만들어지자마자 여교역자 실태조사에 착수했습니다. 그 결실이 1988년에 출간된 『한국 여교역자 실태조사 보고서』였습니다. 교회 내 성차별의 현실을 폭로한 이 책은 여신협의 여성안수운동에 불을 붙였습니다. 이 보고서의 평가회에서 여신협은 여성 안수를 시급한 현안으로 결정했기 때문입니다.

두 번째로 여신협은 여성신학을 보급하는 데 열정을 쏟았습니다. 다섯 차례에 걸쳐 진행된 세미나 자료를 모은 『신학과 여성』(1982), 아시아 여성신학 정립협의회 보고서인 『한국 여성신학의 과제』(1983)와 『한국 여성신학의 현장』(1985), 여성신학자 레티 러셀의 내한 강연을 책으로 묶은 『교회와 여성신학』(1983), 1979년 여신학사협의회 강연 원고를 정리한 『여성신학과 인간화』(1987) 등을 펴냄으로써 가부장적인 성서해석에 맞서고 여성신학의 이모저모를 대중적으로 소개했습니다. 이러한 작업들을 통해 기독교 여성운동의 지적 기반을 마련할 수 있었습니다.

여신협의 고민은 단순히 해외 여성신학자들의 글을 번역하는 데 그치지 않았습니다. 자신들이 처한 상황에 맞게 저항의 언어를 구

사하기도 했습니다. 아마 그 하이라이트는 1988년 3월 29일에 발
표한 「민족통일과 평화에 대한 한국여신학자 선언」(이하 여신학자 선
언)이 아닐까 싶습니다. 이 선언은 한 달 전 한국기독교교회협의회
(KNCC)가 내놓은 「민족통일과 평화에 대한 한국기독자 선언」에 대
한 반발로 작성된 측면이 있습니다. KNCC의 선언은 민족의 화해를
천명하고 이북의 동족을 증오하며 적으로 삼았던 죄를 회개한다는
점에서 역사적 의의가 있지만, 기초위원이 남성 일색이었고 선언의
관점도 남성적이었습니다. 소위 KNCC는 진보 기독교를 대표한다
고 하지만, 가부장적인 측면에서 별반 다르지 않았던 겁니다. 여신협
으로부터 비판을 받지 않을 수가 없었죠. KNCC의 선언은 한국 기
독교 역사상 최초로 죄책고백을 담았기 때문에 역사적인 획을 긋는
일이었지만, 여신협은 여성이 배제된 KNCC의 선언을 온전히 받아
들일 수 없었습니다. 이에 여신협은 자신들의 입장을 담은 선언문을
작성하기 시작했습니다. 그렇게 해서 나온 선언문이 「민족통일과 평
화에 대한 한국여신학자 선언」입니다.

　여신학자 선언은 KNCC의 선언을 전폭적으로 지지하면서도 이
선언에 여성의 참여가 없었으며 여성적 관점이 결여된 점을 비판했습
니다. 또한 여신학자 선언은 분단의 궁극적인 원인을 가부장적 지배문
화의 결과로 보았습니다. 제국주의는 가부장적 지배문화의 극단적 형
태이며, 제2차 세계대전 이후 미국과 소련의 패권주의로 이어졌다고
비판함으로써 가부장 문화의 죄악성을 폭로하였습니다. 또한 기독교
여성들도 방관자이자 방조자로 존재했음을 고백했습니다. 가부장적 이
데올로기를 극복하는 방법만이 통일의 길이라고 제시한 여신학자 선언
은 기독교 여성의 통일운동에 이정표를 세웠습니다.

여신협은 출판운동뿐만 아니라 사회운동에도 적극 나섰습니다. 여성신학은 여성의 삶과 경험을 출발점으로 삼다 보니 실천적인 성격이 강했기 때문입니다. 1984년 11월 청량리경찰서에서 발생했던 여대생 성추행 사건을 규탄하기 위해 조직된 성추행대책협의회에 참여하면서 한국 사회의 모순에 맞서기 시작했습니다. 이후 성도섬유 해고노동자들의 복직을 위한 연대활동(1985), 부천경찰서 성고문 사건(1986), 파주여고 성폭행 사건(1987) 등을 외면하지 않고 다른 여성단체들과 함께 대응했습니다.

여신협의 사회참여는 일본군 '위안부' 피해자 운동에도 적극 나서는 행보로 이어졌습니다. 1990년 11월 정대협이 조직될 때, 여신협도 회원단체로 가입했거든요. 여신협은 일본군 '위안부' 문제 해결에 그 어떤 활동보다 깊은 관심과 애정을 보였습니다. 이는 여신협이 매주 수요일마다 일본 대사관 앞에서 '위안부' 문제 해결을 촉구하는 수요 시위의 주관 단체 중 하나라는 사실에서도 알 수 있습니다. 25년 넘게 이어진 수요 시위에서 여신협 회원들의 얼굴을 보는 일은 그리 어렵지 않았습니다.

1992년 여신협은 양광교회와 함께 '정신대 할머니들과의 만남'이라는 프로그램을 운영했습니다. 이는 당시 여신협 총무 유춘자 권사가 양광교회 사회봉사부 총무였기에 성사될 수 있었습니다.[30] 한국 교회가 '위안부' 피해자들을 초청하기는 이때가 처음이었다고 합니다. 양광교회는 최초의 여목사인 전밀라 목사가 창립한 교회입니

30] 유춘자, 「교회개혁의 실제와 현장사례를 중심으로」, 『한국여성신학』 제37호(1999), 53쪽.

다. 그러다 보니 여성 문제에 대해서 남다른 이해가 있었습니다. 양광교회가 여신협에 대한 지원을 아끼지 않은 이유라 할 수 있습니다.

앞에서 여신협의 여성신학은 '전통 안에서의 페미니즘'에서 '전통의 재구성을 시도하는 페미니즘'으로 전환되었다고 했습니다. 이는 '위안부' 피해자의 고난을 여성신학의 관점으로 재조명한 작업을 통해 알 수 있습니다. 바로 1991년 5월에 선보인 『성서를 통해서 본 정신대 여성의 고난』이라는 책입니다. 하나님이 성서를 통해 '위안부' 문제를 어떻게 얘기하는지를 알고자 구약 두 편과 신약 두 편에 대한 재해석을 시도했습니다.

여성신학자들이 주목한 구약 두 편은 신명기와 사사기였습니다. 신명기의 경우, 전쟁법에 해당하는 21장 10-14절이었습니다. 이 본문의 내용은 전쟁 포로가 된 여성을 어떻게 대우해야 하는지를 다루고 있습니다. 여성신학자들은 이 본문을 통해 성서가 전쟁터에서 포로로 잡힌 여성을 일시적인 성욕으로 강간해서는 안 된다는 점을 명시했다고 보았습니다. 이를 근거로 여신협은 제국일본이 신명기가 규정하고 있는 강간 금지를 지키지 않았다고 비판하면서 일본 정부의 공개 사과를 요구하였습니다.

사사기의 경우, 입다의 딸 이야기에 주목하고 있습니다. 본문으로 삼은 사사기 11장 34-40절에는 암몬족의 위협에 놓인 이스라엘을 구원하는 입다가 등장합니다. 잘 알다시피 그는 전쟁의 승리를 확실시하기 위해 서원을 합니다. 만일 전쟁에서 승리한다면 자기 집에서 자신을 처음 맞으러 나오는 자를 번제로 바치겠다는 약속이었죠. 이게 통했는지 결국 입다는 전쟁에서 이겼습니다. 문제는 그의 집에서 처음 나온 이가 자신의 외동딸이었다는 점입니다. 결국 입다는 자신의 딸을 번제물로 희생시키고 말았습니다. 입다의 딸은 죽기 전 벗들과 두 달 동안 울며 지냈습니다. 이는 이스라엘의 한 관습으로 이어져 해마다 이스라엘 처녀들은 4일간 입다의 딸을 위해 애곡하는 시간을 가졌다고 합니다.

여성신학자들은 이 본문에서 한 여성의 슬픔이 사회적으로 공유되는 모습에 주목했습니다. 그러면서 한국 사회는 정절에 대한 요구 때문에 '위안부' 피해자들이 돌아와 설 자리가 없었다고 이야기합니다. 전쟁은 끝났지만 '위안부' 피해자들은 영영 고향으로 돌아가지 못한 채 음지에서 죽어 가는 처지에 놓이고 말았다는 비판이었습니다. 이들의 희생이 애곡되기는커녕 동족에게서조차 외면당하고 멸시당했음을 여성신학자들은 콕 집었습니다.

이 대목에서 여성신학자들은 '위안부' 피해자의 고난을 망각에서 끄집어내야 한다고 말합니다. 입다의 딸과 그의 친구들이 더불어 울고 지냄으로써 비극을 사회화시켰듯이 말입니다. '위안부' 피해자의 고난을 대대로 기억함으로써 전쟁은 인간을 인간 이하로 전락시킨다는 걸 잊지 말아야 한다는 겁니다. 전쟁의 승리에 희생된 한 여성의 이야기를 통해 기억의 정치를 강조하고 있음을 알 수 있습니다.

그뿐만 아니라 여성신학자들은 예수의 비유에 나오는 열 처녀 이야기를 '위안부' 피해자들의 이야기로 재해석하였습니다. 요지는 은폐되어야 할 이야기가 아니라 하나님의 자녀들이 불의에 저항하는 이야기로 새롭게 해석해야 한다는 거죠. 그러면서 언급하는 사례가 노수복 할머니입니다. 노수복 할머니는 우물터에서 빨래를 하던 중 일본 경찰에 납치되어 동남아에서 약 3년간 일본군의 성노예 생활을 강요당했습니다. 전쟁 후 갈 데가 없어 평생 태국에서 살았죠. 1984년 한국에서 이산가족찾기운동을 한다는 사실을 알고 태국 한국대사관을 찾아가 극적으로 동생들을 만났습니다. 1991년 4월 두 번째 귀국 때는 자신이 일본군 '위안부'였음을 밝혔습니다. 김학순 할머니의 증언이 나오기 4개월 전의 일입니다. 당시 일본군 '위안부' 문제를 폭로한 유일한 사례라 할 수 있습니다. 이 점에 천착하여 여성신학자들은 노수복 할머니의 귀국발언을 신학적으로 재조명하였습니다.

환대를 구현하기

대한민국의 역사는 '유령의 역사'였습니다. 살아 숨쉬지만 성원권(membership)이 박탈된 존재. 이 성원권은 상대방의 존재를 알아보고, 상대방이 나의 알아봄을 알아차릴 수 있게 신호를 보낼 때야 성립됩니다. 만약 내가 상대방의 존재가 '보이지 않는다'는 듯이 행동한다면 어떨까요. 그리고 이 무시가 집단적으로 작용한다면? 상대방은 그야말로 유령이 되고 말 겁니다. 사람은 공동체 안에서 성원권을 갖는 존재이기 때문입니다.[31] 성원권이란 일종의 자격이라고 할 수 있습니다.

우리가 함께 살펴본 관광기생, 원폭피해자, '위안부' 피해자들은 한마디로 유령이었습니다. 사람이라는 말은 사회 안에 자기 자리가 있다는 뜻인데, 이들은 온전히 머물 데가 없었습니다. 다시 말해 이들은 장소에 대한 권리를 박탈당한 유령이었던 셈입니다. 이들은 철저히 고립된 삶을 홀로 버티며 살았습니다.

31] 김현경, 『사람, 장소, 환대』(문학과지성사, 2015), 31쪽.

환대란 타자에게 자리를 주는 행위입니다. 비가시적인 타자를 가시적인 존재로 드러나게 하기 위해 '장소에 대한 권리'를 부여하는 겁니다. 자리를 준다는 건 그 자리에 딸린 권리들을 인정한다는 뜻이죠. 환대는 벌거벗은 생명을 정치적 주체로 거듭나게 한다는 점에서 매우 정치적인 태도라 할 수 있습니다. 다시 말해 환대는 인격을 부정당하여 사물로 취급받고 있는 타자에게 상징적인 가치를 되찾아 줌으로써 사람을 사람으로 인정받을 수 있게 만듭니다.

교회여성연합회의 인권운동은 한마디로 환대의 구현이라고 할 수 있습니다. 교회여성연합회는 '장소'를 갖지 못해 배회하는 이들에게 머물러도 좋은 자리를 마련하는 데 최선을 다했습니다. 이들에게 기독교 공동체란 배제된 존재를 인정하는 환대의 공동체라고 할 수 있습니다. 국가폭력과 가부장적 질서의 피해자들이 유령에서 사람으로의 성원권을 획득하는 데 필요한 건 무조건적인 환대이기 때문입니다.

05

오월의 봄을 증언하다

| 5·18항쟁과 기독교 |

죽음의 행진

새벽 5시. 계엄군이 탱크를 앞세우고 시내로 진입하고 있다는 소식이 무전기를 통해 전해졌습니다. 계엄군이 곧 들이닥칠 거라고 다들 예상은 했지만, 막상 일이 벌어지니 혼란은 극에 달했습니다. 시민군은 정보를 확인하려고 차를 출동시켰습니다. 도청 내에는 여기저기 다이얼을 돌리면서 주변의 동태를 묻는 소리가 가득했습니다. 계엄군 진입 소식에 도청에 주둔하던 시민군에게는 비상령이 떨어졌습니다.

이 사태를 어떻게 할 것인가. 도청에서 밤새워 회의를 하던 재야 인사들도 즉각 머리를 맞댔습니다. 이때 김성용 신부가 말했습니다. 우리가 총알받이가 됩시다. 탱크가 있는 곳으로 걸어갑시다. 광주 시민들이 다 죽어 가는데 우리가 먼저 탱크 앞에 가서 죽읍시다. 이윽고 행진이 시작되었습니다. 계엄군의 시내 진입을 저지하기 위한 이 행진은 맨손으로 탱크에 맞서는, 어찌 보면 자살행위나 마찬가지였습니다. 그래서 이 행진을 '죽음의 행진'이라 부릅니다. 5·18항쟁의 비폭력 저항이 실현되는 순간입니다.

죽음의 행진은 4킬로미터가량 이어졌습니다. 한 명 두 명 따르기 시작하더니 수백 명에 달하는 시민들이 합류했습니다. 외신 기자들도 우르르 따랐습니다. 통역을 맡은 김천배의 상황 설명 외에는 모두 입을 굳게 다문 채 탱크를 향해 걸어갔습니다. 행진에 합류했던 장사남은 죽음을 각오한 행진이라는 생각에 걷는 동안 처절한 기분에 사로잡혔다고 증언합니다. 누군가 줄을 서서 가자고 제안하자 교련 교사인 그는 반대했습니다.

우리는 이미 죽음을 각오하고 길을 떠나는 사람들인데 줄을 서서 갈 필요가 있겠습니까. 계엄군이든 시민군이든 양자 중 누가 총을 쏘더라도 우리는 죽을 수밖에 없는 상황입니다. 앞뒤로 줄지어 가다가 일부만 피해를 당하기보다는 횡대로 늘어서서 갑시다. 죽더라도 함께 죽읍시다.[1]

2시간 남짓 걸었을까. 계엄군의 바리케이드 앞에 당도했습니다. 소령 한 명이 굳은 표정으로 맞이하였습니다. 이때가 대략 아침 9시경. 소문을 듣고 시민들은 점점 더 몰려들었습니다. 이즈음 별 두 개를 단 장군이 나타났습니다. 장군은 계엄사령부에 들어가서 이야기를 하자고 제안했습니다. 행진 중 대변인으로 선택된 김성용 신부는 단호히 말했습니다. "탱크를 물리지 않는 한 우리는 갈 수 없다." 장군은 부하들에게 물러서라는 명령을 내렸습니다. 탱크는 소음을 내면서 사

1] 장사남, 「무기회수에 참여하다」, 『광주오월민중항쟁사료전집』(한국현대사사료연구소, 1990), 152쪽.

라졌습니다. 시민들은 일제히 박수 세례를 보냈습니다.

회의는 4시간 반이나 계속되었습니다. 대변인 김성용 신부가 따졌습니다. "광주 시민들을 왜 폭도로 모느냐. 왜 우리가 폭도냐. 그런 말 쓰지 마라. 군인들은 절대로 광주 시내에 들어오면 안 된다." 그러나 말은 통하지 않았습니다. 군인들과 이야기해도 별수가 없다는 사실을 뼈저리게 느꼈을 뿐입니다. 계엄군은 최후통첩이나 마찬가지인 이야기를 전했습니다. 오늘 밤 12시까지 무기를 반납하고 시위를 중단하지 않으면 군대가 들어갈 수밖에 없다고.

계엄군이 시내에 진입한다는 소식에 시민들은 도청 앞 광장으로 모여들었습니다. 광주 시민들은 대형 태극기를 앞세우고 시가행진에 나섰습니다. 계엄군의 공격에 맞서 도청을 사수하자는 분위기가 형성되었습니다. 시민군은 광주 외곽을 돌며 계엄군의 동태를 파악했습니다.

그날 밤, 광주 시내는 을씨년스러웠습니다. 시민군의 차량이 텅 빈 거리를 질주할 뿐이었습니다. 오늘밤 계엄군이 공격해 올 가능성이 크다는 소식에 광주 시민들은 숨을 죽였습니다. 200여 명의 시민군이 도청을 지키겠다며 최후 항전을 준비하고 있었습니다. 가족의 애타는 호소에 못 이겨 돌아가는 사람들도 있었지만, 아무도 뭐라 하지 않았습니다.

정적에 잠겨 있던 광주 시내를 깨운 건 한 여성의 애절한 목소리였습니다. 오열을 삼키며 원고를 읽어 내려가는 외침이 광주 시내를 가득 채웠습니다. "시민 여러분. 지금 계엄군이 쳐들어오고 있습니다. 사랑하는 우리 형제, 우리 자매들이 계엄군의 총칼에 숨져 가고 있습니다. 우리 모두 계엄군과 끝까지 싸웁시다. 우리는 광주를 사수할 것입니다. 여러분, 우리를 잊지 말아 주십시오. 우리는 최후까지 싸울 것입니다. 시민 여러분. 계엄군이 쳐들어오고 있습니다." 한국말을 모르는 외신 기자에게도 그녀의 절규는 전율스러웠습니다.[2] 곧이어 계엄군이 도청에 당도하였고, 진압이 시작되었습니다. 드르륵 드르륵. 한 시간 가까이 진행된 진압 작전 끝에 살아남은 사람들은 동료의 시체를 넘으며 두 손을 들고 투항했습니다. 열흘 동안 진행된 5·18항쟁이 비극으로 끝나는 순간입니다.

광주에서 살아남은 자의 슬픔

5·18항쟁은 한국 현대사의 거대한 분수령이라 할 수 있습니다. 5·18은 그야말로 예측하지 못한 순간에 수많은 사람들이 거리로 몰려나와 커다란 하나의 덩어리를 이루어 기존 질서를 무너트린 대중봉기(insurrection of the masses)였습니다. 5·18은 계엄군의 도청 접수로 막을 내렸고, 신군부의 집권을 막을 수 없었고, 수많은 희생자들을 낳았다는 점에서 무모한 저항이었을지 모릅니다. 현상적으로만 따지면 패배의 역사일 뿐입니다. 그렇지만 5·18항쟁은 수많은 사람들에게 영향을 미쳐 새로운 사회운동의 흐름을 만들어 내는 원천으로 작동했습니다.[3]

　　5·18항쟁은 크게 세 시기로 구분할 수 있지 않을까 싶습니다. 첫

2]　　한국기자협회·무등일보·시민연대모임 엮음, 『5·18특파원리포트』(풀빛, 1997), 44쪽.
3]　　김정한, 『1980 대중 봉기의 민주주의』(소명, 2013), 5-6쪽.

번째는 항쟁이 시작된 5월 18일부터 계엄군이 물러난 5월 21일까지의 시기입니다. 1980년 5월 17일 신군부 세력은 계엄령을 전국으로 확대하고, 대학생들의 시위를 예방하려고 전국 각 대학에 계엄군을 주둔시켰습니다. 5·18항쟁이 전남대에서 시작된 연유이기도 합니다. 다른 지역의 대학생들이 어떤 시도도 하지 못할 때, 전남대 학생들은 교문을 뚫고 금남로로 행진하였습니다. 이에 계엄군의 무자비한 진압이 이루어졌습니다. 계엄군과 시위 군중의 공방전, 도청을 향해 밀려드는 시민들, 피에 얼룩진 태극기, 처참한 살육에 쓰러지는 사람들.[4] 광주 일대는 전쟁터나 마찬가지였습니다.

문제는 계엄군들이 대검을 꽂은 소총으로 무장한 채 시위대뿐만 아니라 일반 시민들에게도 무력을 행사했다는 점입니다. 과잉진압인 셈이죠. 더 큰 문제는 5월 21일 오후 1시, 도청에서 애국가가 울려 퍼지자 계엄군이 시민들을 향해 총을 쏘기 시작했다는 점입니다. 도청 앞 금남로의 빌딩 사이로 총알이 쏟아졌습니다. 그야말로 아비규환의 생지옥이었습니다. 금남로 상공에는 세 개의 소리만 요란하게 울려 퍼졌습니다. 총소리와 비명, 그리고 천 개의 북을 동시에 두드리고 있는 것 같은 발자국 소리.[5] 이때 계엄군의 발포로 숨진 사람만 54명이었습니다. 500명 이상이 총상을 입었다고 합니다. 베트남전쟁에 참전한 적이 있었던 사람도 도청 앞 집단발포로 사람들이 총에 맞아 거꾸러지는 풍경에 큰 충격을 받았습니다. 시민들은 가만히 있을 수가 없었습니다. 국민에게 총을 쏘는 군인들한테 대항하기 위해 시민들

4] 천유철, 『오월의 문화정치: 1980년 광주민중항쟁 '현장'의 문화투쟁』(오월의봄, 2016), 69-70쪽.

5] 김담연, 『스무 살 도망자』(전라도닷컴, 2018), 93쪽.

도 총을 들었습니다. 광주와 인근 지역의 예비군 무기고에서 총을 꺼내 무장을 했습니다. 한국전쟁 이후, 총을 들고 무장한 시민군이 처음으로 등장한 겁니다. 시내 곳곳에서 시가전이 벌어졌습니다. '사태'에서 '항쟁'으로 발전하는 순간입니다. 시민군의 등장에 당황한 계엄군은 도시 외곽으로 후퇴하였습니다. 그날 저녁, 자기 자신과 광주를 지키기 위해 무장을 한 시민군은 도청을 점거하는 데 성공했습니다.

이후 광주에서는 하나의 자치공동체이자 항쟁공동체가 이루어졌습니다. 외부와의 교통과 통신이 두절된 상태에서 광주 시민들은 공권력의 부재를 채워 갔습니다. 전남대병원, 조선대병원, 기독병원, 적십자병원 등 종합병원뿐만 아니라 개인병원까지 부상자들로 숨이 막힐 지경이었습니다. 바로 이때 광주 시민들은 자발적으로 나서서 헌혈을 시작했습니다. 죽어 가는 사람들을 살리기 위해서였습니다. 병원마다 헌혈을 위한 시민들의 행렬이 끊이지 않았다고 합니다. 헌혈버스가 도착하면 여기저기서 시민들이 몰려들었습니다.[6] 그야말로 피를 나눈 5월이었죠. 비극적이게도 춘태여상 3학년이던 박금희는 5월 21일 오후에 기독병원에서 헌혈을 하고 가다가 계엄군의 총에 맞아 한 시간 뒤 시체로 돌아왔습니다.[7]

한편, 계엄군의 만행은 광주 시민들에게 위기의식과 의분을 불러일으켰습니다. 이는 광주를 김밥공동체, 주먹밥공동체로 만든 동력으로 작용했습니다. 자식 키운 사람들이 인색하면 못쓴다며 동네 어머니들은 각자 쌀을 가져와 밥을 지었습니다. 동네마다 반상회를 중

6] 정무근, 「생명을 구하는 헌혈운동」, 『광주오월민중항쟁사료전집』, 828쪽.
7] 박병민·문귀덕, 「헌혈하고 나오다 총에 맞아」, 『광주오월민중항쟁사료전집』, 822-824쪽.

심으로 김밥과 주먹밥이 만들어졌습니다. 대인시장, 양동시장, 학운동 일대 등에서 음식 제공이 이루어졌습니다.

계엄군의 발포로 사상자가 다수 발생하였고 시민들은 무장한 상황입니다. 시민군의 저항으로 계엄군은 물러났지만, 언제 다시 돌아올지 몰랐기에 시민들은 불안했습니다. 선택의 갈림길에 놓였습니다. 계속해서 맞서 싸울 것인가, 아니면 평화롭게 끝낼 것인가. 수많은 광주 시민들이 죽거나 다쳤으니 순순히 물러설 수 없다는 게 전자라면, 후자는 더 이상의 희생은 막아야 하지 않겠느냐는 입장이었습니다. 어느 하나가 전적으로 옳다고 할 수 없을 만큼 사태는 걷잡을 수 없었습니다. 5·18항쟁은 이 두 노선을 둘러싼 갈등과 논쟁의 과정이라고도 할 수 있습니다.

총을 든 시민군, 들불야학·송백회·극단광대 등으로 이루어진 광주의 청년활동가들, 학생운동권 내 강경파는 결사항전을 주장했습니다. 이들은 5월 27일 도청을 사수하며 목숨을 잃었습니다. 반면에 정시채 부지사를 중심으로 꾸려진 수습대책위원회는 어떻게든 사태를 큰 갈등 없이 마무리 지으려고 했습니다. 이른바 '도청파'라고 불리는 이들은 계엄군과의 협상테이블에 앉아 무력충돌 없이 광주를 일상으로 되돌리려고 했습니다. 5월 22일 수습대책위원회가 만들어지자마자 계엄군을 찾아간 이들은 정부와 계엄군이 몇 가지 조건을 이행하면 무기를 반납하겠다고 제안했습니다. 즉, 계엄군의 과잉진압 인정, 연행자 전원 석방, 시민의 인명과 재산 피해 보상, 발포명령자 처벌, 시민장, 수습 후 보복 금지였습니다. 문제는 계엄군이 막무가내로 무조건적인 투항만을 요구했다는 데 있습니다.

도청파가 제안한 조건은 상식적입니다. 정부와 계엄군이 도청파의 조건들을 모두 받아들였다면, 끝까지 싸워야 한다는 목소리도 사그라졌을지 모릅니다. 하지만 이들은 계엄군의 협박을 받은 후 무조건적인 무기반납을 주장했습니다. 사실 '무기회수'와 '무기반납'은 전혀 다른 차원의 문제라 할 수 있습니다. 회수된 무기를 계엄군에게 반납하는 건 협상 결과에 따라 결정되어야 하는데, 도청파의 경우 계엄군의 무조건적인 반납을 수용해서 시민들의 반발을 샀습니다. 그러다 보니 5월 22일 시민들이 도청 앞에 모여 시작된 궐기대회에서 도청파는 시민들의 야유를 받기도 했습니다.

계엄군과 도청파가 협상테이블에 앉아 마주보면서 이야기를 나눌 무렵, 남동성당에서는 광주의 민주화운동을 이끈 인물들이 모였습니다. 광주의 인권변호사인 홍남순과 이기홍, 광주정의구현사제단의 김성용 신부와 조철현 신부, 광주YMCA 지도자인 김천배와 이영생, 광주YWCA 임원인 조아라 회장과 이애신 총무, 해직교수 출신의 명노근과 송기숙 등등. 이들은 1977년 12월에 조직된 국제엠네스티 광주지부에서 함께 인권운동을 펼친 사이였습니다. 1980년 4월, 큰 문제가 생기면 가톨릭과 개신교가 공동대처하기 위해 만들어 놓은 사회선교협의회 멤버들이었고요. 보통 '남동성당파'라고 하는 이들은 엠네스티와 사회선교협의회를 기반으로 촘촘한 네트워크를 구축했습니다. 이들도 머리를 맞대어 광주에서 벌어진 일을 어떻게 해결하지 고민했습니다. 이들에게도 최선의 해결책은 계엄군과의 협상이었습니다만, 남동성당파는 도청의 수습대책위원회와 거리를 유지했습니다. 도청파가 주로 관변 인사들로 구성되어 있다 보니 믿을 만한 사람들로 여기지 않았기 때문입니다.

사실 남동성당파 사람들이 사회운동의 거점 공간으로 남동성당

에 모인 건 이번이 처음이 아닙니다. 1979년 호남전기 사건이 벌어
질 때도 이양현, 조아라, 이애신, 김경천, 이성학 등이 남동성당에 모
여 '해직노동자 대책기구'를 결성했습니다. 1970년대 말 광주에는
일신방직, 전남방직, 호남전기 등 대규모 사업장이 있었습니다. 여기
에 고용된 여성노동자들은 가톨릭노동청년회(JOC)에서 소그룹 활
동을 하며 민주노조를 만드는 데 애를 썼죠. 문제는 1979년 3월 민주
노조 활동을 해온 김성애가 회사 측의 부당조치로 조합원 자격을 박탈
당할 위기에 봉착했다는 점입니다. 이에 광주 지역의 사회운동 세력은
힘을 모아 문제 해결에 나섰습니다. 이때 해고노동자 문제를 해결하려
는 모임이 남동성당에서 주로 이루어졌지요. 5·18 당시에 광주의 재
야인사들이 너도나도 남동성당에 모여든 이유입니다. 남동성당이 이
들의 아지트였던 셈이죠.

　5월 23일 남동성당파는 몇 가지 의견을 적은 문건을 경찰서장에
게 보냈습니다. 이를 통해 계엄군과의 독자적인 협상을 시도했습니
다만,[8] 별 소득을 얻지 못했습니다. 그 대신 남동성당파의 명노근 교
수와 조철현 신부는 계엄군과의 두 번째 협상에 시민대표로 참여하게
되었습니다. 협상은 입장의 차이가 좀처럼 좁혀지지 않은 채 평행선
만 달렸습니다. 계엄군은 '무조건적인 무기반납'을 요구할 뿐 다른 사
안에 대해서 일말의 양보조차 없었기 때문입니다. 협상이 길어지자 명
노근 교수가 자발적으로 남고 나머지는 계엄군에 연행된 34명의 시
민들을 데리고 도청으로 돌아갔습니다. 혼자 남은 명노근 교수는 계

8]　윤공희 외, 『저항과 명상: 윤공희 대주교와 사제들의 오월항쟁 체험담』(빛고을출판사,
1989), 54쪽.

214

엄군 지휘자와 어느 정도 합의에 성공했으나 연행자를 전원 석방하라는 조건에서 딱 막히고 말았습니다.

해직교수 출신의 알암 명노근은 학생들에게 큰 신뢰를 받았던 인물입니다. 1978년 6월 27일 「우리의 교육지표」를 발표한 11명의 전남대 교수 중 한 명이었거든요. 「우리의 교육지표」는 유신체제의 통치이념을 상징하는 '국민교육헌장'을 부정하고 민주

광주 지역의 민주화운동을 이끌었던 조아라 장로(왼쪽)와 명노근 장로(오른쪽). (출처: 김준태, 「명노근 평전」)

교육을 열망하는 목소리를 집약적으로 표현한 문건입니다. 1970년대 후반, 광주의 민주화운동에 불을 지핀 사건이었죠. 1980년 5월 22일 궐기대회에서 무조건 항복을 주장한 도청파에게 야유를 보내던 시민들이 명노근 교수의 등장에 분노를 가라앉힌 이유이기도 합니다.[9]

명노근 교수는 아브라함을 함축한 말인 '알암'(謁巖)을 자신의 호로 사용할 정도로 그리스도인으로서의 정체성이 분명했습니다.[10] 전남 지역 민주화운동의 산 증인인 은명기 목사가 시무하고 있던 양림교회의 장로이기도 했습니다. 나중에는 은명기 목사와 함께 양림교회를 나와 고백교회를 세웠습니다. 그때가 1983년 12월 3일이었습

9]   윤공희 외, 『저항과 명상』, 89쪽.
10]   김준태, 『명노근 평전』(심미안, 2009), 77쪽.

니다. 나치에 맞섰던 독일 고백교회를 교회 이름의 모티브로 삼았다는 사실을 알 수 있습니다.

다음 날인 5월 24일, 명노근 교수는 협상을 담판 짓기 위해 계엄군을 다시 찾아갔지만, 발걸음을 돌려야 했습니다. 그의 증언에 의하면, 향토 부대의 지휘관들은 되도록 시민대표들의 의견을 수렴하려고 했으나 서울에서 온 지휘관들이 강경하게 밀어붙였다고 합니다. 이에 명노근 교수는 평화적인 사태 수습이 어렵겠다는 예감이 들었다고 합니다. 군 장성들 간의 험악한 분위기를 보고 군의 명령체계가 '이원화'되었음을 직감한 겁니다.[11]

남동성당파 중 명노근 교수가 계엄군과의 협상에 적극적이었다면, 일명 '조비오' 신부로 잘 알려진 조철현 신부는 무기회수에 적극적으로 나섰습니다. 5·18항쟁의 진상규명을 위해 열린 광주 청문회(1989)에서 헬기 사격을 처음으로 증언한 바 있는 조철현 신부. 그는 1980년 5월 23일부터 24일까지 외곽지역을 돌아다니며 무기를 회수하는 데 열중했습니다.

자료를 보면, 남동성당파 멤버 가운데 가장 활발히 활동한 인물은 명노근 교수와 조철현 신부인 걸 알 수 있습니다. 그 밖에 대변인으로 수고한 김성용 신부가 있습니다. 그리고 1912년생인 조아라 장로의 경우 당시 일흔을 앞두고 있었지만, 시내버스와 택시 운행이 중단된 상황에서 하루에 8킬로미터 넘게 걸어 다니며 활동했다고 합니다. 죽음의 행진을 함께 한 다음 장례위원회 결성에 참여하여 당시 광주시장이던 구용상과 시신 처리 문제에 관해 논의했습니다. 여름이

11] 명노근, 「시민수습대책위원회 활동에 나서다」, 『광주오월민중항쟁사료전집』, 201쪽.

다가오고 있었기에 시신 처리도 급박했기 때문입니다. 이때 5월 29일에 장례를 치르자는 데 의견을 모았다고 합니다.

무기반납을 둘러싼 이견과 갈등이 갈수록 심해지는 상황에서 광주의 청년활동가들은 남동성당파 멤버들에게 연락을 취했습니다. 이들은 녹두서점에서 「투사회보」를 발행하며 5·18과 관련한 정보를 시민들에게 전달하고, 저항의 방향을 제시했습니다. 사태수습을 위해 의견을 모아 보자는 게 취지였지만, 본래 의도는 달랐습니다. 광주의 청년활동가들은 죽더라도 총을 들고 맞서야 한다는 입장이었고, 광주의 어른들로 구성된 남동성당파가 자신들을 지지해 주길 바랐습니다. 5월 25일 광주YWCA회관에서 광주의 청년활동가들과 남동성당파 멤버들이 한자리에 모였습니다. 광주의 청년활동가들은 수습에서 항쟁으로 선회할 수밖에 없는 상황을 설명하며 남동성당파가 항쟁을 지지해 달라고 설득하려 했지만, 이성학 장로를 제외하고는 선뜻 찬성하는 사람이 없었습니다.[12] 이 모임은 나중에 폭동을 조장했다고 해서 남동성당파 멤버들이 고초를 겪게 된 근거 중 하나가 되었습니다.

무슨 일이 있어도 끝까지 싸우겠다는 청년들과의 만남 이후 남동성당파는 고민에 빠졌습니다. 사태가 걷잡을 수 없는 상황이 되기 전에 행동에 나서기로 했습니다. 이들은 기존에 존재하고 있던 수습대책위원회에 합류하기로 했습니다. 계엄군과의 대화 창구를 일원화하기 위해서였습니다. 모두 도청으로 갔습니다. 5월 25일 남동성당

12] 송기숙, 「5월의 꿈 5월의 분노」, 『월간 예향』, 1990년 5월 호: 『5·18광주민주화운동 자료총서 11』(광주광역시 5·18사료편찬위원회, 1998), 450쪽 재인용.

파 멤버들을 주축으로 수습대책위원회의 개편이 이루어진 까닭입니다(전체 25명 중 19명이 남동성당파). 인적 구성이 바뀌자 수습방향도 달라졌습니다. 이날 수습대책위원회가 작성한 「최규하 각하께 드리는 호소문」의 내용을 보면, 무조건적인 무기반납을 고집한 도청파와 결이 달라졌음을 알 수 있습니다. 즉, 이들이 제시한 수습방안은 정부의 잘못 인정과 사과, 그리고 피해 보상과 보복 금지였습니다.

그날 밤, 남동성당파 멤버들은 도청에서 밤을 지새우기로 했습니다. 이때만 해도 사람들은 다음 날 새벽에 계엄군이 탱크를 앞세워 광주 시내로 진입하리라고는 생각도 못했습니다. 죽음의 행진은 더더욱 말할 것도 없고요. 광주시를 불바다로 만들 수 있는 폭탄이 도청 지하실에 있다는 말에 이들은 교회 청년들을 불러 모아 도청을 지키기로 했습니다. 혹여나 모를 불상사를 방지하기 위해서였습니다.

도청을 지키다 죽은 신학생들

우린 참여하여 뭔가를 보여줘야 한다.
계엄당국의 엉터리없는 보도
불순분자들의 난동이라니
그럼 나도 불순분자란 말인가.
대열의 최전방에서 외치고 막고 자제시키던
내가 적색분자란 말인가.
우린 후세에 전 국민에게
광주사태가 몇몇의 불순세력에 의해 자행된 것이 아니라

218

무자비한 공수부대의 만행에
분노한 선량한 시민들의 궐기임을 알리고
증언해야 하는 것이다.
모든 전 시민이 빵과 주먹밥과 음료수를 나르는
광경이 적색, 폭도란 말인가.

뭔가를
진정한 민주주의 승리를 보여줘야 한다.
나의 불참이 나의 방관, 외면이
수습을 더 늦게 지연시키는 것이다.[13]

이 글은 도청 지하실의 무기고를 지키다 계엄군의 총에 맞아 죽은 문용동(1952-1980) 전도사가 생전에 마지막으로 남긴 일기 내용입니다. 1980년 5월 22일 일기이니 그가 도청 지하실의 무기고를 본격적으로 관리하기 시작할 때 작성했음을 알 수 있습니다. 이 일기는 지난 2017년 유가족이 고(故) 문용동 전도사 순교기념사업회에 건네 준 가방에 들어 있었다고 합니다. 일기뿐만 아니라 설교노트, 수첩 등도 함께 들어 있었다고 하니 그것을 통해 생전에 그가 무엇을 고민했는지를 알 수 있습니다. 최근에는 그가 속했던 예수교장로회 통합교단을 중심으로 문용동 전도사를 재조명하는 작업이 이루어지고 있습니다. 지난 2016년에는 통합교단이 그를 '순직자'로 지정하기도 했고요.

13] 故 문용동 전도사 순교기념사업회, 『새벽길을 간 이: 故 문용동 전도사 추모자료 개정증보판』(한들, 2018), 215-216쪽.

5·18항쟁이 일어나기 전까지만 해도 그는 문학과 음악을 즐기던 평범한 신학생이었습니다. 기타를 즐겨 치고, 클래식 음악을 듣거나 녹음하는 이야기가 일기장에 종종 나옵니다. 5·18 당시에는 하루하루 아우구스티누스, 토마스 머튼, 니체, 빅토르 위고의 문구를 수첩에 인용했습니다. 그의 문학적 소양이 상당했음을 알 수 있습니다. 전남 영암 출신인 그가 교회를 다니기 시작한 때는 1970년 4월이었습니다. 고등학교 2학년 때였죠. 처음에는 교회에 대한 인상이 썩 좋지 않았다가 김용기(1909-1988) 장로를 만나면서 인생의 전환이 이루어졌습니다. 김용기 장로는 1954년 경기도 광주군 동부면 풍산리에 가나안 농장을 세운 인물입니다. 팔십 평생 '근로, 봉사, 희생'을 삶의 덕목으로 삼아 몸소 실천하였던 농촌활동가였죠. 김용기 장로와의 만남을 통해 실천적인 삶에 대한 고민을 시작하지 않았나 싶습니다.

그는 호남신학대학에 입학한 후 야학 교사로 활동하면서 실천적인 삶에 대한 고민을 풀어 나갔습니다. 광주제일교회가 운영하던 성경구락부의 국어 교사로 말입니다. 여기서 그는 불우한 청소년들을 보살피며 문학의 꿈을 심어 주었습니다. 이 교회는 1919년 3·1운동 당시 광주 지역의 만세시위를 주도한 북문안교회를 전신으로 하고 있습니다. 문용동 전도사의 신앙생활이 시작된 곳이기도 하죠. 1979년 7월 상무대교회 전도사로 부임하기까지 그의 신앙생활이 이루어진 장소입니다.

그가 5·18항쟁에 뛰어든 계기는 집으로 돌아가던 길에 목격한 충격적인 장면 때문이었습니다. 1980년 5월 18일 상무대교회를 다녀오던 길에 할아버지 한 분이 금남로에서 계엄군에게 붙잡혀 구타당하는 걸 그가 본 겁니다. 그는 그냥 지나치지 않고 병원에 데려가

응급처치를 받을 수 있게 조치를 취했습니다. 이후 그는 시위에 참여하였습니다. 그의 교회 후배가 증언한 바에 따르면, 5·18항쟁 당시 문용동 전도사에게서 최루탄 가스 냄새가 나기에 물었더니 시내에서 데모를 하다 왔다고 했답니다. 그 후배는 무슨 전도사가 데모를 하느냐, 말도 되지 않는다고 따졌고요. 이에 문용동 전도사는 세상이 어렵고 사람들이 고통당하고 있는데, 이럴 때 목사들이 앞장서서 나가야 한다, 모세를 보라, 고통받고 있던 백성들을 인도해 나갔지 않느냐고 반문했다고 합니다.[14]

　　당시 전남도청 지하실에는 2,500여 정의 총기와 8톤가량의 폭탄이 보관되어 있었습니다. 군 무기고를 연상할 정도의 엄청난 물량이었죠. 만약 사소한 부주의라도 있어 무기고가 일시에 폭발한다면 광주는 잿더미가 될 수도 있었습니다. 도청으로부터 반경 3-4킬로미터 이내의 시가지를 파괴하기에 충분했기 때문입니다. 예컨대 무등산, 광주교육대, 전남대, 광주역 등이 사정거리에 있었습니다. 문제는 이를 관리할 수 있는 사람이나 조직이 없었다는 사실입니다. 청년 몇 명이 폭약관리반을 자처했습니다. 처음에는 9명이었지만 최종적으로 5-6명이 남았습니다. 그중에 한 명이 문용동 전도사였습니다. 한 생존자의 증언에 의하면, 문용동 전도사가 폭약관리반을 주도적으로 이끌었다고 합니다.[15] 이들 가운데 가장 연장자였기 때문입니다.

　　그의 일기에 묘사된 광주의 상황은 처참했습니다. 도청 앞 분수대에 놓인 32구의 시신, 병원 영안실의 시체들, 병원마다 꽉 찬 총상

14]　이우주, 「5·18 당시 故 문용동 형과의 짧은 대화」, 『새벽길을 간 이』(한들출판사, 2001), 47-48쪽.

15]　양홍범, 「도청에서 폭약담당반으로」, 『광주오월민중항쟁사료전집』, 341쪽.

환자들, 눈이 뒤집어진 시민군, 폐허 같은 금남로, 불에 타버린 문화
방송국, 앙상한 뼈대만 남은 차량들. 그는 더 큰 불상사가 일어나지
않으려면 폭탄의 뇌관을 분리해야 한다고 생각했습니다. 폭탄물 전
문가가 필요했습니다. 남녀노소 불문하고 무차별 사격을 가한 계엄
군에게 역사의 심판이 내려지길 바라던 그였지만, 목숨을 걸고 계엄
군을 찾아가 도움을 요청한 이유입니다. 이 일로 그는 전문가의 도움
을 받아 뇌관 분리작업을 마칠 수 있었으나, 5·18항쟁 이후 계엄군의
프락치였다는 오해를 샀습니다.

그는 무기고에서 폭탄을 해체하고도 끝까지 자리를 지켰습니다.
만약 그가 계엄군의 프락치였다면, 폭탄의 뇌관을 분리한 시점에서
도망치지 않았을까요. 계엄군의 최후통첩으로 광주가 술렁이던 5월
26일 그의 가족과 지인들이 찾아왔습니다. 신학교 동기인 윤상현도
도청으로 찾아가 친구에게 귀가를 권했습니다. 그의 누나도 어서 집
으로 돌아가자고 했지만, 그는 도청에 끝까지 남는 걸 선택했습니다.

그가 남긴 자료를 보면, 거의 매년마다 4월 혁명을 다루고 있는
게 인상적입니다. 군 복무 시절 그는 4·19를 언급하며 무언가를 위해
희생하는 삶에 대해 썼습니다. 1980년 4월 20일에는 "4·19혁명"이
라는 제목으로 설교를 했습니다. 이때 그는 불의를 보고도 저항하지
않는다면 역사의 심판을 받게 될 것이라 했죠.[16] 불의 앞에 좀 더 용
감해져야 한다고 역설했습니다. 그가 볼 때 4·19는 밀알이었습니다.
무언가를 위해 죽고 썩어짐으로써 자기도 살고 숱한 이들이 살아날
수 있는 거름이었으니까요. 한마디로 4·19를 통한 시대 읽기였습니

16] 「4·19혁명」, 『새벽길을 간 이』(한들출판사, 2001), 169-172쪽.

다. 단순히 과거의 사건을 다룬 게 아니었습니다. 그가 전남도청의 지하실에서 무기고를 지키다 계엄군의 총에 맞기 40여 일 전에 한 설교였습니다. 문용동 전도사는 5·18항쟁 때 보여준 용기와 희생을 통해 자신의 설교를 몸소 실천한 겁니다.

그와 함께 뇌관 해체작업을 수행했고, 그의 마지막을 지켜본 이가 있습니다. 바로 폭약관리반 멤버 김영복이었습니다. 그가 전하는 문용동 전도사의 최후는 서글픕니다. 1980년 5월 27일 새벽, 도청을 거의 탈환한 계엄군은 무기를 버리고 투항하라는 방송을 내보냈습니다. 문용동 전도사는 자신이 앞장설 테니 함께 나가자고 했습니다. 그때까지만 해도 군인들의 함성소리만 났을 뿐 총성은 완전히 멎은 상태라 다소 안심했기 때문입니다. 하지만 앞장선 문용동 전도사가 문을 밀고 나서는 순간 갑자기 총성이 나며 문용동 전도사가 자기 앞에서 쓰러졌다고 합니다. 투항하라는 방송에 문을 열고 나갔지만, 돌아온 건 가슴에 박힌 총탄이었던 겁니다. 이때 그의 나이 28세였습니다.

문용동 전도사가 사후에 적지 않은 오해를 받은 데 비해 한국신학대학의 류동운(1961-1980)은 일찍 '열사'로 기억된 인물입니다. 경북 포항 출신인 그는 학창 시절을 전남 광주에서 보냈습니다. 특기할 만한 사실은 그가 고등학교 1학년 때 긴급조치 9호를 위반한 혐의로 경찰서에 연행된 적이 있다는 점입니다. 그의 아버지인 류연창 목사가 유신체제를 비판한 설교로 긴급조치 9호 위반으로 구속되었을 때, 집 안을 수색하던 기관원들이 유신정권에 불만을 표현한 그의 글을 발견했기 때문입니다. 이 일로 그는 아버지와 함께 감옥에 갇히고 말았습니다. 류동운은 아버지의 단식투쟁으로 풀려났지만, 독재정권의 부당성을 온몸으로 겪게 되었지요.

학창 시절 류동운은 역사와 사회복음을 다룬 책을 탐독했습니다. 특별히 그는 16세기 농민 지도자였던 토마스 뮌처(Thomas Münzer, 1490-1525)의 삶에서 자신의 길을 정립했다고 합니다.[17] 뮌처는 유럽에서 막 종교개혁이 일어날 때쯤 천년왕국 사상을 바탕으로 농민전쟁을 일으킨 재세례파 인물로 유명하죠. 불온한 시를 썼다는 이유로 구금되고, 체제를 전복시키려고 했던 뮌처를 동경했던 고등학생 류동운. 그의 아버지가 성결교단의 목회자였음에도 불구하고 그가 한국신학대학으로 진학한 이유가 짐작됩니다. 기독교의 사회참여에 대한 관심을 충족시켜 주기에는 아무래도 한신대가 적합하리라고 여겼을 테니까요.

79학번인 그의 대학 시절이 어땠는지 정확히 알 길은 없습니다. 다만 1980년 5월 광주의 소식을 접한 그가 전남대 학생들과 함께 시위에 나선 건 분명합니다. 그러다 5월 16일 계엄사에 연행되어 3-4일 동안 감금되었습니다. 아버지 류연창 목사는 이때 아들이 석방되지 않았더라면 죽지 않았을지도 모른다고 아쉬움을 토로하기도 했습니다.

"나는 이 병든 역사를 위해 갑니다. 이 역사를 위해 한줌의 재로 변합니다. 이름 없는 강물에 띄워 주시오." 그가 생전 마지막으로 쓴 이 글은 마치 자신의 죽음을 예견한 듯합니다. 아버지의 증언에 따르면, 류동운은 석방 후 한동안 잠잠히 지냈다고 합니다. 그가 행동에 나선 건 5월 25일 친구의 형이 비참하게 죽어 가는 모습을 보고 와서

17] 한신대학 총학생회 79회 동기회, 『류동운 추모집』(민주화운동기념사업회 오픈아카이브, 1985), 13쪽.

부터였습니다. 이때부터 그는 도청에 들어가 여러 가지 활동을 했습니다. 훗날 아버지는 아들이 친구들을 찾아다니면서 용서를 빌고 다녔다는 걸 알게 되었다고 합니다.

마지막 순간 류동운은 아버지의 만류를 뿌리치며 도청으로 향했습니다. 최후까지 싸우겠다며 도청에 남은 무리에 합류했습니다. 이후 그의 정확한 행적을 알기란 쉽지 않습니다. 다만 1980년 5월 27일 새벽 2시 30분경에 작전을 시작한 계엄군의 총에 목숨을 잃은 건 분명합니다. 사방에서 총성이 울리고 수많은 사람들이 사살되었던 죽음의 현장에서 말입니다. 가족들은 그래도 혹시나 살아 있겠지 하는 희망으로 아들을 찾으러 다녔습니다. 아들의 시체를 찾으러 다니는 참담함이란 도저히 상상할 수 없는 슬픔입니다.

목포의 신앙고백

우리는 대체로 1980년 5·18항쟁이 광주에서만 일어난 사건으로 압니다. 광주를 중심으로 이루어진 건 분명하지만, 광주 이외에도 목포, 나주, 함평, 영암, 화순, 강진, 해남 등 전라남도 서남부 지역의 시민들이 항쟁에 참여했다는 사실을 알 필요가 있습니다. 이러한 이유로 혹자는 5·18항쟁을 '전라민중무장봉기'로 불러야 한다는 의견을 내놓기도 했습니다.[18] 요점은 5·18항쟁을 광주로 국한시키지 말

18] 5·18기념재단, 『구술생애사를 통해 본 5·18의 기억과 역사 7: 개신교 편』(심미안, 2015), 191쪽.

아야 한다는 겁니다. 이를 잘 보여주는 지역이 바로 전라남도 목포입니다.

목포의 항쟁은 5월 21일, 광주 시민들이 버스 4대를 타고 목포에 들어와 광주의 상황을 전하면서 시작되었습니다. 이미 목포 시내에는 별의별 소문이 꼬리에 꼬리를 물고 번졌습니다. 광주에서 시민군이 오자 목포 시민들은 목포역 광장으로 속속 몰려들었습니다. 광주에서 벌어진 충격적인 소식을 전해 듣고는 1만 명이 넘는 시민들이 가두행진에 나섰습니다. 경찰은 속수무책으로 지켜볼 수밖에 없었습니다. 파출소, 세무서, 중앙정보부 목포분실 등이 파괴되거나 불에 탔습니다. 그야말로 목포는 무정부 상태에 빠지고 말았습니다.

당시 목포는 진보적 기독청년운동의 중심지였습니다. 1975년 8월 기독교장로회청년회 전국연합회(이하 기장청년회 전국연합회)가 재건될 때 목포연동교회를 다니던 안철(1946-2003)이 기장청년회 전국연합회 회장을 맡았기 때문입니다. 그는 목포에서 동아약국을 운영하던 약사였죠. 다음 해인 1976년 8월 목포에서 기장청년회 전국대회가 개최된 이유라 할 수 있습니다. 이때 기장 청년들은 "우리 자유의 젊은이들은 억압당한 민중을 해방하기 위해 끝까지 투쟁할 것을 선언한다. 왜냐하면 이것이 바로 예수의 뒤를 따르는 민중 선교의 길이기 때문이다"라는 「민중신앙고백」을 발표했습니다.[19] 억압, 민중, 해방, 투쟁 등 지금으로서는 생소한 용어들이 난무합니다만, 말하고자 하는 바는 분명합니다. 불의에 저항하는 삶이야말로 예수를 따르

19] 한국기독교교회협의회 인권위원회, 『1970년대 민주화운동 III』(한국기독교교회협의회, 1987), 1295쪽.

는 길이라는 것.

고백의 실천은 1977년 1월 12일 광주양림교회에서 기장청년회 전남연합회가 개최한 신앙강좌에서 이루어졌습니다. 유신체제 반대, 양심수 석방, 언론의 자유 인정, 민간인 사찰 금지 등을 골자로 하는 「우리의 고백」을 발표했거든요. 이 일로 기장청년회 전국연합회 회장 인 안철이 연행되어 구타를 당했습니다. 다행히 그는 곧바로 석방되 었지만요. 하이라이트는 4월이었습니다. 부활절 연합예배 때 유신정 권의 부당성을 알리는 유인물을 뿌리기로 한 계획이 발각되어 안철, 이철우, 정영근, 김상곤 등이 긴급조치 9호 위반으로 구속되었습니다. 그러자 기장청년회 서울연합회가 거세게 저항해 1977년 4월 24일 명동에서 가두시위를 벌입니다.

진보적 기독청년운동을 이끌었던 안철은 5·18 때 목포의 항쟁 을 지도했던 '시민민주투쟁위원회'의 핵심 멤버였습니다. 5월 22일 에 조직되어 27일까지 유지된 시민민주투쟁위원회는 목포의 질서를 되찾기 위한 노력을 마다하지 않았습니다. 학생들의 반발로 무산되 었지만, 원래 명칭은 수습대책위원회였습니다. 활동 방향이 무엇인지 를 알려줍니다. 그뿐만 아니라 시민민주투쟁위원회는 수차례 집회를 개최하여 외롭게 고립되어 있던 광주 시민들을 응원하였습니다.

시민민주투쟁위원회는 크게 위원회와 집행부로 구성되었습니다. 위원회는 주로 국제 엠네스티 목포지부에 참여했던 이들을 중심 으로 이루어졌습니다. 위원장은 안철이 맡았습니다. 당시 그의 존재 감은 목포 지역의 사회운동에서 빼놓을 수 없을 정도로 컸습니다. 집 행부의 경우 70년대 중후반 진보적 기독청년운동에 참여했던 이들이 주로 참여했습니다. 예컨대 안철과 함께 목포연동교회를 다니던 박상규가 집행부 위원장으로 활약했습니다. 그는 매일 아침 안철의 메모를 받아 그날 집회가 잘 치러질 수 있도록 실무를 총괄했습니다. 이를 위해서 집행부는 기획, 총무, 홍보, 대외협력 등의 부서를 두었습니다. 한양대 제적생인 양지문은 기획실장, 한신대 학생인 황인갑은 총무, 중앙교회 청년부 회장인 한봉철은 홍보실장을 맡았습니다. 이들 모두 목포중앙교회 청년들이었죠.

이는 목포연동교회와 목포중앙교회를 중심으로 하나의 인적 네트워크가 형성되었음을 의미합니다. 이 두 교회는 기독교장로회 소속이었고, 교회 역사가 1920년대에 시작된다는 공통점을 지녔습니다. 실제로 이들은 목포연동교회에서 운영하던 야학과 독서모임을 통해 관계를 맺은 사이였습니다. 목포연동교회가 사회운동의 구심점이었던 셈입니다. 그만큼 목포연동교회는 기독교의 사회참여에 관심이 많았습니다. 한 예로, 목포연동교회는 민주화운동과 관련된 내용을 교회소식으로 주보에 실었습니다. 언론이 통제된 상황인 터라 일반 신문에는 나오지 않았으니까요. 5·18 직전에는 30대 청년들을 중심으로 꾸려진 '갈릴리회'가 선교방송을 기획했습니다. 신군부를 직접 겨냥하지는 않았지만 일종의 풍자가 섞인 설교를 목포MBC를 통해 내보낸 겁니다.[20] 구상은 안철의 친구인 서행조가 했고, 원고는 목포연동교회 정권모 목사가 썼습니다.

정권모 목사의 글쓰기는 5·18항쟁 때도 빛을 발했습니다. 아무래도 기독교 방송에서 기자로 근무한 경력이 크게 작용하지 않았나 싶습니다. 그가 5·18 때 작성한 성명서는 두 개로 알려져 있습니다.

20] 5·18기념재단,『구술생애사를 통해 본 5·18의 기억과 역사 7』, 586쪽.

하나는 5월 23일 목포시민 궐기대회에서 낭독된 「우리 겨레와 세계 자유민에게 보내는 목포시민 결의문」입니다. 5·18을 '양민학살'로 규정하고, 비상계엄령 해제와 통신·교통수단의 정상화, 그리고 정부의 보상과 신군부의 퇴진을 요구했습니다. 5·18항쟁 기간에 사건의 성격을 규정한 성명서로 유명합니다.

다른 하나는 5월 25일에 개최된 목포시기독교연합회 비상구국 기도회에서 채택된 「광주시민혁명에 대한 목포지역교회의 신앙고백적 선언문」(이하 신앙고백적 선언문)이었습니다. 이날은 공교롭게도 일요일이었습니다. 이때 목포연동교회 사람들은 "광주사태는 명백히 계획적, 조직적인 양민학살 사건이다. 피 값에는 외상이 없다. 즉각 보상하라"라는 플래카드를 들고 나왔다고 합니다. 그날 목포연동교회의 낮 예배 설교 제목이 "전우의 시체를 넘고넘어"였다고 하니 5·18항쟁에 대한 열의가 대단했다는 사실을 알 수 있습니다.[21]

제목에서 알 수 있듯이 이 성명서는 5·18항쟁을 '시민혁명'으로 규정했습니다. 내용을 들여다보면, 동학혁명, 3·1운동, 광주학생사건, 4·19, 명동 민주구국선언의 맥을 잇는 역사적인 사건으로 자리매김했습니다. 5·18을 의거나 항쟁이 아니라 '혁명'으로 불렀다는 점에서 매우 앞서나간 문건이었습니다. 항쟁 주체였던 광주 시민들조차 미처 생각하지 못했던 문제였기 때문입니다. 「투사회보」와 같은 유인물이 5·18항쟁의 소식을 알리고 투쟁을 선동하는 데 주력했다면, 「신앙고백적 선언문」은 5·18항쟁의 역사적 의미를 짚어 내고 그 정당성

21] 한국기독교장로회 전남·광주노회, 『인권선교 20년사』(한국기독교장로회전남광주노회, 1996), 76쪽.

을 전하는 데 강조점을 두었습니다.[22]

요컨대 「신앙고백적 선언문」은 5·18항쟁을 하나님의 정의와 자유를 심으려는 '의로운 투쟁'으로 명명했습니다. 이러한 의로운 투쟁을 진압하기 위해 계엄군을 투입하여 하나님의 형상인 시민을 능욕하고 학살한 데 대한 책임을 물었습니다. 「신앙고백적 선언문」은 피비린내 나는 유혈극을 막는 방법으로 신군부의 퇴진과 민주인사들의 석방을 제안했습니다. 5월 21일에 이루어진 방송국 건물 파괴에 대해서도 "하나님이 역사적 현장을 외면하고 있는 이 나라 언론인에 대해 분노하시는 모습을 보았다"라는 논리로 정당화했습니다. 광주와 목포의 참상을 정확히 전달해 주기 바란다는 당부도 잊지 않았습니다. 심지어 마음을 돌이켜 회개하는 이들을 교회는 얼마든지 받아 줄 수 있다는 용의를 밝혔습니다.

지금도 종종 언급되는 이 선언문은 5·18항쟁 때 이루어진 교회의 첫 입장 표명이었습니다. 1970-1980년대에 나온 유인물 가운데 사건의 핵심을 가장 잘 다룬 글이라 할 수 있습니다. 표면적으로는 목포연동교회 청년인 박상규가 썼다고 알려졌었습니다. 그러다 보니 박상규는 5·18항쟁 이후 수사관들의 취조를 받았습니다. "니 실력으로 어떻게 이게 나오냐. 니가 신학을 공부했냐. 목포공전 건축학과 다니는 놈이 어떻게 이런 글을 쓸 수 있냐. 이거 전문가가 쓴 거다. 불어라" 하는 식으로 말입니다.[23] 박상규가 자신이 이것저것 참조해서 베껴 썼다고 끝까지 우겨 정권모 목사는 구속을 피할 수 있었습니다.

22] 박찬승, 「1980년 목포항쟁의 전개과정과 주도층」, 『지방사와 지방문화』 9권 2호 (2006), 312쪽.

23] 5·18기념재단, 『구술생애사를 통해 본 5·18의 기억과 역사 7』, 245쪽.

자신의 몸을 던진 기독청년들

10여 일 동안 계속된 항쟁은 계엄군이 도청을 무력으로 진압하면서 끝이 났습니다. 5·18항쟁은 실패로 귀결되었지만 살아남은 자들에게 지대한 영향을 미쳤습니다. 계엄군의 잔혹 행위에 대한 분노와 끝까지 도청을 지키다 죽은 자들에 대한 죄책감은 1980년대를 혁명의 시대로 이끌었기 때문입니다. 물리적 시공간으로서의 5·18은 끝났지만, 시대정신으로서의 5·18은 이제 막 시작되었습니다.

광주에서 벌어진 학살이 신군부의 아킬레스건인 만큼, 신군부는 5·18항쟁을 폭도들이 일으킨 폭동으로 몰아갔습니다. 예컨대 1980년 5월 21일 이희성 계엄사령관은 광주에서 상당수의 타 지역 불순인물 및 간첩들의 선동에 의해 무장난동이 벌어졌다는 담화문을 발표했습니다. 5공화국의 공식 입장을 대변해 주는 말이었죠.

계엄군에 의해 5·18항쟁이 진압된 지 사흘이 지난 5월 30일, 종로5가에 위치한 기독교회관 6층에서 한 청년이 계엄군 탱크 사이로 떨어져 숨지는 사건이 벌어졌습니다. 서강대 무역학과 76학번 김의기(1959-1980)가 광주학살을 알리는 유인물인 「동포에게 드리는 글」을 뿌리고 투신한 겁니다. 당시 언론은 5·18을 부정적으로 묘사하는 데 급급했습니다. 폭도들이 군인들을 낫으로 찔러 죽이고 껍질을 벗긴다거나 곳곳에서 약탈행위가 발생했다는 식으로 말입니다. 오월의 광주에 대한 왜곡이 심해지자 김의기는 진실을 알리려고 했습니다.

경북 영주 출신인 그는 평소 농촌 문제에 큰 관심을 가졌다고 합니다. 그의 꿈이 농민운동가였거든요. 방학 때마다 농촌봉사활동을 가는 건 두말할 나위가 없었습니다. 흰 고무신에 작업복 차림이 그의 트레이드마크였습니다. 사람이 편하면 점점 더 편하고 싶어져서 도둑 같은 마음이 생긴다고, 대학 입학 선물로 받은 양복을 입지 않았던 경상도 청년. 지인들은 그가 "입으로 해서 될 일이 아니라 바른길을 향해 몸으로 일체 나가야 할 것이다"라는 말을 자주 했다고 합니다. 바른길로 나가서 바로 행하라는 어머니의 말씀을 새겨들었던 겁니다.

보통 5·18항쟁의 참상을 가장 빨리 알린 문건으로 1980년 6월 1일 천주교 광주대주교 사제단이 발표한 「광주사태에 대한 진상」을 꼽습니다. 계엄군의 만행에 맞서기 위해 광주 시민들이 총을 들었다는 점을 강조함으로써 계엄사령부의 진상 발표와 대척점을 세웠습니다. 비록 김의기의 글은 간략하긴 하나 5·18을 "무참한 살육으로 수많은 선량한 민주 시민들의 뜨거운 피를 뜨거운 오월의 하늘 아래 뿌리게 한 남도의 봉기"로 폭로했다는 점에서 광주대주교 사제단의 문건보다 앞서 광주의 비극을 알렸다고 할 수 있습니다. 5·18이 진압된 지 사흘밖에 지나지 않았는데, 그의 글은 광주의 진실을 정확히 꿰뚫고 있었습니다. 이는 그가 광주 북동성당에서 열린 함평 고구마 사건 3주기 기념식에 참석하려고 광주에 왔다가 계엄군의 만행을 목격했기 때문에 가능한 일이었습니다.[24] 참고로 광주 북동성당은 농민운동의 분수령을 이룬 함평 고구마 사건이 마무리된 곳입니다.[25]

24] 함평 고구마 사건은 1976년에 생산된 함평 고구마를 전량 수매하겠다던 농협이 그 약속을 지키지 않음으로써 비롯되었습니다. 농협의 약속을 믿었던 농민들은 큰 피해를 입자 농협의 횡포에 맞서 싸웠습니다. 이 과정에서 농협의 부정이 드러났고, 농민들은 원래 요구했던 보상금을 받을 수 있었습니다. 이런 점에서 함평 고구마 사건은 한국 농민운동사에서 기념비적인 사건이라고 할 수 있습니다.

25] 5·18기념재단, 『구술생애사를 통해 본 5·18의 기억과 역사 5: 천주교 편』(심미안, 2013), 203쪽.

광주가 고립되지 않도록 다른 지역에서도 시위를 전개하는 게 필요하다는 지인의 조언으로 그는 서울로 돌아왔습니다. 한 차례 더 광주를 방문한 뒤 그는 한 선배의 집에 "광주의 진상을 알려야겠다"는 내용의 편지와 「동포에게 드리는 글」의 초고를 남겨 놓고, 얼마 지나지 않아 건물에서 떨어져 사망했습니다. 문제는 그의 죽음이 석연치 못한 데가 있다는 점입니다. 스스로 몸을 던진 것인지, 누군가에 의해 떠밀린 것인지 분명치 않거든요. 확실한 사실은 김의기가 떨어지고 난 다음 계엄군이 취한 조치입니다. 김의기가 작성한 유인물을 회수할 때까지 어느 누구도 그를 병원으로 옮겨 주지 않았습니다. 유족들은 최종적으로 자살로 판단해 민주화운동 보상심의 과정에서도 자살로 보고했다고 합니다만,[26] 계엄군이 그의 죽음을 방조한 건 분명해 보입니다.

신형원의 노래 「개똥벌레」의 원작자인 윤기현은 1980년 5월 광주에서 김의기를 본 목격자 중 한 사람입니다.[27] 김의기에게 서울로 돌아가라고 권유한 지인이 바로 동화작가 윤기현입니다. 그는 농촌운동에 서로 뜻이 통해 김의기와 알고 지냈습니다. 윤기현은 광주에서 열릴 함평 고구마 사건 3주기 기념식 때 김의기를 만날 계획이었죠. 윤기현의 증언에 의하면, 김의기는 사회를 변화시켜야 한다는 소명의식이 투철했고 신앙이 독실했다고 합니다. 김의기는 사회운동 자체를 신앙의 활동으로 받아들였는데, 이는 그가 1977년 8월부터 형제감리교회에 다니기 시작한 기독청년이었기 때문입니다. 이후 그는

26] 임미리, 『열사, 분노와 슬픔의 정치학: 한국저항운동과 열사 호명구조』(오월의 봄, 2017), 101쪽.
27] 김철원, 『그들의 광주: 광주항쟁과 유월항쟁을 잇다』(한울, 2017), 58쪽.

감리교청년회 전국연합회와 한국기독청년협의회(EYC) 간부로 활동했습니다. 그러다 1980년 2월 농촌선교위원장으로 선출되어 『농촌선교 자료집』과 『농촌활동 지침서』 발간에 주력했습니다. 농민운동가를 꿈꾸던 그다운 행보였습니다. 죽기 직전에는 두 누나와 매형을 형제교회로 데려간 적이 있다고 하니 복음전도에도 관심이 있었음을 알 수 있습니다.

김의기와 함께 광주학살을 목격한 윤기현은 6월 초 경기도 성남시의 주민교회에서 자신이 보고 겪은 일들을 증언합니다. 도시빈민운동가인 이해학 목사가 세운 교회였습니다. 광주를 탈출한 그가 피신생활을 하던 중 이해학 전도사를 만났는데, 광주에서 벌어졌던 일을 교인들에게 증언해 달라는 부탁을 받아 성사된 일이었습니다. 그 자리에는 부산 출신의 노동자 김종태(1958-1980)가 앉아 있었습니다. 군인들이 자국민을 총으로 쏴 죽였다는 이야기를 믿지 못했던 김종태. 결국 그는 광주로 갔습니다. 증언의 진위여부를 확인하기 위해서였습니다. 윤기현의 증언이 사실임을 알게 되면서 그는 광주에서 벌어진 비극을 알리는 데 최선을 다했습니다.

어려운 형편으로 국민학교를 가까스로 졸업한 김종태는 주경야독의 삶을 살았습니다. 낮에는 공장에 나가 일을 하고, 밤에는 노동으로 지친 몸으로 공부에 전념했습니다. 그의 생애를 정리한 자료를 보면, 그는 독서에 대한 열망이 컸던 것 같습니다. 야학 친구들과 함께 '형제단'이라는 독서토론회를 만들기도 했고, 자신이 살고 있던 산동네의 고등학생들을 모아 '조나단 독서회'를 만들었거든요. 그는 자신의 불운한 가정환경을 비관하기보다 좀 더 나은 세상을 만드는 데 열정을 쏟았습니다. 먹고사는 일에 급급하여 자녀교육에 소홀한 풍토를 개탄하며 야학을 새로 만들고, 영세한 경제적 환경을 타개하려고 신용협동조합을 세웠거든요.

기장청년회 전국연합회는 김종태가 생전에 쓴 글들을 모아 작은 문집을 낸 적이 있습니다. 여기에는 병원에서 치료받는 형제들, 빈민 굴에 사는 형제들, 공장에서 자유를 빼앗긴 채 일하는 형제들을 위해 그가 기도하며 쓴 시가 있습니다. "이 가난하고 버림받은 이들이야말로/ 당신이 보여주시던 기적의 행렬이 아니겠습니까/ 주여, 이들을 가엾게 여기소서/ 이들은 미약한 인간이오니 온갖 고통을 맛보신 주님!/ 위로해 주소서/ (중략) 주님! 불쌍히 여기소서/ 진리의 빛으로 이 어둠을 비추소서/ 모든 고통을 당하는 나의 형제들을 위해/ 나의 고통을 주님께 바치옵니다."[28] 『모임터』라는 회보에 실은 이 시를 통해 우리는 그가 가난한 자들의 고통을 자신의 아픔으로 여기고 있음을 알 수 있습니다.

남겨진 자료로 추론해 보건대 그는 르포 작가를 꿈꾸지 않았나 싶습니다. 십대 후반의 나이에 버스에 오르내리는 승객을 세는 계수원으로 일했던 경험을 써서 잡지에 게재하기도 했습니다. 도청 지하실의 무기고를 지키다 죽은 문용동 전도사에게 영감을 준 김용기 장로가 발간한 『가나안 복민운동』이라는 잡지에 말입니다. 또한 그는 공장에서 일할 수밖에 없는 근로청소년들의 열악한 환경을 고발하는 글을 남기기도 했습니다. 군이 르포 작가가 되고 싶다는 생각을 하지 않았더라도 가난의 대물림에 대해 확실한 문제의식을 품었던 건 분명합니다.

28] 김종태, 「어느 환자의 기도」, 『영원한 노동자 김종태』(기장청년회전국연합회, 1982), 29쪽.

주민교회에서 광주의 참상을 알게 된 김종태는 그 길로 하얀 종이를 한 뭉텅이 사서 글을 썼습니다. 광주의 비극을 알리고자 유인물을 만든 겁니다. 바로 「광주시민 학생들의 넋을 위로하며」였습니다. 이 글을 통해 그는 "내 작은 몸뚱이를 불사질러서 광주 시민 학생들의 의로운 넋을 위로해 드리고 싶습니다. (중략) 도저히 이 의분을 진정할 힘이 없어 몸을 던집니다"라며 슬픔을 드러냈습니다. 당시 그는 방위병이었습니다. 소집해제를 일주일 앞둔 1980년 6월 9일, 이화여대 앞 사거리에서 그는 자신의 몸에 불을 붙였습니다. 그의 유서에서 전태일이 등장하지는 않지만, 김종태는 5·18의 희생자들을 애도하기 위해 전태일의 분신자살을 재현했다고 볼 수 있습니다.[29]

5·18 직후 연이어 발생한 김의기와 김종태의 죽음은 정권퇴진 구호가 본격적으로 등장하는 계기가 되었습니다.[30] 김의기는 유서에 "일어나 유신 잔당의 마지막 숨통에 결정적 철퇴를 가하자"라고 쓰고 있고, 김종태는 "유신 잔당은 전원 퇴진하라! 계엄령을 즉각 해제하고, 군은 본연의 자세로 돌아가라"라고 외쳤기 때문입니다. 이들은 5·18의 죽음이 갖는 슬픔에 공감해 살인정권을 고발하고자 자신의 몸을 내던졌습니다.

김의기의 투신과 김종태의 분신. 이들이 '기독청년'이었다는 것을 알고 적잖이 당황한 이가 있으리라 생각합니다. 교회에서는 보통 자살을 죄라고 생각하기 때문이죠. 하나님이 주신 생명을 스스로 저버린 행위를 교회는 금지하고 있으니까요. 교리적 잣대를 엄격하게

29] 임미리, 『열사, 분노와 슬픔의 정치학』, 103쪽.
30] 임미리, 위의 책, 104쪽.

적용한다면 이들의 행동은 교리적으로 문제가 있을 수 있겠습니다. 중요한 사실은 이들의 죽음을 도그마에 갇힌 교리로만 해석한다면 놓치는 부분이 많다는 점입니다.

권력에 대항해 스스로 목숨을 끊는 경우를 '저항적 자살'이라고 합니다. 가장 극단적인 형태의 저항인 셈이죠. 김의기와 김종태의 죽음도 저항적 자살이라고 할 수 있습니다. 이는 압도적인 권력 앞에서 마땅한 저항 수단을 갖지 못할 때 취하는 경우가 많습니다. 잘 알다시피 5·18항쟁은 계엄군의 막강한 화력으로 인해 일방적으로 끝나고 말았습니다. 살아남은 사람들은 5·18항쟁의 실패를 내면화하는 과정에서 좌절과 분노를 맛봐야 했고요. 김의기와 김종태의 자살은 광주에서 희생당한 자들에 대한 사회적인 애도가 불가능한 상황에서 이루어졌습니다. 자신의 죽음만이 희생자들을 애도하는 유일한 방법이라고 여겼기 때문입니다.

그렇다면 저항적 자살에 대해 기독교인들은 어떻게 대처해야 할까요. 결론부터 이야기하자면, 자기라도 광주의 진실을 알려야겠다는 절박함으로 결심한 일을 교리적 잣대로만 판단하는 건 매우 편협한 발상입니다. 이 문제와 관련하여 우리는 전태일의 죽음을 살펴볼 필요가 있습니다. 1970년 11월 13일, "근로기준법을 준수하라"를 외치며 자신의 몸을 불태웠던 바로 그 전태일 말입니다. 하루 24시간 중 16시간 넘게 중노동에 시달리는—심지어 잠이 오지 않게 하는 '타이밍'이라는 약을 먹도록 강제당하면서—노동자들의 부당한 근로 조건을 바꾸기 위해 이리저리 뛰어다녔던 스물셋 젊음이 마지막으로 선택한 방법은 자살이었습니다.

그의 죽음은 지식인들과 학생들이 노동 문제에 관심을 갖는 계기가 되었습니다. 일련의 기독청년들도 마찬가지였습니다. 새문안교회 청년들은 전태일의 분신자살을 경험하고 '참회와 호소의 금식기도회'를 갖기도 했습니다. 이때 새문안교회 청년들은 중요한 고백을 했습니다. 그의 죽음은 단순히 한 개인의 자살이 아니라 사회적 타살이었다고 말입니다. 여기에는 일종의 공모자 인식이 작용하고 있었습니다. 새문안교회 청년들이 보기에 한국 교회는 전태일의 죽음에 어느 정도 책임이 있었습니다. 그런데도 교회는 전태일의 죽음에 아무런 충격도 받지 않았습니다. 이에 새문안교회 청년들은 메마른 사회와 그리스도인의 양심에 호소하기 위해 금식기도회를 열었던 겁니다. "분신을 하지 않으면 안 되는 이 현실을 외면하고, 교회여! 무엇을 하려는가. 회개하라"라는 이들의 외침에 귀 기울일 필요가 있습니다.

5·18추모예배와 조찬기도회

10일 만에 막을 내린 5·18항쟁. 계엄군의 진압 작전으로 사태는 일단락되는 듯했으나 살아남은 사람들의 가슴속에는 부글부글 끓어 대는 무언가가 있었습니다. 5·18항쟁이 발생했던 가장 큰 이유가 국가폭력이었음에도 불구하고, 정부는 사과는커녕 시민들이 폭도가 되어 폭동을 일으켰다는 식으로 몰아붙였기 때문입니다. 언론도 문제의 원인을 광주의 잘못으로만 치부하는 데 급급했습니다. 정확한 진상이 밝혀지지 않은 채 5·18은 사회적 금기어가 되고 말았습니다. 어느 누구든 광주에서 벌어졌던 일을 언급만 해도 그냥 잡아가던 시대였습니다. 광주 그 사실 자체를 이야기하는 게 유언비어였으니까요.

이러한 상황에서 5·18의 진실을 알리며 무고하게 잡혀간 사람들의 석방을 요구한 주체는 종교계였습니다. 주로 광주 지역의 개신교와 천주교가 앞장섰습니다. 예컨대 1981년 4월 21일 기독교장로회 전남노회는 참석자 전원의 서명을 받아 당국에 진정서를 제출했습니다. 5·18로 구속된 이들의 석방을 요구하는 내용이었죠. 그해 5월 18일에는 천주교 사제 35명이 남동성당에 모여 희생자들을 추모하는 미사를 거행한 후 가톨릭센터에서 단식농성을 벌였습니다. 이때 "광주항쟁의 진실은 규명되어야 한다"라는 플래카드를 내걸어 지나가는 사람들이 볼 수 있게 했습니다.

가톨릭센터에서 이루어진 단식농성은 경찰의 제지로 외부인의 접근이 봉쇄되긴 했지만, 신군부와 교회의 정면충돌로는 이어지지 않았습니다. 진상 규명과 책임자 처벌, 그리고 피해자 보상을 요구하지 않았기 때문에 갈등의 접점이 작았기 때문입니다. 1981년 10월 기장청년회와 기장 전남노회가 발표한 「전남도민에게 드리는 글」도 5·18 관련자들의 석방을 요구할 뿐이었습니다. 물론 철권통치가 이루어지던 시기에 5·18 관련자들을 석방시켜 달라는 외침도 엄청난 용기가 필요한 일이었습니다.

본격적인 충돌은 1982년 5월 18일 광주YWCA회관에서 거행된 5·18 제2주기 추모예배 때 이루어졌습니다. 이때는 5·18에 대한 미국의 책임을 묻기 위해 고신대 학생들이 부산 미문화원에 불을 지른 사건(1982. 3. 18.)의 여파가 채 가시기도 전이었습니다. 이날 설교는 고영근 목사가 맡았습니다. "아벨의 핏소리"로 유명한 그의 설교문은 과감한 이야기들로 가득했습니다. 일단 5월 18일을 "민주주의를 실현하기 위해서 죄악세력에 항거하다가 정의의 피를 흘린 날"로 규정했습니다. 그러면서 강자 편에 아부하면서 조찬기도회를 일삼는 한국 교회, 정치에 관여하는 군인들, 북한 동포를 탄압하는 김일성 집단, 광주의 참상에 동참한 미국 정부, 민주주의를 짓밟은 전두환 정권의 회개를 촉구했습니다. 구속자 석방만 요구하던 1주년 때와는 분위기가 달라졌음을 알 수 있습니다.

예배 후 참석자들은 희생자들을 추모하기 위해 금남로까지 행진하기로 했습니다. 5·18항쟁 때 많은 사람들이 죽은 곳인 분수대까지 걷기로 했습니다. YWCA회관으로부터 불과 100미터밖에 떨어지지 않은 곳입니다. 하지만 정문을 나서자 기동경찰들이 막았습니다. 행진은 시도조차 불가능한 상황이었습니다. 참석자들은 YWCA회관 안에서 농성에 들어갔습니다. 한 시간 동안의 대치 끝에 15-16명이 경찰에 연행되고 말았습니다. 이에 기독교장로회 전남노회는 경찰에 끌려간 이들의 석방을 위해 연합기도회를 열었습니다. 강진읍교회(6. 2.), 무안읍교회(6. 7.), 목포양동교회(6. 9.), 해남읍교회(6. 14.), 영암읍교회(6. 16.), 완도읍교회(6. 23.), 함평읍교회(6. 30.)로 기도회가 이어졌습니다.[31] 이 사건으로 개회기도와 설교를 담당했던 김경식 목사와 고영근 목사가 징역 1년 형을 선고받았습니다. 다행히 그해 9월에 석방되었지만요. 지금으로서는 상식적으로 이해가 되지 않는 일들이 그때에는 일상적으로 이루어졌습니다.

5·18추모예배 사건은 진보적인 교단으로 알려진 기독교장로회의 행동을 이끌어 냈습니다. 기장 교단이 발표한 성명서의 표현을 빌리면 "지금까지의 침묵에 종지부를 찍고자" 했습니다. 총회 차원에서 선교

31] 한국기독교장로회 전남·광주노회, 『인권선교 20년사』, 85쪽.

자유수호를 위한 교역자 대회를 갖기로 했거든요. 1982년 7월 7일 기독교장로회는 5·18을 계기로 고문이 더 심해졌다면서 '하나님의 형상대로 만들어진 인간'에 대한 일체의 고문을 즉시 중지할 것을 요구했습니다. 그 밖에 교회의 선교활동을 침해하지 말아 달라고 당부했습니다.[32] 이후 선교의 자유 수호는 전두환 정권의 탄압에 맞서는 대항담론으로 자리매김했습니다.

갈등의 밀도는 점점 더 높아져 갔습니다. 제3주기 5·18추모예배 직전에는 설교자로 예정된 문익환 목사가 수사기관원들의 차에 실려 자택에 강제연금을 당하는 일이 벌어졌습니다. 1983년 5월 16일 향린교회에서 강연을 마치고 나오던 길이었습니다. 그뿐만이 아닙니다. 한국기독청년협의회(EYC) 임원들도 줄줄이 검거되었습니다. 저명한 재야인사들도 가택연금이나 미행 등을 겪어야 했고요. 신체의 자유를 명시한 헌법 제11조를 위반한 조치였습니다. 독재정권이라 할지라도 위헌은 쉽지 않은 결정입니다. 이렇게 위험을 무릅쓰고 막아야 할 만큼 5·18추모예배가 불온해졌던 겁니다.

이때 광주한빛교회가 5·18추모예배를 거행하는 장소로 부각되었습니다. 광주한빛교회는 광주·전남 지역의 기독교 사회참여에 큰 영향을 끼친 은재 백영흠(1904-1986) 목사가 세운 광주동부교회를 기반으로 삼고 있습니다. 그는 일본에서 사회학을 공부하다가 무교회주의자 우치무라 간조(內村鑑三)의 영향을 받고 신학의 길에 들어서게 되었습니다. 해방 이후 광주YMCA의 재건에 힘썼고, 적산가옥을 인수하여 독립교회인 '동부교회'를 세웠습니다.

32] 선교자유수호를 위한 교역자대회 참가자 일동, 「성명서」 1983년 7월 7일.

광주동부교회는 한국 사상계의 인물들을 광주에 소개하는 데 적
극적이었습니다. 예컨대 다석 유영모, 장공 김재준, 함석헌 등이 광주
동부교회 특강 강사로 다녀갔습니다. 한편, 백영흠 목사는 빛고을학
생교회라는 모임을 만들어 중·고등학교 학생들이 사회문제에 관심
을 갖도록 지도했습니다. 중요한 점은 5·18 때 활약한 인물들이 광주
동부교회를 한 번씩 거쳤다는 사실입니다. 5·18 때 수습대책위원으
로 활약한 명노근은 광주동부교회 신자였고, 김천배는 광주동부교회
에서 일요강좌를 열었었습니다.[33]

아쉽게도 광주동부교회는 광주중부교회와 합쳐져 역사의 뒤안
길로 사라졌습니다. 이때가 1973년 1월이었습니다. 처음에는 교회
이름을 '광주연합교회'로 하다가 1976년 5월부터는 '광주한빛교회'
로 명칭을 바꿨습니다. 수습대책위원 중 한 명이었던 YWCA의 조아
라가 광주한빛교회 장로로 있었습니다.

1981년 3월 3일 광주교도소에서 5·18 관련자들이 석방되었
을 때 광주한빛교회는 이들을 환영하는 예배를 거행했습니다. 같은
해 5월에는 광주한빛교회에서 제1주기 5·18추모예배가 열렸고요.[34]
1982년에는 전남대 총학생회장으로 감옥에서 단식투쟁을 벌이다 숨
진 박관현을 애도하는 예배가 광주한빛교회에서 거행되었습니다. 제
3주기 추모예배(1983)와 제4주기 추모예배(1984) 때도 장소는 광주
한빛교회였습니다.

광주한빛교회가 추모예배의 중심지로 부각되었다면, 광주무진교

33] 김준태, 『명노근 평전』, 55-59쪽.
34] 민주화운동기념사업회 연구소 엮음, 『한국 민주화운동사 3』(돌베개, 2010), 498쪽.

회는 5·18 당사자들이 단체를 만들 때 기꺼이 공간을 내주었습니다. '5·18부상자회'(1982. 8.)와 '5·18광주의거청년동지회'(1986. 4.)가 만들어진 곳이 광주무진교회입니다. 1978년에 세워진 광주무진교회는 목포에서 온 강신석 목사와 밀접한 곳입니다. 신학생 때 4월 혁명을 겪은 그는 전남 지역의 민주화운동에 앞장선 인물입니다. 1970년대 초 무안 해제중앙교회를 담당하며 민주회복국민회의 무안지부를 만들어 반유신운동에 앞장섰습니다. 이후 목포연동교회로 옮겼고, 1976년 8월 10일 광주양림교회에서 열린 기독교장로회 전남노회에서 발표된 유신반대 성명서에도 관여했습니다. 이 일로 그는 목포연동교회를 사임하고 광주로 가 무진교회를 개척하기에 이르렀습니다. 「광주시민혁명에 대한 목포지역 교회의 신앙고백적 선언문」을 쓴 정권모 목사가 그의 후임이었죠.

초창기 광주무진교회는 감옥을 자주 드나들던 이들이 모이는 곳이었습니다.[35] 이른바 폭탄이 굴러다니는 교회로 유명했죠. 주로 운동권 청년들이 광주무진교회에 출석했거든요. 예컨대 5·18항쟁 때 기존의 수습대책위원회를 대체하여 항쟁지도부를 구성한 이들 중 광주무진교회 신자들이 꽤 있었습니다. 1980년 5월 25일에 결성된 '민주투쟁위원회'에서 계엄군과의 협상을 맡은 정상용과 기획위원인 이양현이 광주무진교회에 다녔던 걸로 확인되었습니다.[36] 윤상원과 함께 「투사회보」의 문안을 작성한 전용호, 5·18의 마지막 수배자로 알려진 윤한봉, 5·18의 기록물을 수집하여 광주에서 벌어진 일을 알린

35] 5·18기념재단, 『구술생애사를 통해 본 5·18의 기억과 역사 7: 개신교 편』, 42쪽.

36] 한국기독청년협의회(EYC), 「기독청년 구속자 명단」, 『제6차 정기총회 자료(별지)』 (1981), 4쪽.

정용화도 무진교회 신자였습니다. 이들 중에는 교회를 사회운동의 수
단으로 삼은 이도 없지 않았으리라 생각합니다. 하지만 이러한 사실을
알고서도 교회는 이들을 받아들였습니다.

비극적인 사실은 광주에서 희생당한 이들을 애도하고, 사랑하는
이들을 잃은 자들과 함께 우는 기도만 있었던 게 아니라는 점입니다.
무력으로 권력을 빼앗고 무고한 시민들을 학살한 이들을 위한 기도회
도 있었습니다. 바로 '국가조찬기도회'입니다. 국가와 민족을 위한 조찬
기도회가 1980년 8월 6일 서울 롯데호텔에서 열렸습니다. 김지길·정
진경·조향록·한경직 목사, 김인득 장로 등 20여 명의 원로들이 참여
한 행사였습니다. 전두환이 정부의 실권을 장악한 후 마련한 행사였죠.
이날 각 순서를 맡은 원로들은 하나님의 이름으로 그를 축복했습니다.
안타깝게도 이날의 풍경은 텔레비전으로 생중계되었고, 이로써 한국
기독교가 권력의 편에 서는 모습이 널리 알려졌습니다.

오월의 광주가 전두환 정권의 아킬레스건이듯이, 광주 시민들을
짓밟은 신군부를 축복한 건 한국 기독교의 원죄라 할 수 있습니다. 오
늘날 이 국가조찬기도회가 정교유착의 대표적인 사례로 자주 거론되
는 이유이기도 합니다. 한국 기독교가 정권의 선전 기관으로 전락한 모
습은 계속해서 이어졌습니다. 1980년 9월 30일 신라호텔에서 전두환
의 대통령 취임을 축하하는 조찬기도회가 열렸거든요. 두 달 사이에 그
를 위한 조찬기도회가 두 번이나 개최된 겁니다. 신군부가 취약한 정당
성을 메우는 데 조찬기도회를 적극적으로 이용했음을 알 수 있습니다.
이날은 전두환이 체육관 선거를 통해 제11대 대통령으로 선출된 지 한
달쯤 되었을 때입니다. 이때는 무려 1,300명에 달하는 교계 지도자들
이 모였다고 합니다. 그야말로 문전성시를 이루었지요.

'통일주체국민회의'에 의해 제11대 대통령으로 선출된 전두환 대통령의 취임을 축하하는 조찬기
도회 모습. (출처: 국가기록원)

　잘 알다시피 국가조찬기도회는 한국대학생선교회(CCC) 김준곤
목사가 제안하여 시작되었습니다. 미국의 조찬기도회를 본뜬 걸로
알려져 있습니다. 1960년대 중후반에 도입되어 지금까지 유지되고
있으니 반세기 넘게 지속되고 있는 종교행사라 할 수 있습니다. 미국
처럼 문화적 기반이 기독교인 나라도 아니고, 헌법에서는 국교를 금
지하고 있는데도 말입니다.

　누군가는 이렇게 반문할지 모르겠습니다. 당시 교회 지도자들이

광주에서 벌어진 비극을 몰랐기 때문에 저지른 실수이지 않느냐고. 결론부터 말씀드리면, 그건 아닙니다. 1980년 8-9월쯤이면 어떠한 형태로든 광주 비극에 대해 알 수 있는 상황이었습니다. 특히 조찬기도회에 참석했던 원로들은 광주에서 벌어진 일을 누구보다 빨리 알 수 있는 위치와 인맥을 지녔습니다. 하다못해 9월 30일 조찬기도회에서 국군장병을 위한 기도를 한 조향록 목사는 기독교장로회 소속이었습니다. 5·18항쟁에 참여한 대부분의 기독교인들이 기장 출신이었다는 사실을 감안하면 그가 이 사실을 몰랐다고는 할 수 없습니다. 예수교장로회 통합교단의 경우도 마찬가지입니다. 여기서는 다루지 않았지만, 5·18 때 구호활동을 펼친 교단도 있었는데 그중 하나가 통합교단입니다. 광주에서 그 난리가 났고, 자기 교단 사람들이 직간접적으로 연루되어 있는데 이들이 광주 소식에 깜깜했을 리가 없습니다. 문제는 무지가 아니라 '침묵'이었습니다.

설령 조찬기도회가 이루어지던 당시에 5·18을 몰랐고, 내키지 않았지만 어쩔 수 없이 참여했다 하더라도 반드시 짚고 넘어가야 할 문제가 있습니다. 이들 중 어느 누구도 죄책고백을 하지 않았다는 점입니다. 나중에라도 광주의 참상을 알게 되었을 때 자신들이 저지른 짓에 대한 양심선언이 이루어졌어야 합니다. 골방에서 기도하며 하나님께 용서를 구한 이들이 있을지 모르겠습니다. 하지만 권력자가 약자를 무참히 죽였고 희생자가 분명히 존재하는데 간접적이나마 가해자 편에 섰다면, 공개적인 자리에서 용서를 구했어야 하지 않을까요. 누구나 실수할 수 있고, 삶을 영위하기 위해 비루한 선택을 할 수 있습니다. 중요한 건 그 이후의 행동입니다. 한국 기독교의 역사적 비극은 제대로 된 죄책고백을 한 번도 하지 않았다는 데 있다고 생각합니다.

광주의 오월을 신학화하기

대량학살의 기억은 국가에 의해 통제되거나 억압되는 경우가 많습니다.[37] 제주4·3사건과 여순사건의 피해자들도 참으로 긴 세월 동안 침묵 속에 살아야 했습니다. 5·18도 마찬가지였습니다. 5·18에서 이루어진 계엄군의 시위 진압은 전시적 폭력에 가까웠습니다. 시위 군중에게 공포감을 주기 위해 가능한 한 많은 시민들이 보는 앞에서 살육을 자행했거든요. 그런 의미에서 오월의 광주는 '폭력극장'이었습니다.[38] 이는 곧 신군부의 치부였기 때문에 5·18도 망각을 강요받았습니다.

기억은 세월의 흐름에 따라 일부 지워질 수 있고 왜곡될 수도 있습니다. 사회적 맥락에 따라 어떤 기억은 강조될 수 있고 억압될 수도 있습니다. 기억을 끄집어내는 상황에 따라 기억은 재형성되기도 합니다. 즉, 기억은 현재와의 관련 속에서 과거를 재구성합니다. 과거에 대한 사회적 재구성물이 기억인 셈입니다.[39]

1980년대를 혁명의 시대로 들끓게 만들었던 오월운동은 5·18의 기억을 재구성하였습니다. 오월운동은 권력에 의해 가려진 5·18의 목소리들을 복원하고, 권력이 공식적으로 표명한 폭동론을 부인함으로써 대항기억(counter memory)을 만들었습니다. 일종의 기억투쟁이었죠. 좁게는 매년 5월에 진행된 추모행사를 가리키고, 넓게는

37] 권귀숙, 『기억의 정치학: 대량학살의 사회적 기억과 역사적 진실』(문학과지성사, 2006), 19쪽.
38] 최정운, 『오월의 사회과학』(오월의봄, 2012), 90쪽.
39] 권귀숙, 『기억의 정치학』, 31쪽.

5·18 문제를 해결하기 위한 5원칙(진상규명, 책임자 처벌, 배상, 명예회복, 기념사업)을 달성하기 위한 모든 활동을 말합니다. 저항의 주체였던 운동권 학생들은 5·18을 통해 세상을 다시 보았습니다. 5·18은 이들에게 사회학적 파상력을 심어 주었거든요. 즉, 기존에 자기가 알고 있던 세상이 5·18을 통해서 깨어진 겁니다. 운동권 학생들은 5·18항쟁을 폭동으로 모는 권력에 맞서 진상규명을 외치기 시작했습니다. 오월의 광주가 신군부의 아킬레스건인 이상, 광주를 둘러싼 오월운동은 끊이지 않았습니다.

1980년대 중반에 이르러 5·18을 재해석하는 글들이 발표되기 시작했습니다. 1984년 5월 19일 민주화운동청년연합회가 발표한 「아, 5월이여! 영원한 민주화의 불꽃이여」는 5·18에서 '민중'을 발견한 글이라 할 수 있습니다. 1985년 전국민주학생연합이 쓴 「광주민중항쟁의 현대사적 재조명」은 제목에서 알 수 있듯이 5·18을 '민중항쟁'으로 명명했고요, 당시로는 매우 과감한 해석이었습니다. 5·18을 비극의 역사가 아니라 이 땅의 민중이 한국 사회의 모순에 맞서 싸웠던 저항의 역사로 그렸기 때문입니다.

저항하는 그리스도인도 오월의 광주를 증언하는 데 머물지 않았습니다. 5·18을 신학적 언어로 해석하기 시작했거든요. 즉, 저항하는 그리스도인은 권력에 의해 억압되고 지워진 사건의 의미를 도출함으로써 오월의 광주를 신학화했습니다. 이를 통해 저항하는 그리스도인도 기억투쟁에 참여했습니다. 대표적인 사례로는 한국기독학생회총연맹(KSCF)의 명의로 나온 「광주민중항쟁의 성서신학적 이해」를 들 수 있습니다.

「광주민중항쟁의 성서신학적 이해」는 기본적으로 기독교인들이

5·18을 어떻게 봐야 하는지를 살펴보기 위해 작성되었습니다. 한국 현대사의 참담한 사건으로만 볼 것인가, 5·18을 통해 기독교의 사명을 발견할 수 있을 것인가 등. 이 글은 크게 다섯 마당으로 이루어졌습니다. 5·18의 전후 과정을 성서에 빗대어 그 의미를 도출하고 있죠. 함석헌이 한국사의 고난을 섭리사관으로 재해석했듯이 말입니다. 요컨대 5·18의 배경이었던 '민주화의 봄'을 누가복음 1장에 나타난 마리아의 노래로 비유하고 있습니다. 민주주의가 실현되리라는 희망을 품을 수 있었던 민주화의 봄과 태중의 아이가 만들 세상을 기대하며 부른 마리아의 노래를 등치시키고 있습니다. 그러다 비상계엄의 전국 확대로 빚어진 광주의 비극을 "라헬의 통곡소리"로 표현하였습니다. 자식을 잃고 우는 라헬의 울부짖음이 한국 사회에도 가득하다는 일종의 풍자였습니다.

이 글의 대미는 광주의 죽음에 대한 신학적 재해석이라 할 수 있습니다. 여기서 오월의 광주는 부활이었습니다. 5·18은 외형적으로 볼 때 실패한 역사이지만, 예수의 죽음이 실패가 아니듯 5·18도 결코 실패로 끝이 나지 않았다는 게 요지입니다. 즉, 광주의 죽음은 민족의 십자가였던 겁니다. 광주에서 피를 흘린 이들을 민족이 저지른 죄를 대신 짊어진 작은 예수로 본 겁니다.

또한 이 글에서 민족의 십자가인 광주는 민주주의의 부활을 예고하는 상징이라 할 수 있습니다. 예수의 십자가가 대속뿐만 아니라 부활을 상징하듯이 말입니다. 단지, 예수를 따라 고난 속으로 자기 십자가를 둘러업고 걸어야 하는 고난의 여정이 남아 있을 뿐이죠. 이는 관념적인 이야기가 아닙니다. 독재정권에 대한 저항을 멈추지 말아달라는 당부였습니다. 이게 바로 광주항쟁의 부활인 겁니다. 그리고 묻습니다. 오늘 우리에게 그리스도는 누구인가. 이 질문에 과감한 대답을 합니다. 오늘의 그리스도는 광주민중항쟁의 죽음이다.[40] 이 글을 쓴 이는 광주에서 죽은 자들이 산 자들을 불러 모아 큰 무리를 이루게 하여 불의에 저항하는 모습을 상상하지 않았을까 싶습니다. 부활의 장면을 현대적으로 재해석한 겁니다. 이 상상은 1987년 6월 항쟁을 통해 실현되었다고 할 수 있습니다. 부활의 예언이 실현된 셈입니다.

광주의 죽음을 민족의 십자가로 해석하는 건 함세웅 신부도 마찬가지입니다. 천주교정의구현사제단의 창립자로 알려진 그는 1990년 5월 23일 광주 임동성당에서 5·18항쟁 10주년 기념강연으로 "광주민중항쟁에 대한 신학적 고찰"을 이야기한 적이 있습니다. 그에 의하면, 광주는 고통과 죽음을 통해서 희망을 확인해 준 새로운 십자가이자 부활이었습니다.[41] 광주의 십자가를 통해 교회는 고통의 현장에서 새롭게 태어났기 때문입니다. 교회의 잠을 깨운 예언자적 스승이자 순교적 증언자라는 게 함세웅 신부의 해석입니다.

이들이 5·18을 민족의 십자가로 비유한 이유는 '민중'을 역사의 주체로 전면적으로 등장시키기 위해서였습니다. 1970년대까지만 해도 한국 근대사는 실패한 역사라는 인식이 강했습니다. 이는 유신정권이 지배를 정당화하기 위해 한국 역사의 실패를 자주 환기했기 때문입니다. 정부가 주도한 실패의 서사를 바로잡으려면 민중을 역사의 주체로 내세워야 했습니다. 그 결정적인 계기가 1980년 5월 광주

40] 한국기독학생회총연맹, 「광주민중항쟁의 성서신학적 이해」, 『아! 광주여! 민족의 십자가여!』(한국기독학생회총연맹, 1985), 121쪽.

41] 함세웅, 「광주민중항쟁에 대한 신학적 고찰」, 『멍에와 십자가』(빛두레, 1993), 247-268쪽.

에서 고난받는 민중이었습니다. 5·18 기간 동안 광주 시민들은 스스로 무장하고 봉기에 나섬으로써 민중이 역사의 주체임을 입증했기 때문입니다.[42] 5·18항쟁에 참여한 광주 시민들은 '민주주의의 순교자'로 기억되기 시작하였고, 그들이 흘린 피는 변혁의 제물로 여겨졌습니다. 5·18 이후 '민중'이라는 말은 논란의 여지가 없을 정도로 명확해졌습니다. 기독학생회총연맹과 함세웅 신부의 해석은 광주 시민들이 민주화운동을 위해 스스로를 희생했다고 보는 1980년대 운동권의 정서와 맞닿아 있습니다.

이에 반해 복음주의 신학자 김회권은 '화해'를 강조했습니다. 일단 그가 볼 때 교회는 광주에서 벌어진 국가폭력에 맞서 순교의 피를 흘렸어야 했습니다.[43] 그런데 아쉽게도 교회는 침묵으로 일관했죠. 여기에 대해 교회는 영적 부채를 느껴야 한다는 게 김회권의 주장입니다. 그는 5·18항쟁을 성서신학적으로 조명할 때 어떤 신학적 이해나 관점을 얻는 데서 끝나면 안 된다고 보았습니다. 제일 중요한 점은 아물지 않는 고통에 대한 관심이었습니다.

그의 해석은 1980년대 운동권의 색깔과 조금 달랐습니다. 그는 광주에서 희생당한 이들 중 시위에 가담하지 않은 자들도 많다는 점을 들어 5·18을 항쟁의 역사로 규정하는 데 유보적이었습니다. 그러다 보니 계엄군에 대해서도 적대적인 태도를 무조건 취하지 않았습니다. 그들도 체제 유지를 위한 소모품으로 이용되었을 뿐이라고 이야기합니다. 반면에 시민군에 대해서는 객관적 입장에 서고자 했습

42] 이남희, 『민중 만들기: 한국의 민주화운동과 재현의 정치학』(후마니타스, 2015), 99쪽.

43] 김회권, 「광주항쟁의 성서신학적 조명」, 『광주항쟁과 한국교회』(두레시대, 1992), 41쪽.

니다. 해방 광주에서 이루어진 자치 질서를 하나의 신화로 포장하려는 시도에도 비관적이었고요. 결론적으로 김회권은 5·18을 처절한 혼돈으로 보았습니다. 모든 양상의 죄악이 우리의 영혼을 무참히 살육하는 '피 흘림의 현장'으로 이해했습니다.

그가 5·18을 통해서 포착한 모순은 적대구조였습니다. 분단체제, 지역주의, 군사독재 등이 얽힌 적대구조였습니다. 민족 간의 적대, 민군 간의 적대야말로 반드시 해결해야 할 근본적인 문제였습니다. 그에게 광주항쟁의 성서신학적 조명은 광주에서 흘려진 피에 대한 답변이어야 했습니다. 즉, 5·18을 통해 밝혀진 적대구조의 문제를 해결하기 위해 교회는 '갈라진 틈새'에 끼여 중보자의 희생과 피 흘림을 감수해야 한다는 주장이었습니다.

문제는 5·18의 재현에서 드러나는 젠더 이미지입니다. 5·18의 대항기억들은 국가폭력을 폭로하고 5·18이 민중항쟁임을 강조하고 있습니다. 그렇지만 이러한 재현 속에서 여성과 남성은 젠더에 따라 특정 이미지로 자리매김되었습니다. 남성은 시민군으로, 여성은 어머니로 이미지가 고정된 겁니다. 즉, 여성은 시민군과 무관한 존재로 전제되고 있습니다. 이는 여성에 대한 고정관념과 여성들의 활약에 대한 무관심을 반영하고 있습니다.

그동안 5·18과 관련하여 간과된 사실은 수많은 여성들도 5·18 항쟁의 주체로서 참여했고 목숨까지 잃었다는 점입니다. 예컨대 광주·전남 지역의 여성들이 모여 만든 송백회(松栢會)를 살펴보겠습니다. 송백회는 사회참여에 대한 의지가 뚜렷한 여성들과 민주화운동으로 감옥에 간 남편을 둔 부인들로 구성된 단체였습니다. 송백회는 5·18항쟁 이전부터 여러 가지 활동을 펼쳤습니다. 초창기에는 양심수들의 옥바라지에 주력했습니다. 그러다 전문적인 사회운동 단체로 바뀌어 가면서 '함평 고구마 사건' 등 각종 집회와 시위에 참여하였습니다.

5·18 당시에는 들불야학, 현대문화언구소, 녹두서점, 극단 광대, 양서협동조합 등 광주 지역의 청년활동가들과 함께 항쟁지도부를 구성했습니다. 이들이 거점 공간으로 삼은 곳은 녹두서점과 광주 YWCA회관이었습니다. 처음에는 녹두서점에서 모였지만 나중에 YWCA회관으로 옮겼죠. 광주YWCA회관은 1970년대부터 광주·전남 지역 활동가들에게 늘 문을 열어 놨습니다. 2층에는 양서협동조합과 국제엠네스티 광주지부 사무실이 있었다고 합니다. 각종 사회문제가 터질 때마다 광주YWCA회관은 집회장소로 사용되곤 했습니다. 5·18 때 항쟁지도부가 광주YWCA회관을 자신들의 근거지로 삼은 건 그리 어색한 일이 아니었습니다.

송백회는 5·18항쟁 때 여성들이 조직력을 갖춰서 활동을 하는데 중요한 구심점으로 작용했습니다. 가두홍보, 모금, 대자보 제작, 취사뿐만 아니라 녹두서점 뒷방에서 화염병을 만드는 일에도 적극 참여했습니다. 5월 26일 계엄군의 최후통첩에 시민군이 우왕좌왕할 때, 송백회 멤버들은 끝까지 싸울 것을 종용했다고 합니다.[44] 송백회는 항쟁 마지막 날인 5월 27일 새벽까지 자신이 해야 할 일을 멈추지 않았습니다.

여성들이 주축을 이룬 송백회에는 적지 않은 기독교인들이 멤버

44] 이윤정, 「5월민중항쟁과 여성운동: 송백회 활동을 중심으로」(조선대학교 정치외교학과 박사학위논문, 2012), 97쪽.

저항하는 그리스도인

로 참여했습니다. 기독교장로회 청년회 임원인 김은경과 윤경자, 빛
고을학생교회 출신인 이윤정, 남동성당 측의 수습대책위원으로 활동
한 조아라와 이애신, 강신석 목사의 부인 나혜영, 안성례, 박만철, 정
확한 이름을 알 수 없는 목포연동교회 청년들(2명), 광주양림교회의
임영희 등이 송백회 멤버였습니다. 이제 우리는 이들의 경험과 역사
를 복원할 필요가 있습니다. 5·18항쟁은 남성이 주역으로, 여성이 보
조역으로 배치된 역사적 사건이 아니기 때문입니다. 5·18의 재현에
서 드러나는 남성의 시선을 걷어 내야 할 때입니다.

06

그해 여름, 민주화를 부르짖다

| 6월 항쟁과 기독교 |

고문당한 하나님의 형상

고문은 예로부터 파괴력이 강한 지배 기술에 속했습니다. 복종을 강제하는 고문의 무서움은 죽음에 대한 불안을 만들어 내는 데 있지 않습니다. 오히려 끝없이 죽어 가는 고통에 대한 불안이 더 컸죠.[1] 고문은 근대 국민 국가의 억압적 통치성이 한 인간의 몸에 어떻게 구현되었는지 밝히는 데 아주 중요한 주제라고 생각합니다. 그런 의미에서 한국 근현대사는 고문 연구에 필요한 풍부한 사례들이 넘치는 현장입니다. 슬프게도 말입니다.

고문 문제는 한국 사회에서 인권운동이 탄생하는 데 아주 직접적인 요인을 제공하였습니다. 사회운동의 형태로 인권운동이 본격화된 시기는 1970년대였습니다. 유신시대였죠. 반유신 민주화운동으로 수많은 구속자가 나오자 이들의 인권을 지키려고 종교계와 가족들이 발 빠르게 대응했습니다. 특히 1974년에 발생한 민청학련 사건은 인

1] 볼프강 조프스키 지음, 이한우 옮김, 『폭력사회』(푸른숲, 2010), 121-122쪽.

권운동이 조직화되는 계기로 작용했습니다. 다수의 구속자들이 나오자 이들의 인권유린을 막기 위해 한국기독교교회협의회(KNCC) 인권위원회와 구속자가족협의회가 만들어졌기 때문이죠. 몇 가지 한계가 있지만 '인간의 권리'에 대한 사회적 관심이 제고되었다는 점에서 1970년대 인권운동은 역사적 의의가 있습니다.

사실 유신시대만 해도 한국기독교교회협의회(KNCC) 인권위원회는 고문을 중요한 문제로 인식했지만 이에 대한 언급을 자제해 왔습니다.[2] 그러다 1980년대가 되면서 고문 문제를 공론화했습니다. 특히 1981년에 고문으로 조작된 공안 사건이 집중적으로 일어나자 고문 중지와 양심수 석방을 탄원하는 운동에 매진하기 시작했습니다. 이를 통해 국가폭력의 문제를 폭로하고 사건의 진실을 알리는 데 주력했습니다. 1985년에는 영화 「남영동1985」의 소재였던 김근태 고문 사건을 계기로 '고문대책위원회'를 만들기에 이릅니다. 한편, 종로 5가에 위치한 기독교회관은 1970년대 중반부터 피해자 가족들이 정기적이고 일상적으로 모임을 갖는 곳이었습니다. 일종의 종교적 울타리를 제공한 셈입니다.

군사독재 시절 저항하는 그리스도인이 고문 문제에 대해 예민하게 반응할 수 있었던 이유는 '하나님 형상'(Imago Dei)이라는 메타포가 이들의 인권 의식에 중요한 기반을 차지했기 때문입니다. 창세기 1장에 기록된 '하나님 형상'은 인간 생명의 가치가 얼마나 중요한지를 역설하고 있습니다. 사람이 하나님의 형상대로 만들어졌다는 서술은 인권이 신에 의해 부여된 권리라는 논리로 전유되면서 국가폭

2]　손승호, 『유신체제와 한국기독교 인권운동』(한국기독교역사연구소, 2017), 196쪽.

력을 비판하는 담론으로 작용했기 때문입니다. 고문 문제를 규탄하는 이들의 문건에 '하나님 형상'이 한 번씩 언급되는 이유이기도 합니다. 예를 들어, 1985년 11월 5일 한국노동선교협의회는 고문이 하나님 형상대로 지음 받은 인간의 존엄성을 부정하고 있다고 비판했습니다.

창세기 1장의 내용이 저항담론으로 자리매김하게 된 건 1974년 11월에 발표된 「한국 그리스도인의 신학적 성명」에서 비롯되었습니다. 이 성명은 민청학련 사건을 계기로 인권 문제가 발생하자 기독교 지식인들이 연대하여 작성한 문건으로, 유신체제를 신학적으로 비판하고자 국가의 역할을 하나하나 되짚어 보고 있습니다. 특히 정부가 인간의 기본권을 침해하는 건 로마서 13장에 명시된 '모든 권세는 하나님으로부터 왔다'는 구절을 전면적으로 위반하는 행위라고 비판했습니다. 왜냐하면 로마서 13장은 권력에 대한 복종을 말하기에 앞서 권력의 한계를 규정한다고 해석했기 때문입니다. 여기서 국가는 하나님 주권 아래에서 인간의 기본권을 보장하는 정치적 단위로 여겨졌습니다. 인권유린을 일삼는 국가는 하나님의 뜻을 거스르는 불의한 정권이라는 게 「한국 그리스도인의 신학적 성명」의 설명입니다.

더 나아가 이 성명은 인권 수호가 그리스도인에게 주어진 중요한 의무라고 말합니다. 사람은 하나님 형상대로 지음 받았기 때문에 아무도 사람을 수단으로 삼지 못한다고 강조합니다. 특히 민중신학자 안병무 박사가 "인권 제1차 선언"이라고 명명한 마가복음 27장 28절을 창세기 1장과 함께 인권의 신학적 근거로 제시하고 있습니다.[3] 이 구절은 안식일에 밀밭 사이로 지나가는 예수와 그의 제자들

3] 안병무, 『민중신학 이야기』(한국신학연구소, 1988), 31쪽.

고문 살인 종식을 위한 서명운동

인간의 생명은 하나님의 가장 위대한 창조물입니다. 어느 누구도 인간의 생명을 해할 수 없는 것은 하나님의 진리이며, 민주주의 사회의 초석입니다. 그러나 하나님과 국민의 뜻을 무시하는 현 정부는 민청련의장 김근태 고문사건에 이어 권양의 성고문 사건을 일으키고 급기야는 민주화를 열망하던 박종철군을 가혹한 구타, 전기고문, 물고문으로 살해하였습니다.

이에 우리 교회는 '정의를 강물처럼 흐르게 하라'는 하나님의 말씀을 따라 고문 살인 종식을 위한 서명운동에 적극 참여하여 예언자적 사명을 다합시다.

인간은 '하나님의 형상'이라는 논리를 담아 고문을 반대하는 서명지. (출처: 민주화운동기념사업회 오픈아카이브)

이야기를 담고 있습니다. 제자들이 배가 고파 밀 이삭을 잘라 비벼 먹자 바리새파 사람들이 예수를 공격합니다. 왜 당신의 제자들은 안식일에 해서는 안 되는 일을 하는가. 그러자 예수는 이렇게 대답했습니다. "안식일이 사람을 위하여 있는 것이요 사람이 안식일을 위하여 있는 것이 아니다."

저항하는 그리스도인은 이 구절을 인권의 측면으로 해석하는 걸 주저하지 않았습니다. 가난한 자들이 더욱 가난해지는 비참한 현실과 인권을 보호하기 위해 제정된 법이 인권유린의 수단으로 자행되는 현장에서 저항하는 그리스도인은 마가복음을 인권운동의 중요한 전거로 여겼습니다. 국가와 제도의 본질이 과연 무엇인지를 묻고 있는 셈입니다. 이런 식으로 저항하는 그리스도인은 인권운동을 위한 신학적 작업을 차곡차곡 수행해 갔습니다.

이는 1987년 6월 항쟁의 기폭제가 되었던 박종철 고문치사 사건이 발생했을 때 저항하는 그리스도인이 신속하게 대응할 수 있었던 배경으로 작용했습니다. 영화 「1987」의 초반부에서 잘 묘사되고 있듯이 1987년 1월 14일 오전에 서울대생 박종철이 치안본부 대공분실에서 고문을 당하다 사망한 사건이 벌어졌습니다. 경찰은 수사관이 책상을 '탁' 치자 '억' 하고 쓰러져 숨졌다고 발표했지만, 부검결과 박종철의 사망은 고문에 의한 것으로 판명되면서 엄청난 파문이 일었습니다. 곧바로 그의 죽음을 애도하는 물결이 흘러넘쳤습니다.

박종철 고문치사 사건에 대한 항의 시위와 애도는 1월 17일부터 본격화되었지만 평소 고문추방운동을 해오던 이들은 좀 더 기민하게 대처했습니다. 그의 죽음은 1월 15일 언론을 통해 알려지는데, 바로 그날 저녁 양심수 가족 등 20여 명이 기독교회관에 모여 그의 죽음에 항의하는 기습시위를 벌였거든요. 다음 날에는 오전 10시 남영동 금성극장 앞에서 50여 명의 여성들이 치안본부 대공분실을 향해 행진했습니다.[4] 우리가 보통 민주화운동이라고 하면 장준하, 문익환 등의 남성 중심의 이미지를 떠올리기 십상이지만 여성들이 신속히 대처하는 경우가 매우 많았습니다.

저항하는 그리스도인도 박종철 고문치사 사건에 기민하게 대응했습니다. KNCC 인권위원회가 발행한 『인권소식』 제231호는 박종철의 죽음을 재빠르게 알렸습니다. 이 기사가 1987년 1월 15일 자로 나온 것이니 일반 언론의 보도 속도와 별반 차이가 없었습니다.

4] 서중석, 『6월 항쟁: 1987년 민중운동의 장엄한 파노라마』(돌베개, 2011), 25쪽.

1978년 6월 23일부터 발행된 『인권소식』이 인권탄압과 관련된 정보의 교류가 극대화된 소식지이다 보니 가능한 일이 아니었나 싶습니다. 1월 16일에는 KNCC 고문대책위원회가 성명을 발표하여 전두환 정권을 날카롭게 비판했습니다. 1월 17일에는 한국기독학생회총연맹(KSCF)이 그의 죽음을 애도하는 기도회를 열면서 6월 항쟁에 참여하기 시작했습니다.

새문안교회, 영락교회 등 비교적 보수적이면서 영향력 있는 교회에서도 박종철의 죽음을 추모하는 예배가 열렸습니다. 그의 사망소식과 함께 고문을 둘러싼 온갖 소문과 추측이 명백한 사실임이 드러났기 때문이죠. 이는 하나님 형상을 따라 지음 받은 인간의 생명이 존엄하다는 성서의 가르침에 위배되기 때문에 보수적인 교회도 참여했던 겁니다. 1987년 1월 21일 자로 통합교단이 발표한 성명서는 '하나님 형상'의 논리로 고문을 비판한 문건 중 백미에 해당됩니다. 이 성명서는 고문행위를, 하나님 형상을 모독하는 죄악이자 인간의 존엄성에 대한 가장 악랄한 파괴로 규정하고 있습니다. 전두환 정권하에 일상화된 인권 탄압과 고문을 하나님의 창조 의지에 반하는 크나큰 범죄로 규탄했습니다.

미투운동의 시작

참고인은 어디까지나 수사에 도움을 주기 위한 차원에서 자신이 알고 있는 바를 진술하는 사람을 가리킵니다. 심문을 받아야 할 피의자가 아닙니다. 박종철의 죽음이 사회적으로 큰 파장을 일으킨 이유 중 하나는 그가 '참고인'으로 끌려갔다가 고문을 받았다는 데 있습니다. 이는 대학생을 둔 모든 부모에게 충격이었습니다. 박종철의 죽음은 내 자녀가 운동권이 아니라도 참고인 자격으로 언제든지 끌려가 고문을 받고 죽을 수 있다는 가능성을 시사한다는 점에서 즉각적인 추모와 항의의 물결을 일으켰습니다. 그래서인지 1월 15일 박종철 고문치사 사건이 보도되자마자 각 신문사로 자녀를 둔 어머니들의 전화가 빗발쳤다고 합니다. 누가 됐든 영문도 모른 채 끌려가 고문으로 죽지 않으리라는 보장이 없었기 때문이죠.

여기서 우리는 6월 항쟁이라는 대규모의 시민불복종이 수많은 사람들의 구속, 고문, 죽음이 응축된 결과라는 점을 유의할 필요가 있습니다. 이는 박종철 고문치사 사건이라는 국가폭력뿐만 아니라 부천경찰서 성고문 사건이라는 여성폭력도 살펴봐야 하는 이유입니다. 1986년 6월 부천경찰서에 연행되었던 권인숙이 문귀동 경장에게 성고문을 당한 사실이 알려져 사회적으로 큰 파장을 일으켰습니다. 2년 전인 1984년에도 경찰이 여대생들을 성추행하여 공권력에 의한 성폭력 문제가 수면 위로 올라온 적이 있었고요. 여대생 성추행 사건을 계기로 여성단체들은 서로 손을 잡고 존재감을 드러내기 시작했습니다. 이러한 상황에서 발생한 부천경찰서 성고문 사건은 반(反)성폭력 운동에 불씨를 댕긴 계기가 되었습니다.

이 사건이 사회적 파장을 일으킬 수 있었던 가장 큰 이유는 진실을 알리고 문제를 해결하겠다는 피해자의 의지가 있었기 때문입니다. 여기에 여성단체들의 항의와 저항이 더해져 마른 들에 불이 붙은 듯 삽시간에 확산되었지요. 사건 공개 이후 피해자는 변호인을 통하여 가해자 문귀동을 고소하였으나, 가해자는 오히려 명예훼손 혐의로 피해자를 맞고소하였습니다. 이에 피해자를 지지하는 변호사 9명이 가해자와 부천경찰서 관계자들을 고발하였지요. 이때 변호인단이 작성한 고발장이 각 단체의 소식지 등에 실리면서 사건의 진상이 더욱 알려졌습니다.

이 사건은 1986년 7월 16일 검찰의 조사 결과 발표를 통해 갈등이 최고조에 달하지 않았나 싶습니다. 왜냐하면 검찰이 피해자의 주장을 거의 부정하고 가해자를 옹호하기에 급급했거든요. 이때 성(性)을 혁명의 도구로 삼았다는 망언이 나옵니다. 피해자를 모독하는 발언이었죠. 이로써 성고문 사건을 규탄하는 집회나 성명서 발표가 폭발적으로 일어났습니다. 특히 1986년 7-8월에 집중적으로 발생했습니다.

한국과 같은 가부장제 사회에서는 성과 관련된 여성들의 고통이 침묵을 강요당하기 일쑤였습니다. 사회적 문제로 이해하지 못한 채 그저 개인의 불운 혹은 성도덕으로 취급할 뿐이었죠. 이는 여성폭력이 성애화(sexualized)되었기 때문입니다. 정치적인 행위로 인식되지 못하고 생물학적인 문제로 받아들여지다 보니 개인의 문제로 축소된 겁니다. 이런 점에서 부천경찰서 성고문 사건은 여성폭력을 정치·사회적인 문제로 비화시켰습니다. 여성단체 외에도 구속자 가족, 학생운동, 법조계, 재야, 야당 등이 사건을 공론화하는 데 적극적으로 참여했습니다.

사안에 따라 만들어진 한시적인 조직이지만, 성고문 사건에 집중적으로 대응하기 위해 다양한 대책기구들이 출범했습니다. 여러 단체의 참여로 이루어진 연대기구만 해도 5개나 만들어졌습니다. 이 중에서도 지속적이고 실질적인 활동을 주도한 건 '여성단체연합 성

고문대책위원회'와 '부천경찰서 성고문대책위원회'였습니다. 이 두
단체는 가능한 한 모든 자원을 동원하여 성고문 사건의 진실을 알리
는 데 주력하였고, 피해자의 석방과 가해자의 처벌을 위한 법적 대응
도 적극적으로 지원했습니다. 여기서 저항하는 그리스도인은 종횡무
진 활약을 했습니다.

먼저, 24개 여성단체의 연대로 구성된 '여성단체연합 성고문대
책위원회'는 진보 여성단체와 기독 여성단체의 합작품이라 할 수 있
습니다. 여기에는 기독여민회, 한국교회여성연합회, 한국여신학자협
의회 등 9개의 기독 여성단체가 참여했습니다. 무려 삼분의 일이 기
독 여성단체로 이루어진 셈입니다. 여성단체연합 성고문대책위원회
대표는 향린교회 집사인 박영숙이 맡았습니다.

성고문 사건의 전반에 걸쳐 피해자를 지원하고 투쟁을 조직해
나가는 데 기여한 '부천경찰서 성고문대책위원회'는 종교단체 일색
이었습니다. 여성단체연합 성고문대책위원회를 포함하여 천주교(천
주교여자수녀회장상연합회, 천주교사회운동협의회, 천주교정의구현사제단)
와 불교(정토구현전국승가회), 그리고 기독교(한국기독교교회협의회 고
문대책위원회, 전국목회자정의평화실천협의회)가 전부였거든요. 이를 통
해 우리는 여성단체와 종교단체가 성고문 사건에 조직적으로 대응했
음을 알 수 있습니다.

심지어 저항하는 그리스도인은 독자적인 대책기구를 만들기도
했습니다. 23개 기독교 단체로 구성된 '성고문추방기독교대책위원회'
가 바로 그것입니다. 여기에는 그야말로 진보 기독교 진영의 광범위한
참여가 이루어졌습니다. 성고문추방기독교대책위원회는 7월 27일 대
한성공회 서울대성당에서 성고문 규탄 기도회를 열 예정이었으나 경

찰의 저지로 새문안교회 거리에서 모임을 가졌습니다. 그 밖에 인천, 전주, 대전 등에서도 저항하는 그리스도인이 성고문 사건을 규탄했습니다. 1986년 7-8월에는 성고문 사건을 규탄하는 집회나 시위가 25건이나 발생했는데, 그중 10건이 저항하는 그리스도인이 주최할 정도였습니다. 이로써 저항하는 그리스도인은 반(反)성폭력운동의 중요한 지지 기반이 되었습니다.

저항하는 그리스도인이 성고문 사건에 적극적인 관심을 보이고 함께 대응했던 이유는 이들에게 아주 분명한 인권 논리가 있었기 때문입니다. 그건 바로 앞에서 살펴보았듯이 '인간은 하나님 형상으로 지음 받은 존재'라는 명제였습니다. 성고문추방기독교대책위원회는 성고문을 "하나님의 형상대로 지으심 받아 생육하고 번성해야 할 인간의 존엄성과 고귀한 생명에 대한 원칙적 부정"이라고 비판했습니다.[5] 이번 일이 인간의 존엄성을 모독하고 자신들의 양심에 도전하는 사건이라고 여겼던 겁니다.

아쉬운 점은 부천경찰서 성고문 사건을 둘러싼 논란과 접근이 남성 중심적으로 이루어졌다는 사실입니다. 이 사건을 여성의 인권 문제로 인식하는 경우는 별로 없었습니다. 대부분 공권력에 의한 '고문' 내지 여성 노동자에게 가한 '노동탄압'으로 여겼을 뿐이죠. 이는 사건에 부여하는 의미가 항상 동일하지 않았다는 걸 의미합니다. 여기서 젠더는 민주화운동 내지 진보운동을 가로지르는 잠재된 갈등 요인이었습니다. 이는 피해자의 변호인단 중 한 명이 좌담회에서 "공

5] 성고문추방기독교대책위원회, 「광주학살 강탈정권 여성고문 강간정권 민중과 교회의 이름으로 처단하자」(민주화운동기념사업회 오픈아카이브), 1986.

권력의 가장 추악한 형태인 고문이 초점이 되어야 하는 이때에 여성 문제를 운운한다면 오히려 본질에서 빗나가는 게 아닐까요"라고 발언한 데서 알 수 있습니다.[6]

저항하는 그리스도인도 마찬가지였습니다. 기독 여성단체를 한 축으로 해서 구성된 여성단체연합 성고문대책위원회만이 부천경찰서 성고문 사건을 "모든 여성의 인권에 대한 정면도전"으로 규정했을 뿐입니다. 부천경찰서 성고문대책위원회와 성고문추방기독교대책위원회는 민주화운동에 대한 탄압으로만 받아들였지요. 이는 가해 남성이 누구인지에 따라 여성폭력의 정치성 여부가 결정되었기 때문입니다. 지극히 남성 중심적인 시각이었습니다.

거기다 성고문추방기독교대책위원회는 가족적인 수사를 통해 여성을 호명하기도 했습니다. 예를 들어, 성고문추방기독교대책위원회가 발표한 성명서에서는 "어머니가 지닌 생명창조의 본능"이라든지, "우리의 누나와 자녀와 아내가 더 이상 이런 파렴치하고도 더러운 고문에 의해 희생되지 않도록" 같은 표현을 볼 수 있습니다. 대중의 공분을 일으키기 위해 가족적인 용어를 사용했지만, 여기에도 여성의 목소리는 없었던 거죠. 이러한 가부장성은 저항하는 그리스도인의 시대적 한계가 아닐까 싶습니다. 이는 민주화 이후 진보 기독교 진영이 여성 인권 문제에 무관심하거나 성 소수자의 인권에 대해 모호한 태도를 취하게 된 요인으로 작용했다고 볼 수 있습니다.

6] 한국기독교교회협의회 인권위원회 편, 『우리들의 딸 권양: 고문·성고문자료집 I』 (민중사, 1987), 75쪽.

기도, 불의한 재판관을 굴복시키는 끈질긴 힘

문익환 목사는 누가복음 18장 1-8절을 본문으로 "과부의 기도"라는 설교를 한 적이 있습니다. 이 구절은 예수가 제자들에게 기도의 이유를 설명하기 위해 사용한 비유였습니다. 어느 고을에 부임한 불의한 재판관이 자신의 권리를 찾아 달라는 과부의 집요한 요청을 끝내 들어주고 말았다는 내용입니다. 여기서 문익환 목사는 기도란 하나님을 믿고 끈질기게 몸으로 현실과 대결하는 일이라고 얘기합니다. 그에게 기도는 불의한 재판관을 굴복시키는 끈질긴 힘이었습니다. 불의에서 정의를, 미움에서 사랑을, 절망에서 희망을, 거짓에서 참을, 추함에서 아름다움을, 싸움에서 평화를, 저주에서 축복을, 어둠에서 빛을 끄집어 내는 게 기도의 힘입니다. 기도는 불의한 재판관의 입에서 정의가 선포되게 하게끔 하는 몸부림이었죠.

1970-1980년대에 전개된 목요기도회의 기도는 그야말로 몸부림의 기도였습니다. 문익환 목사가 얘기한 바로 그 과부의 기도였습니다. 풍랑을 만난 선객들처럼 서로 부둥켜안고 우는 몸부림이었습니다. 용기를 끝까지 잃지 않고 끈질기게 몸부림치는 아우성이었습니다. 이 몸부림이 불의한 재판관 앞에서 호소가 되고 주장이 되어 결국 불의한 재판관도 거절 못 하는 기도가 되었습니다.

1974년 7월부터 시작된 목요기도회는 고난당하는 자들의 목소리를 생생히 들려줌으로써 독재권력의 폭력성을 세상에 알리는 데 크게 기여하였습니다. 목요기도회는 집회의 자유가 억압된 상황에서 그나마 사람들이 모일 수 있는 대안적 공간이었기 때문입니다. 목요기도회에서는 유신정권을 비판하는 내용의 중요한 성명서들이 발표되기도 했으며, 종종 가두시위로 이어지기도 했습니다. 그 당시 목요기도회는 우리나라에서 유일하게 매주 합법적으로 열리는 반정부집회였던 셈입니다. 그러니 당국은 목요기도회가 열릴 때마다 온갖 방법을 동원해 방해를 일삼았습니다.

목요기도회는 저항하는 그리스도인이 인권운동을 펼치는 데 아주 중요한 수단이었습니다. 당국의 탄압으로 한동안 열리지 못한 적도 있지만, 꾸준히 예언자적 목소리를 내어 권력의 폐부를 찔렀거든요. 특히 구속자들의 고문 폭로와 수사 과정에서의 조작내용 폭로는 대부분 목요기도회를 통해 이루어졌습니다. 이런 과정에서 목요기도회가 열리는 기독교회관은 명동성당과 더불어 민주화운동의 성지(聖地)로 여겨지게 되었습니다.

민청학련 사건의 배후로 지목받은 도예종, 여정남 등 시민 8명이 영장 없이 체포되어 1975년 4월 8일 대법원의 사형선고를 받고 18시간 만에 형장의 이슬로 사라져 국제적으로도 큰 문제가 되었습니다. 바로 인혁당 재건위 사건입니다. 지난 2007년에는 전원 무죄판결을 받았죠. 하지만 그 당시에는 공안사건이었기 때문에 누구 하나 섣불리 이 사건의 문제를 얘기하지 못했습니다. 그랬다가는 자신이 간첩으로 몰리기 십상이었기 때문입니다.

인혁당 재건위 사건이 고문으로 조작되었다는 사실은 1974년 10월 10일 목요기도회에서 설교를 맡았던 조지 오글(George E. Ogle) 목사를 통해 알려졌습니다. '오명걸'이라는 한국 이름을 가진 그는 1954년부터 한국에 살기 시작한 선교사였습니다. 주로 공장 지역에서 선교활동에 전념했던 인물입니다. "그리스도는 교회뿐만 아니라 공장에도 계신다"가 그의 신학적 믿음이었습니다. 이날 그는 무고한 시민들이 아무런 증거 없이 중형을 선고받았음에도 불구하고 아무도 이들을 구하려고 하지 않는다는 점을 지적하며 이들을 위해 기도할 것을 촉구했습니다. 공정한 재판을 받을 인권이 침해받았다는 주장입니다. 유신정권의 대표적인 국가폭력인 인혁당 사건을 처음으로 이의제기한 셈입니다. 이 때문에 그는 당국으로부터 강제 퇴거 명령을 받고 미국으로 돌아가야만 했습니다.

예수의 제자는 압력과 강압의 사회제도를 받아들일 수 없기 때문에 유신체제에 저항해야 한다고 한 조지 오글을 강제 출국시킴으로써 기독교의 정치참여를 둘러싼 논쟁이 일어났습니다. 그 당시 국무총리였던 김종필이 로마서 13장을 인용하며 조지 오글의 행태를 비난했기 때문입니다. 그러다 보니 논쟁의 초점이 로마서 13장에 대한 해석으로 모아졌습니다. 평행선을 달리는 논쟁이었지만, 로마서 13장에 대한 오해나 잘못된 해석이 어느 정도 정정되는 계기가 되지 않았나 싶습니다.

유신정권의 인권침해를 폭로한 목요기도회는 이후 금요기도회로 바뀌었습니다. 목요기도회는 체제 비판을 촘촘하게 금지한 긴급조치 9호로 잠시 중단되었다가 3·1민주구국선언 사건을 계기로 재개되었습니다. 이때 재판이 주로 토요일에 있다 보니 재판 전날인 금요일에 모이게 되면서 금요기도회로 변경이 됩니다. 이러한 과정을 거치면서 금요기도회는 고난당하고 있는 눌린 자들의 인권을 위해 기도하는 모임으로 자리 잡기 시작했습니다.

금요기도회에서는 정의와 자유의 구현, 민주회복, 구속자 석방, 고문당한 자, 노동자와 농민의 권익, 학원의 자유 등을 두고 기도했습니다. 이를 통해 금요기도회는 구속자 가족들을 위로할 뿐만 아니라 언론 통제 속에서 민주화운동으로 고난당하는 사람들의 소식을 알렸습니다. 하지만 1979년 10·26사건 이후 집회규제가 이루어지면서 금요기도회는 중단되고 말았습니다. 기도회를 재개하기 위한 시도들이 번번이 실패하다가 1982년 2월에 이르러서야 목요기도회로 다시 시작될 수 있었습니다.

1980년대 초반에 재개된 목요기도회는 여전히 수많은 인권침해 사실이 폭로되는 저항의 공간이었습니다. 하나하나 경중을 따질 수 없는 비극이었습니다만, 그중에서도 하나를 꼽자면 김근태 고문수사 사건을 언급할 수 있습니다. 민주화운동청년연합의 간부였던 김근태가 불법 연행된 후 남영동 대공분실에서 약 보름간 10여 차례에 걸쳐 고문을 당한 사실을 그의 아내 인재근이 목요기도회에서 폭로하면서 세상에 알려지게 된 사건입니다.

사실 이 부부의 만남은 극적으로 이루어졌습니다. 원래 김근태는 경찰에 연행되어 구류를 살았는데 갑자기 유치장에서 사라져 행방이 묘연했습니다. 남영동 대공분실에서의 고문이 시작된 것입니다. 이때 자신의 남편에게 무슨 일이 벌어지고 있음을 직감한 아내 인재근은 수감자들이 언젠가 검찰로 이관되리라고 예측하고, 검찰청 문 앞을 하염없이 지켰다고 합니다. 그녀의 예측은 들어맞아 검찰청 5층 엘리베이터 앞에서 남편을 만날 수 있었습니다. 고문으로 만신창이가 된 남편과의 해후였습니다. 여기서 인재근은 남편에게 고문 사실을 듣게 되었습니다.

마침 그날은 목요일. 인재근은 종로5가에 위치한 기독교회관으로 향했습니다. 목요기도회가 열리는 날이었기 때문입니다. 마이크를 잡은 그녀는 남편에게 들은 고문의 실상을 낱낱이 알렸습니다. 그녀의 폭로는 대대적인 고문추방운동을 일으켰습니다. 고문수사에 항의하는 농성이 KNCC 인권위원회 사무실에서 열렸는가 하면, KNCC 가맹 교단장 회의는 국무회의와 관계 장관 앞으로 고문수사에 항의하는 공문을 발송하기도 했습니다. 김근태 고문수사 사건을 규탄하는 목소리들이 합쳐져 1985년 11월에는 '고문 및 용공조작 저지를 위한 공동대책위원회'(약칭 고문공대위)가 조직되었습니다. 여기에는 문익환 목사, 김재준 목사, 함석헌 선생, 윤반웅 목사 등 저항하는 그리스도인의 참여가 두드러졌습니다. 이후 고문공대위는 부천경찰서 성고문 사건과 박종철 고문치사 사건에도 적극적으로 대응했습니다. 여기에 점점 더 많은 단체가 함께하면서 나중에는 6월 항쟁의 구심점이었던 민주헌법쟁취국민운동본부의 출범으로 이어졌습니다. 사건의 인과관계를 거슬러 살펴본다면, 6월 항쟁은 목요기도회에서 비롯되었다고 해도 과언이 아닙니다. 목요기도회에서의 폭로가 있었기에 고문공대위가 결성될 수 있었으니까요. 김근태가 남영동 대공분실에서 겪은 고문의 경험은 『짐승의 시간』(박건웅, 보리, 2014)을 통해서 확인할 수 있습니다.

대통령 직선제를 허하라

김근태 고문수사 사건을 계기로 발족된 고문공대위는 박종철의 죽음으로 들끓고 있던 민심을 운동으로 담아내고자 시민 한 사람 한 사람을 추도위원으로 모시는 '국민추도회'를 거행하기로 했습니다. 이를 위해 고문공대위 실무대표들을 중심으로 '고(故) 박종철 군 국민추도

271

회 준비위원회'가 만들어졌고, 2월 7일을 국민추도일로 정했습니다.
이날 전국 각지에서는 오후 2시를 기해 박종철의 죽음을 추도하는 시
위가 다양하게 벌어졌습니다. 추모의 뜻으로 검은색 또는 흰색 리본
을 단다거나 추모 경적이 울렸습니다. 교회는 타종으로써 시위에 참
여했습니다.

2월 7일에 이루어진 국민추도회는 그 전에 볼 수 없었던 새로운
시위 양상을 만들어 냈습니다. 이날 전국 각지의 시민들이 지침대로
행동하면서 동시다발적인 시위를 벌였거든요. 일반 시민들의 적극적
인 참여도 마찬가지고요. 중요한 건 2·7국민추도회 때 나타났던 양상
이 6월 항쟁에서 재현되었다는 점입니다. 이런 점에서 2·7국민추도
회는 6월 항쟁의 기본 틀을 제시했다고 볼 수 있습니다.[7] 덕분에 6월
항쟁은 일부 보수세력까지 가담할 정도로 각계각층이 폭넓게 참여하
는 저항의 물결을 이룰 수 있었습니다.

역사의 힘은 무섭습니다. 1987년 새해는 박종철의 죽음으로 전
국이 들끓기 시작했다면, 그해 5월은 박종철 고문치사 사건의 은폐조
작 여부가 폭로되면서 전두환 정권이 도덕적으로 치명타를 입게 되
었기 때문입니다. 발단은 1987년 5월 18일 명동성당에서 열린 '광
주민중항쟁 제7주기 미사'에서 비롯되었습니다. 이날 정의구현사제
단은 경찰이 범행을 축소 조작했다는 내용의 글을 발표했습니다. 거
기다 언론의 잇따른 대서특필로 대중들은 큰 충격을 받았습니다. 정
의구현사제단의 폭로는 민주화운동 세력의 연대를 더욱 강화시킨 계
기가 되었습니다. 그 결과 5월 27일에는 '민주헌법쟁취국민운동본

7] 서중석, 『6월항쟁』, 99쪽.

부'(약칭 국본)가 결성되기에 이르렀습니다. 민주헌법쟁취국민운동본부는 역사상 가장 광범위한 연대가 이루어졌다는 평가를 받을 만큼 민주화운동의 총결집체로 활약했습니다.

6월 항쟁은 정말 다양한 사람들이 엮은 수많은 이야기의 결집이지만, 주요 국면은 민주헌법쟁취국민운동본부가 계획했습니다. 즉, 6월 항쟁의 주요 분기점이었던 고문규탄 및 호헌철폐 대회(6. 10.)와 최루탄 추방의 날(6. 18.), 그리고 평화대행진(6. 26.)은 민주헌법쟁취국민운동본부가 주최했습니다. 이를 통해 민주헌법쟁취국민운동본부는 6월 항쟁의 방향을 이끌 수 있었습니다. 여기에 저항하는 그리스도인이 적지 않은 활약을 했습니다. 그 당시 기독교사회문제연구원 이사장 박형규 목사가 민주헌법쟁취국민운동본부를 주도적으로 이끌었고, 오충일 목사가 집행위원장을 맡았거든요. 그 단체의 얼굴이라고 할 수 있는 대변인은 도시산업선교회의 인명진 목사였습니다.

6월 항쟁의 전개 과정을 쭉 살펴보면 교회와 성당은 중요한 역할을 맡은 적이 많았습니다. 이는 교회가 민주인사들이 모여 의견을 나누고 이를 실행에 옮기는 데 괜찮은 출발 지점으로 사용되었다는 걸 의미합니다. 향린교회는 민주헌법쟁취국민운동본부가 결성된 장소였고, 대한성공회 서울대성당은 6월 항쟁이 시작된 곳이었습니다. 1987년 6월 10일 성공회 대성당 출입문 위에 "고문살인 은폐 및 호헌철폐 국민대회"라고 쓰인 대형 현수막이 내걸리면서 말이죠. 이날 민주헌법쟁취국민운동본부의 행동지침에 따라 오후 1시경부터 시민들은 자신이 할 수 있는 방법을 동원해 시위에 참여했습니다. 시위는 서울뿐만 아니라 부산, 마산, 대구, 포항, 울산, 안동, 경주, 광주, 전주, 익산, 청주, 천안, 춘천, 목포, 군산 등 전국 각지에서 동시다발적으로

저항하는 그리스도인

일어났습니다. 22개 도시가 같은 시간에 동일한 행동지침으로 시위를 한 것입니다. 아주 이례적인 일이었습니다.

6월 10일의 시위가 항쟁으로 진전되는 데는 명동성당 농성이 중요한 계기가 되었습니다. 이때 명동성당의 빈터에는 철거민, 시위학생, 일반 시민, 신자 등 다양한 계층의 사람들이 어울리고 있었습니다. 명동성당은 한마디로 6월 항쟁의 공론장이었습니다. 문제는 경찰이 명동성당에 최루탄을 쏘면서 시작되었습니다. 여기에 분노한 시위가 여러 곳에서 발생했습니다. 그러다 6월 26일 전국에서 동시다발적인 평화대행진이 진행되면서 6월 항쟁의 대단원이 열렸습니다. 이때 100만 명 넘는 시민들이 참여했다고 합니다. 어마어마한 규모의 시위였습니다. 그 결과 전두환 정권은 새로운 헌법으로 대통령 선거를 치르겠다는 요지의 6·29선언을 발표하였습니다. 대통령 직선제를 골자로 하는 개헌을 수용한 겁니다. 16년 만에 대통령을 직접 선출하는 선거가 시행되기에 이르렀습니다.

6월 항쟁의 주요 화두는 인권과 대통령 직선제였습니다. 박종철과 이한열의 죽음이 국가폭력에 대한 분노로 이어져 6월 항쟁을 이끌었다면, 대통령 직선제는 6월 항쟁의 '뜨거운 감자'였습니다. 대통령 직선제는 단순히 제도의 변화만을 의미하지 않고, 정치적 자유가 실현되는 걸 가리켰기 때문입니다. 대통령 간접선거를 직접선거로 바꿔 유권자들의 정부선택권을 회복하는 건 매우 중요한 문제였습니다. 민주주의에 대한 상상력을 선거로 축소시키긴 했지만요. 이는 1980년대가 '박정희 없는 박정희 체제'였기 때문입니다. 1979년 12·12쿠데타로 등장한 신군부는 대중들의 반감을 떨어뜨리기 위한 조치들을 취하면서도 간선제로 대통령을 선출하는 방식을 유지했거든요. 통일주체국민회의가 대통령선거인단으로 명칭만 바뀌었을 뿐입니다.

대통령 직선제가 주요 저항 의제로 부각된 건 1985년 2월 12일에 실시된 총선 때부터였습니다. 창당된 지 한 달도 되지 않았던 야당인 신한민주당(약칭 신민당)이 이 선거에서 돌풍을 거세게 일으켰습니다. '군부통치 종식'과 '대통령 직선제'를 구호로 내세운 신민당은 사회적으로 금기시했던 문제들을 거침없이 쏟아내면서 전두환 정권을 강도 높게 비판했지요. 원래 전두환 정권은 1985년 총선을 통해 집권 후반기에 안정을 이루어 장기집권체제를 마련하려고 했기 때문에 야당의 돌풍은 당혹스러운 일이었습니다. 이에 관권, 금권, 언론장악 등을 동원해 맞대응했죠. 한마디로 1985년 총선은 여당의 조직력과 야당의 바람이 거세게 맞붙은 선거였다고 할 수 있습니다.

한편, 1980년대는 저항하는 그리스도인이 새로운 전기를 맞이한 시기였습니다. 이는 1980년대 운동권이 유신시대의 민주화운동을 비과학적이고 낭만적이었다고 비판하면서 민중이 주체가 되는 사회변혁운동을 지향하기 시작한 것과 연관이 있습니다. 이러한 변화는 저항하는 그리스도인들에게 자기정체성에 대한 고민을 던져 주었습니다. 급진적인 변혁운동의 격류에서 자신들의 위치와 역할을 어떻게 설정할지 막막했기 때문입니다. 이들의 이념적 토대였던 민중신학이 시대의 변화 앞에 침묵하고 있었거든요.[8] 그러다 보니 반유신운동을 선도했던 저항하는 그리스도인은 1980년대에 들어 주춤하는

8] 한국기독교사회문제연구원 편, 『노정권의 출범과 민족민주운동의 진로』(민중사, 1988), 166쪽.

경향을 보였습니다. 1980년대 초반에 일어난 한국기독학생회총연맹 (KSCF)의 정체성 논쟁은 이들의 고민이 직접적으로 표출된 경우라 할 수 있습니다.

1980년대 운동권이 급진적으로 변화된 데는 이유가 있습니다. 1980년 5월의 광주에서 일어난 비극이 이들에게 큰 충격과 자극을 주었기 때문입니다. 5·18항쟁은 미국에 대한 시각을 완전히 뒤집어 버렸습니다. 신군부의 무자비한 진압에 미국의 방조 내지 책임이 있 다는 사실은 미국에 대한 이전의 '낭만적'이고 '순진한' 인식을 깨어 나게 해주었습니다. 이제 '과학적인' 사회 분석에 입각해서 '민중'과 함께하는 '혁명적' 운동을 지향하게 되었습니다.[9] 이전에는 상상할 수 없었던 반미운동이 시작된 겁니다. 오죽했으면 보수 성향의 신학 교 학생들이 부산 미국문화원 건물에 불을 지르기까지 했을까요.

저항하는 그리스도인은 민중신학의 정체(停滯)를 극복하고자 제 3세계 기독교인의 경험을 참고하기 시작했습니다. 특히 남미의 해방 신학과 필리핀의 기독자민족해방(Christian for National Liberation) 이 사회변혁 과정에서 어떠한 역할을 했는지를 살펴보고, 남미와 필 리핀의 사례를 공부해 민중신학의 발전적 계승을 모색했습니다. 저항 하는 그리스도인은 민중신학의 패러다임을 바꾸기로 했습니다. 민중 의 눈으로 성서를 새롭게 보는 '증언의 신학'을 넘어 사회과학적 방법 을 수용한 '운동의 신학'으로 말입니다. 대안적 이념으로서 마르크스 주의를 수용하기 시작한 것입니다. 이러한 변화는 일선 현장에서 활 동하고 있던 기독청년과 사회선교 실무자들에게서 두드러졌습니다.

9] 이남희, 『민중 만들기』(후마니타스, 2015), 191-192쪽.

급진적인 이념을 받아들이면서 저항하는 그리스도인은 크게 기독교사회운동과 민중교회운동으로 나뉘었습니다. 전자가 민중신학을 바탕으로 사회선교를 펼쳤다면, 후자는 민중의 현실에 기반을 둔 새로운 교회를 만들었습니다. 1980년대에 조직된 한국기독교농민회총연합회(1982), 전국목회자정의평화실천협의회(1984), 한국기독교노동자총연맹(1985), 기독여민회(1986), 기독교도시빈민선교협의회(1986) 등은 기독교 사회운동의 영역이 점차 확대되었음을 보여줍니다. 민중교회운동은 대안적인 교회공동체를 지향했다는 점에서 교회개혁운동의 이정표라 할 수 있습니다.

1985년 총선이 다가오자 기독교 사회운동은 기독자민주쟁취대회를 열어 힘을 한데 모았습니다. 선거를 통해 민주화를 앞당기자는 생각이었습니다. 여기서 '민주쟁취'는 군사정권에게 빼앗긴 주권을 되찾자는 의미를 담고 있었습니다. 처음에 이들은 선거가 요식행위로 전락할까 싶어 총선 보이콧을 불사하려고 했습니다만, 1985년 1월 18일 신민당이 창당하면서 노선을 바꿨습니다. 국회정상화를 만드는 일에 기독교인이 적극 앞장서자는 입장으로 선회했습니다.

저항하는 그리스도인이 국회정상화를 촉구한 데는 이유가 있습니다. 그때만 해도 야당은 관제정당에 불과했습니다. 제5공화국의 등장과 함께 정계 재편이 이루어질 때 야당인 민주한국당과 한국국민당이 신군부에 순종적인 정치인들로 구성되다 보니 벌어진 일입니다. 아예 처음부터 정권에 협조적인 야당이 출현한 겁니다. 그래서 사람들은 여당인 민주정의당을 신군부의 '제1중대'로, 야당인 민주한국당을 '제2중대'로, 한국국민당을 '제3중대'로 부르기도 했습니다. 전두환 정권의 정당체제에 대한 일종의 비판이자 조롱인 셈이죠. 신민당이 만들어지지 않았다면 1985년 총선은 '선택 없는 선거'에 불과했을지도 모릅니다.

그러다 보니 기독자민주쟁취대회는 정치혐오에 빠지지 말고 적극적으로 주권을 행사하자고 외쳤습니다. 유권자들의 투표 참여를 적극적으로 독려한 겁니다. 기독자민주쟁취대회의 문건에는 직접적인 표현이 없지만, 맥락상 이들이 말하는 주권 행사는 정권 심판의 뉘앙스를 풍기고 있습니다. 이를 위해 기독자민주쟁취대회에 참가한 단체들은 '민주쟁취'를 주제로 한 대중집회와 강연회 등을 연달아 개최하였습니다. 대대적인 투표 참여 캠페인을 벌인 셈입니다.

이 과정에서 당국의 탄압이 없지 않았습니다. 1985년 1월 28일부터 31일까지는 한국기독학생회총연맹(KSCF)이 단식농성을 벌였습니다. 총선을 앞두고 KSCF의 간사와 임원이 불법 연행된 일에 대한 항의였습니다. 한국기독청년협의회(EYC)도 마찬가지였습니다. EYC 포항 지구 총무는 스티커 부착 혐의로 5일 동안 구류되었으며, 충북 지구의 총무는 전단지 배포 혐의로 10일 동안 구류되었거든요. 전단지와 스티커는 기독자민주쟁취대회가 제작한 것으로, 각각 "군부정권에게 국민의 심판을"(전단지), "언 땅에 봄을 조국에 민주화를"(스티커)이라는 문구가 적혀 있었습니다.

교단 차원에서 1985년 총선에 개입한 건 기장 교단이 유일할 겁니다. 기장 교단은 현행 선거법 제도를 통해 여당이 국민의 지지를 받지 않아도 다수 의석을 차지할 수 있으나, 최악의 결과를 방치하지 말자는 입장을 내놓았습니다. 이번 선거로 세상이 금방 바뀌지는 않겠지만 정치혐오에 빠져들지 말자는 이야기였습니다. 1985년 1월 28일 한국기독교장로회는 총회장 명의로 담화문을 발표하여 기독 유권자

5

들에게 역사의 주인이자 주권자로 선거에 당당히 참여하자고 호소하였습니다.[10]

1985년 총선 시기에 활약한 기독자민주쟁취대회는 잘 알려지지 않았지만 저항하는 그리스도인의 역사에서 중요한 흐름을 이루고 있습니다. 기독자민주쟁취대회를 통해 저항하는 그리스도인들의 광범위한 연대를 이룰 수 있는 토대가 마련되었기 때문입니다. 이때의 경험은 6월 항쟁 시기에 저항하는 그리스도인들이 조직적으로 참여할 수 있는 밑바탕을 이루었다고 생각합니다.

선거 결과, 1985년 총선은 유권자들의 높은 관심 속에서 84.6퍼센트라는 높은 투표율을 기록했습니다. 여당의 득표율은 35.25퍼센트에 머물렀지만 신민당은 30퍼센트에 육박하는 득표율을 올렸습니다. 게다가 관제 야당인 민주한국당과 무소속 의원들이 신민당에 대거 입당하면서 신민당은 거대 야당이 되었습니다. 부정선거가 난무한 상황에서 야당의 승리로 귀결되어 버린 겁니다. 아무도 예상하지 못한 결과였습니다. 이를 계기로 민주화운동은 급속도로 활성화되기 시작하였습니다.

이렇게 야당인 신민당이 실질적으로 승리하면서 '대통령 직선제'는 핵심적인 저항의제가 되었습니다. 개헌운동의 막이 오른 셈입니다. 물론 헌법을 어떻게 바꿀지에 대한 의견은 다양했습니다. 사람이나 단체마다 개헌에 대한 입장 차이가 컸기 때문입니다. 개헌운동은 1985년 12월부터 서명운동 형태로 전개되었습니다. 이 방법은

10] 「제12대 국회의원선거에 즈음한 총회장 담화문」(민주화운동기념사업회 오픈아카이브), 1985년 1월 28일.

참여자의 외연을 넓히는 데 좋았지만 전두환 정권의 강경한 대응에 부딪힐 수밖에 없었습니다. 전두환 정권은 시민들에게 가두서명을 받을 경우 1년 이하의 징역에 처하고, 가정방문으로 서명을 권유하면 주거침입죄를 적용할 것이라고 위협했습니다. 심지어 시민이 서명하는 행위조차 불법행위방조죄로 처벌하겠다는 으름장을 놓았습니다.

종교계 중 개헌운동에 적극적으로 나선 그룹은 진보 기독교 진영이었습니다. 주로 소장파 목사들이 반(半)공개적인 서명운동을 벌여 전두환 정권의 강경대응으로 경색된 분위기를 전환하는 데 일조했습니다.[11] 이들이 두 차례에 걸쳐 발표한 서명자 명단(약 4,000명)은 시민의 민주화 요구와 개헌의지를 상징적으로 대변해 주었습니다. 하지만 이들의 개헌운동은 한계가 많았습니다. 산발적이고 비조직적인 양상을 띠었기 때문입니다. 이를 보완하고자 한국기독교교회협의회는 'KBS-TV 시청료납부 거부운동'을 주도하기 시작했습니다. 일종의 조세저항인 KBS-TV 시청료납부 거부운동은 공영방송의 왜곡보도에 대한 반발로 이루어진 언론민주화운동이었습니다. 이 운동은 개헌운동의 열기를 다른 측면에서 고조시켜 6월 항쟁의 기반을 형성하는 데 큰 역할을 했습니다.

개헌운동은 1986년 상반기에 전국적으로 확산되면서 뜨거운 반응을 일으켰지만 하반기에 이르러 부진 상태에 머물렀습니다. 그 이유는 야당과 재야 간의 균열에서 찾을 수 있습니다. 재야는 야당이 여당과의 협상에 매달리자 야당을 불신하기 시작했고, 반대로 야당

11] 한국기독교사회문제연구원 편, 『개헌과 민주화운동』(민중사, 1986), 39쪽.

은 재야와 거리를 두려고 했기 때문입니다. 그러다 1987년 4월 13일 전두환 대통령은 88올림픽 때까지 개헌을 유보하겠다는 특별담화를 발표합니다. 이른바 '4·13호헌조치'였습니다. 현행 헌법으로 대통령 선거를 치르겠다는 말에 개헌운동은 다시 불붙기 시작했습니다.

전두환 정권의 4·13호헌조치는 아주 광범위한 저항을 불러일으켰습니다. 호헌조치가 발표된 당일에는 대한변호사협회와 전북인권선교협의회가 호헌조치를 비판하는 성명을 발표했습니다. 그다음 날인 4월 14일에는 한국기독교교회협의회, 전국목회자정의평화실천협의회, 광주기독교협의회 인권위원회, 기독교장로회 전북노회 등 주로 진보 기독교 진영의 단체가 호헌철회와 대통령 직선제를 골자로 하는 성명을 발표했습니다.

5월에 들어서는 진보 기독교 진영의 목회자들이 단식기도로 호헌조치에 저항했습니다. 4월 27일 전남목회자정의평화실천협의회 소속 목사 29명이 단식에 돌입한 걸 기점으로 서울목회자정의평화실천협의회 소속 목사 30여 명이 5월 4일에 무기한 단식기도에 들어갔습니다. 그 밖에 각 지역의 목회자들(인천 32명, 춘천 14명, 부산 15명, 공주 30명, 대전 33명, 충주 14명, 광주 30명)도 단식으로 맞섰습니다. 이들뿐만 아니라 문인, 연극인, 화가, 미술평론가, 사진작가, 만화가 등의 예술인과 법조인, 서대문구치소의 양심수, 해직교사, 의사, 약사, 한의사, 변호사, 연예인 등 각계각층의 시민들이 호헌조치를 비판했습니다. 4·13호헌조치는 민주화를 바라는 민심에 불을 질렀다는 점에서 전두환 정권의 최대 실수로 볼 수 있습니다.

진보 기독교 진영의 공명선거운동

4·13호헌조치를 뒤집은 6·29선언은 6월 항쟁의 값진 결과물입니다. 6월 항쟁의 핵심이었던 대통령 직선제를 전두환 정권이 수용했기 때문입니다. 이를 위해서는 헌법 개정이 이루어져야 했습니다. 그러다 보니 1987년 7-9월은 개헌을 둘러싼 협상과 갈등의 과정으로 점철되었습니다. 문제는 개헌협상이 제도정치권에서만 진행되었다는 점입니다. 6월 항쟁을 주도했던 재야는 개헌협상에 참여하지 못했습니다. 광범위한 사회적 합의는 더더욱 거치지 못한 채 여야 간의 정치적 협약으로 축소되었을 뿐입니다. 헌법 개정 과정에서 사회적 토론과 논쟁이 부재한 건 매우 아쉽습니다. 결국 개헌안은 10월 12일 국회에서 통과된 후 10월 27일 국민투표 과정을 거쳐 93.1퍼센트의 찬성을 얻었습니다. 이로써 제6공화국이 등장하였고, 현재의 한국 사회를 규정하는 중요한 토대인 '87년 체제'가 시작되었습니다.

　1987년 12월 16일은 6월 항쟁의 핵심가치였던 대통령 직선제가 구현된 날입니다. 제13대 대통령 선거가 치러진 날이기 때문입니다. 16년 만에 시민들이 직접 대통령을 뽑는 순간이 돌아왔습니다. 제13대 대통령 선거는 독재자가 물러난 이후 처음 치르는 선거이기에 민주화 이후의 정치적 틀을 결정하는 데 큰 영향을 미쳤습니다. 관건은 1987년 대통령 선거의 결과였습니다. 군사정권이 재집권하느냐, 아니면 민주정부가 수립되느냐. 제13대 대통령 선거의 관전 포인트라고 할 수 있습니다.

　한편, 대통령 직선제를 골자로 하는 개헌운동은 정치적 자유가 보장되는 민주사회를 만드는 데 기여했지만, 민주주의를 '선거'로 축소한 경향이 있습니다. 이는 헌법 개정이 주로 권력구조 문제에 초점을 맞추고 있었기 때문입니다. 이러한 비판은 민주화운동 세력 내 노동운동과 농민운동 측에서 제기되었습니다. 이들은 민주화를 '사회경제적 차원'으로까지 확장해야 한다고 주장했습니다. 즉, "민중문제의 근본적인 해결 없는 민주화란 허구적인 것"이라는 입장이었죠. 1987년 7-9월에 걸쳐 전개된 노동자대투쟁도 마찬가지였습니다. 노동자들의 전국적인 저항은 민주화운동의 계급적 확산으로 이해할 필요가 있습니다.[12] 이들의 비판과 저항은 실질적인 민주주의를 만들어야 하는 우리에게 중요한 문제의식을 던져 주고 있습니다.

저항하는 그리스도인은 비판적 자유주의의 담지자이자 절차적 민주주의를 핵심가치로 삼았기 때문에 권력구조의 재편을 통한 정권교체만을 생각했습니다. 이른바 선거제도의 개혁을 통해 군정을 종식시키고 민주정부를 수립하는 '선거혁명'을 꿈꿨습니다. 이런 구상은 1987년 8월 4일에 발족된 '민주쟁취기독교공동위원회'(약칭 기독교공동위원회)를 통해 구체화되었습니다. 기독교공동위원회는 대통령 직선제로 선거가 시행되기만 하면 정권교체가 당연히 이루어질 거라고 여겼습니다.

하지만 전두환 정권하에서 대통령 직선제가 실시된다는 점이 문제였습니다. 많은 사람들은 과연 선거가 공정하게 잘 치러질 수 있을지 의구심을 품었습니다. 이런 생각은 꼬리에 꼬리를 물어 공명선거운동이 광범위하게 펼쳐지는 배경으로 작용했습니다. 선거를 통해 민주정부를 수립하려면 부정선거를 감시하고 막아야 했으니까요. 기

12] 윤상철, 『1980년대 한국의 민주화이행과정』(서울대학교출판부, 1997), 172쪽.

독교공동위원회는 야권 후보를 둘러싼 내부 갈등으로 우왕좌왕하다
가 11월 23일이 되어서야 '공정선거감시단'을 구성할 수 있었습니다.
제13대 대통령 선거 시기에 진보 기독교 진영은 유력한 야권 후보인
김영삼과 김대중 중 누구를 지지하느냐에 따라 극심한 분열과 혼란
을 겪었기 때문입니다. 우여곡절 끝에 기독교공동위원회는 11월 말
부터 공명선거운동을 시작할 수 있었습니다.

재미있는 사실은 기독교공동위원회의 공명선거운동이 필리핀
'자유선거국민운동'(National Citizens Movement for Free Election,
NAMFREL)이라는 사회운동 단체의 영향을 많이 받았다는 점입니
다. 기독교공동위원회가 필리핀 자유선거국민운동을 주목하는 이유
는 간단합니다. 21년 동안 집권한 마르코스(Ferdinand E. Marcos) 대
통령을 몰아내는 데 기여함으로써 필리핀의 민주화를 이끌어 냈기
때문입니다. 역사에서는 이를 1986년 2월 혁명이라고 합니다. 오죽
했으면, 전두환 정권은 보도지침을 통해 한국 언론이 필리핀의 2월
혁명을 다루지 못하도록 통제하기도 했습니다. 어떤 측면에서 필리핀
2월 혁명은 1987년 6월 항쟁이 촉발하는 데 일정 정도 영향을 미쳤
다고 할 수 있습니다.[13]

2월 혁명은 1986년 2월 7일에 실시된 조기대선에서 비롯되었
습니다. 권력의 정당성을 다시 한 번 다지고자 했던 마르코스 정권의
의도로 시행된 선거였습니다. 이때 필리핀 자유선거국민운동은 마
르코스 정권의 부정선거에 공명선거운동으로 맞섰습니다. 50만 명
의 자원봉사자를 모집하여 훈련시키고, 부정선거 고발운동과 투개

13] 조지 카치아피카스 지음, 원영수 옮김, 『아시아의 민중봉기』(오월의봄, 2015), 110쪽.

표 감시운동 등을 선보였습니다. 거기다 신속 집계로 투표 경향을 산출하기도 했습니다. 괄목할 만한 활동을 벌인 셈입니다. 하지만 조기 대선에서 마르코스는 부정선거로 재선되었고, 대통령 당선을 기정사실로 굳히려 했습니다. 이에 부정선거를 규탄하는 '피플파워'(people power)가 거세지자 2월 25일 마르코스는 하와이 망명을 선택했습니다. 독재자를 쫓아낸 필리핀의 저력은 비슷한 상황에 처했던 한국에 영향을 주지 않을 수 없었습니다.

필리핀의 사례를 참고하고자 기독교공동위원회는 『필리핀 자유선거국민운동』이라는 책을 출간하였습니다. 자원봉사자 교육을 위한 교재로 편찬된 이 책은 필리핀의 2월 혁명을 통해 공명선거운동에 필요한 게 무엇인지 살펴보고 있습니다. 또한, 기독교공동위원회는 필리핀 자유선거국민운동에서 핵심적인 역할을 수행했던 간부 두 명을 초청하여 지역순회 강연회를 열기도 했습니다. 한국기독학생회총연맹(KSCF) 소식지 『민주장정』 제7호, 대전기독청년협의회 소식지 『십자가 행진』 창간호, 서울대 기독신문사가 발행한 『대학기독신문』 제10호 등에도 필리핀의 2월 혁명에 대한 이야기가 실려 있습니다. 한국기독청년협의회(EYC)를 중심으로 조직된 전국기독청년공정선거감시단은 "필리핀 자유선거국민운동의 소중한 경험을 돌이켜 봅시다"라고 제안했을 정도입니다. 필리핀 자유선거국민운동의 선구적인 공명선거운동은 진보 기독교 진영의 큰 관심을 불러일으켰습니다.

필리핀의 사례를 참조하다 보니 진보 기독교 진영의 공명선거운동은 좀 더 다양한 방법을 동원할 수 있었습니다. 초기에는 투표통지표 교부를 감시하는 데 주력했습니다. 이때만 해도 투표는 투표통지표를 지참해야 가능했습니다. 문제는 공무원과 여당 관계자만 투표통지표를 나눠 주다 보니 부정선거의 온상이 되기 십상이었다는 데 있습니다. 예를 들어, 사망자나 전출자에게 허위로 교부한다거나 동일인에게 이중으로 교부하는 방식으로 말입니다. 이러한 부정을 막기 위해 진보 기독교 진영은 투표통지표 교부를 감시하는 운동을 벌였습니다. 덕분에 약 2만 건에 달하는 부정선거 사례를 적발할 수 있었습니다.

그뿐만이 아닙니다. 진보 기독교 진영은 시민들의 적극적인 참여를 이끌어 내기 위해 '부정선거 고발센터'를 고안했습니다. 각 지역마다 부정선거 고발센터를 설치하여 예상 이상의 고발 사례를 접수할 수 있었습니다. 고발이라는 소극적인 방식으로 시민들의 참여를 유도한 셈입니다. 재미있는 점은 부정선거 고발사례에 일련번호를 매겼다는 사실입니다. 예를 들어, 1번은 금품살포와 선심공세, 5번은 선거관리위원회의 편파적 선거관리, 6번은 부재자투표 부정 식으로 말입니다. 이때 시민들의 제보로 알게 된 부정선거 사례만도 900여 건이나 되었다고 합니다.

한국 선거 사상 기독교공동위원회는 독자적인 집계활동을 처음 시도했습니다.[14] 이는 기독교공동위원회가 필리핀 자유선거국민운동의 영향을 받았다는 결정적인 증거로 볼 수 있습니다. 1986년 2월 7일 대선에서 필리핀 자유선거국민운동은 신속 집계작업으로 48시간 이내에 전체 투표인의 75퍼센트 이상을 집계하여 선거 결과를 산출했거든요. 덕분에 필리핀 자유선거국민운동은 마르코스 정권의 부정선거를 저지할 수 있었습니다. 마르코스 대통령이 150만 표 차이로 이겼다는 정부 측 발표를 일축시켰으니까요. 필리핀 시민들이 마

14] 한국기독교사회문제연구원 편, 『87 한국교회사정』(민중사, 1988), 277쪽.

르코스 정권의 부정선거에 맞설 수 있었던 배경에는 필리핀 자유선거국민운동의 신속 집계작업이 있었다 해도 과언이 아닙니다.

기독교공동위원회는 컴퓨터를 활용하여 집계활동에 나섰습니다. 다만, 지금과 같은 전산망이 없었기 때문에 장비의 한계를 조직망을 통해 극복하고자 했습니다. 전국의 개표장에 훈련된 참관인과 전령을 보내고 난 뒤 이들의 연락을 취합하는 방식으로 말입니다. 이는 최소한 1,150명 이상의 자원봉사자가 일사분란하게 움직여야만 하는 방대한 작업이었습니다. 아쉽게도 기독교공동위원회의 집계활동은 경험 부족으로 방송국 집계보다 신속성과 기동성이 떨어졌습니다. 전화에 모든 걸 의지하다 보니 데이터의 오기 가능성도 있었고요. 그렇다고 아무런 소득도 없었던 건 아닙니다. 참관인은 집계표 작성을 위해 개표 과정을 더 적극적으로 감시하게 되었고, 민간단체가 전국적인 조직망과 컴퓨터를 동원해 전국 집계를 실시했다는 점에서 큰 반향을 일으켰으니까요. 결국 기독교공동위원회는 전체 투표인의 68.6퍼센트를 집계하는 성과를 이루었습니다. 이는 1987년 대통령 선거로 노태우가 당선될 때 부정선거를 주장할 수 있는 근거가 되기도 했습니다.

1971년 대선 이후 17년 만에 재개된 공명선거운동은 선거 과정에서의 부정선거를 감시하고 고발함으로써 공정한 선거를 보장하고자 했던 활동이었습니다. 이를 통해 시민의 주권을 보호하려고 했습니다. 더 나아가 시민의 민주적인 참여과정을 보장함으로써 주권을 실현하고자 했습니다. 공명선거운동은 일종의 주권운동이었던 셈입니다. 지금까지의 선거가 독재정권의 집권을 합법화하는 수단으로 전락했던 사실을 상기해 보면 공명선거운동은 신군부의 재집권을 막기 위한 바리케이드였다고 할 수 있습니다.

한편, 부정선거에 공동으로 대응한 경험은 진보 기독교 진영 내의 여러 단체가 새로운 연대를 이루는 데 좋은 자양분으로 작용했습니다. 1980년대 말에 이르러 민중교회운동은 '한국민중교회운동연합'(1988), 기독교 사회운동은 '한국기독교사회운동연합'(1989)이라는 연합체를 만들게 됩니다. 또한, 공명선거운동을 통해 새로운 주체가 등장하게 되었습니다. 바로 신앙적으로는 보수적이지만 사회참여에 적극적인 '87년형 복음주의'가 탄생한 겁니다.

'87년형 복음주의'의 등장

6월 항쟁은 여러모로 3·1운동과 유사했습니다. 전국 곳곳에서 동시다발적인 시위가 발생했고 다양한 계층의 사람들이 참여했기 때문입니다. 또한, 3·1운동 때 종교인이 시위를 주도했듯이 6월 항쟁 때도 종교인들의 적극적인 참여가 있었습니다. 더구나 보수적인 기독교인들마저 6월 항쟁에 가담하는 상황이었습니다. 이는 박종철의 죽음의 영향이 컸습니다. 하나님 형상으로 지음 받은 한 대학생에 대한 고문치사는 성서의 가르침에 크게 위배되었거든요. 평소 '시국 문제'에 거리를 두었던 보수교단에서도 그의 죽음에 분노한 기독교인들이 적지 않게 나타났습니다. 특히 6월 22일 이후에 보수적인 기독교인들의 참여가 두드러졌습니다.[15] 6월 26일에는 보수성이 강한 대구 지역에

15] 서중석, 『6월 항쟁』, 634-635쪽.

서 통합교단의 노회가 연합으로 가두시위에 나서기도 했을 정도입니다. 대표적인 보수교단인 합동과 고신 측도 6월 항쟁에 참여했습니다.

사실 보수적인 기독교인들은 전두환 정권의 종교정책에 강력히 항의했었습니다. 1985년 2월 서울시가 사직공원에 단군전을 크게 건립하려다가 기독교계의 강력한 항의로 취소했거든요. 단군전 건립반대운동에는 기독교의 광범위한 참여가 있었습니다. 진보와 보수 가릴 것 없이 단군전 건립을 대대적으로 반대했습니다. 아마 이 사건은 보수적인 기독교인들이 전두환 정권에서 이탈하는 중요한 분기점이 되지 않았나 싶습니다. 여기에 인권 문제가 더해지면서 6월 항쟁 막바지에 보수적인 기독교인들의 참여가 이루어졌다고 할 수 있습니다.

6월 항쟁이라는 커다란 변화와 마주하면서 보수적인 기독교인들은 한국 교회가 과거와는 다른 새로운 실천을 요구받고 있다는 걸 절감했습니다. 기존의 보수적인 한국 교회가 시대의 아픔에 무감각한 걸 보면서 좌절한 기독교인들이 속속 등장했습니다. 1987년 6월 항쟁이라는 질곡 속에 이들은 민주화에 대한 열망을 내면화하였고, 이로써 기존에 볼 수 없었던 새로운 주체로 거듭나는 계기가 되었습니다. 한국 기독교 역사의 중요한 한 흐름을 차지하는 '87년형 복음주의'가 등장하는 순간이었습니다.

'복음주의'(evangelicalism)는 복음적(evangelical)이라는 형용사에 '-ism'이 붙은 용어입니다. 거칠게 풀어 보자면, '복음을 위한 모든 행동과 사상' 정도로 이해할 수 있을 것 같습니다. 문제는 복음주의가 논자(論者)에 따라 매우 유동적으로 바뀌는 개념이다 보니 그 정의가 제각각이라는 점입니다. 혹자는 복음주의를 하나의 실체로 정의내리기 불가능하다고 말하기도 했을 정도입니다.

복음주의에 대한 정의는 너무나 광범위합니다. 다만, 여기서는 '광의의 복음주의'와 '협의의 복음주의'로 나누어 볼까 합니다. 광의의 복음주의는 신학적 기준에 따라 정의됩니다. 영국의 역사학자 데이비드 베빙턴(David Bebbington)이 복음주의의 특징을 회심주의, 행동주의, 십자가 중심주의, 성서주의로 정리한 건 잘 알려져 있습니다. 학자에 따라 거론되는 복음주의의 신학적 특징은 다양하지만, 이 책에서는 베빙턴의 정리를 따르고자 합니다. 즉, 광의의 복음주의는 '성서를 신앙의 토대로 중시하고 예수 그리스도의 대속적 죽음을 구원의 핵심으로 삼는 것'을 말합니다. 여기에 성령에 의한 중생의 체험과 복음전도의 강조를 덧붙일 필요가 있습니다. 광의의 복음주의는 베빙턴의 네 가지 키워드로 요약될 수 있는, 신학적 보수주의가 특정 교파와 신학을 광범위하게 횡단하는 하나의 경향이라고 할 수 있습니다.

87년형 복음주의는 광의의 복음주의가 내포하는 신학적 내용들을 공유하면서 6월 항쟁을 통해 새롭게 등장한 협의의 복음주의를 가리킵니다. 이런 점에서 87년형 복음주의는 한국 기독교가 리부팅된 사건이라고 할 수 있습니다. 리부트(reboot)는 '기존의 브랜드 가치를 가져오지만, 그 연속성을 버리고 주요 내용만 차용해서 새로운 무언가를 다시 시작하는 것'을 말합니다. 과거의 세계관을 가져오되 지금에 맞게 변형시킨 것이죠. 한마디로 87년형 복음주의는 신학적으로 보수적인 입장을 취하면서도 사회참여에 대한 고민을 가진 새로운 주체로 볼 수 있습니다. 이전에 볼 수 없었던 새로운 유형의 기독교인들이 등장한 겁니다.

다만, 이들은 균질하게 이루어진 집단은 아니었습니다. 87년형 복음주의는 사회참여 방식과 이론을 둘러싸고 온건한 복음주의자들

과 급진적인 복음주의자로 나눌 수 있거든요. 전자는 주로 손봉호, 김
진홍, 홍정길 등의 명망가와 교역자로 대변되었으며, 선교단체를 대
중적 기반으로 삼았습니다. 반면에 후자는 기독교문화연구회와 『대
학기독신문』에서 활동하던 소수의 대학생들을 지칭합니다.[16] 이들은
마르크스주의와 민중신학의 수용 여부에 따라 나뉘었습니다. 아무래
도 급진적인 복음주의자들이 마르크스주의와 민중신학을 적극적으
로 받아들였죠. 국내 신학자들이 서구 신학계의 사회참여 이론을 단
편적으로 이용할 뿐 한국 상황에 맞게 발전시키려는 노력을 하지 않
다 보니, 급진적인 복음주의자들은 마르크스주의와 민중신학을 통해
80년대 상황을 더 깊게 이해하고 분석하려고 했던 겁니다. 또한 이들
은 과격한 시위도 인정하는 편이었기 때문에 온건한 복음주의자들이
거부감을 느끼기에 충분했습니다.

　1988년 2월 29일 진보 기독교 진영을 대표하는 한국기독교교
회협의회(KNCC)가 발표한 「민족의 통일과 평화에 대한 한국기독교
회 선언」을 둘러싸고 큰 논란이 발생했었습니다. 이 선언문의 핵심은
반공주의를 종교적인 신념처럼 우상화한 나머지 상대방을 끊임없이
미워하고 적대시한 죄를 고백하는 데 있습니다. 이전에 볼 수 없었던
죄책고백이었습니다. 문제는 이 선언문의 핵심인 죄책고백이 부각되
지 못한 채 전혀 엉뚱한 방향으로 논란이 되었다는 점입니다. 여기에
서 온건한 복음주의자들과 급진적인 복음주의자들의 인식 차이를 볼
수 있습니다. 온건한 복음주의자들을 대변하는 한국복음주의협의회

16] 김민아, 「사회참여적 복음주의운동이 한국 시민운동의 형성에 끼친 영향: 1987년 민
　　주화 전후시기를 중심으로」(서울대학교 종교학과 석사학위논문, 2013), 51쪽.

는 "한국기독교교회협의회가 말하는 평화는 정치적이다", "북한 교회의 존재를 인정할 수 없다", "미군 철수는 적절하지 못하다", "민주주의와 공산주의를 동등하게 평가해서는 안 된다" 등 매우 보수적인 시각을 드러냈습니다.[17] 이는 한국기독교교회협의회의 선언문이 마치 '무조건' 주한미군 철수와 핵무기 철폐를 주장했다는 식으로 몰고 간 보수교단과 단체들의 입장과 부합했습니다.

반면에 급진적인 복음주의자들의 입장은 매우 달랐습니다. 이들은 한국기독교교회협의회의 선언문을 "분단시대를 앓고 있는 한국 민중의 고통을 한국 교회 자신의 고통으로 소화하고자 하는 노력"이었다는 평가를 내리면서 매우 긍정적으로 받아들였거든요.[18] 이어서 선언문에 대한 반박을 항목별로 하나하나 따지며 재반론을 펼쳤습니다. 이들은 주요 쟁점 중 하나였던 미군 철수와 관련해서는 보수교단과 단체들이 전후 문맥을 따지지 않았다고 비판하였습니다. 왜냐하면, 한국기독교교회협의회가 "참전 당사자들이 참여하는 평화협정을 체결하고 상호 신뢰 회복이 되면"이라는 조건으로 미군 철수를 주장했기 때문입니다. 그 밖에 다른 사안에 대해서도 보수교단과 단체들의 주장을 조목조목 따졌습니다. 이는 87년형 복음주의의 분화가 얼마나 첨예하게 나타났는지를 보여주는 대표적인 사례라 할 수 있습니다.

1987년 12·16대통령 선거 때만 해도 87년형 복음주의의 '가시성'은 급진적인 복음주의자들에게 있었습니다. 1990-1991년을 기

17] 「KNCC의 통일론에 대한 복음주의의 입장」, 『한국복음주의협회 성명서 모음집』, 35-38쪽.
18] 「통일논의의 기독교적 접근: KNCC 통일선언에 대한 반박선언 유감」, 『대학기독신문』 제12호, 1988년 5월 13일 자.

점으로 한국 복음주의의 지형도가 엄청난 지각변동을 겪기 전까지만 해도 말입니다. 급진적인 복음주의자들의 집합체인 기독교문화연구회는 사실 서울대 동아리였습니다. 1986년 5월 20일 서울대생 이동수가 민주주의를 부르짖으며 자신의 몸을 불태웠습니다. 이 사건을 목격한 몇몇 기독청년들은 큰 충격을 받았고, 그리스도인의 역사적 책임을 통감했습니다.[19] 이를 계기로 기독교문화연구회가 만들어졌습니다.

이들의 고민은 1986년 10월에 창간된 『대학기독신문』을 통해 엿볼 수 있습니다. 예를 들어, 박종철 고문치사 사건을 비중 있게 다루면서 복음주의자들이 철저한 비판적 현실 인식을 토대로 회개를 해야 한다거나[20] 보수적인 교회가 인권 문제에 자각할 수 있도록 기독청년들이 나서야 한다는 글을 실었습니다.[21] 이들에게 하나님 나라 운동은 정치·경제·사회 등 모든 영역에서 하나님 나라의 본질인 해방을 드러내야 했습니다. 따라서 이들에게 '민주화'나 '민족 해방'은 기독교적으로 충분히 수용 가능한 문제였습니다. 이들은 1987년 6월 항쟁 이후의 국면에서 하나님 나라 운동이 군부독재를 퇴진시켜 민주 정부를 세우는 일에 초점을 모아야 한다고 여겼습니다.[22] 이러한 문제의식이 현실적으로 구현된 게 바로 1987년 11월 20일에 조직된 '공정선거감시와 민주정부수립을 위한 복음주의청년학생협의회'(약칭 복협)였습니다.

대통령 선거를 앞두고 창립된 복협은 "그동안 우리 교회의 탈역

19] 「역사의 현장에서 만난 예수님」, 『대학기독신문』 제5호, 1987년 4월 2일 자.

20] 「우리는 어디에 서 있는가」, 『대학기독신문』 제4호, 1987년 3월 5일 자.

21] 「어찌 잠잠할 수 있으랴」, 『대학기독신문』 제7호, 1987년 5월 10일 자.

22] 「하나님 나라 운동의 당면과제」, 『대학기독신문』 제8호, 1987년 9월 16일 자.

사화된 신앙을 회개"하며 선거 과정이 공정하고 정당하게 진행되었는지 감시하겠다는 취지를 밝혔습니다. 공명선거운동을 제창한 셈입니다. 복협은 더 이상 "추상적 중립의 차원"에 안주하지 않고, "불의한 정권을 공의의 요청에 따라 심판하시고 역사를 새롭게 하실 하나님"에 대한 최소한의 응답으로 공명선거운동을 전개하겠다는 입장을 밝혔습니다. 기계적인 중립은 오히려 악을 방조하는 행위라는 비판의식을 엿볼 수 있습니다. 이들에게 공명선거운동은 복음의 총체성을 회복하고, 하나님 나라의 정의를 드러내는 행위였습니다.[23] 이를 계기로 87년형 복음주의가 하나의 운동으로서 집단화되고 가시화될 수 있었습니다.

복협의 공명선거운동은 수많은 청년·대학생들의 자발적인 참여로 이루어졌습니다. 2,000명 넘는 기독청년들이 참여할 정도로 큰 호응을 일으켰지요. 한국기독학생회(IVF), 한국대학생선교회(CCC), 학생신앙운동(SFC), 기독대학인회(ESF) 같은 선교단체들이 적극적으로 참여했을 뿐만 아니라 양문교회, 할렐루야교회, 사랑의교회, 서문교회 대학부가 동참했습니다. 이는 그동안 사회참여에 굶주렸던 복음주의 청년들의 갈증을 그대로 반영한 결과였습니다. 복협은 사회참여에 관심을 갖고 있던 기독청년들의 운동권 콤플렉스 해소에 큰 도움을 주었습니다. 평소 "왜 복음의 능력을 아는 우리는 이렇게 무기력할까"라는 자괴감에 시달렸던 이들에게 말입니다.[24]

1987년 대통령 선거에서 공명선거운동이 효과적으로 이루어지

23] 「복음주의 청년·학생협의회 결성에 부쳐」, 『복협신문』 창간호, 1987년 11월 27일 자.
24] 「88, 무엇을 할 것인가」, 『대학기독신문』 제11호, 1988년 3월 15일 자.

〈제9호〉

오늘을 사는 기독대학생의
신앙고백과 결의

<본 고백운동은 지난 9월 29
일 반포 남서울 교회에서 「선거
일 임하는 내 마음」의 세미나 의
주제하에 있었던 「심포지엄」에서
IVF간사대회에서 발표한 것이다>

우리는 지금 지난 수십년동
안 우리의 사회화과 분열화
와 비민주 일방의 정치상황의 처해
확기대상황이 서로
그동안 논란되어 충격되어
나 왔던 정치상황속의 전통일과
도덕성 등의 관심의 이념의
치·경제·교육·문화와 사회의
반에 걸쳐 신적인 네째동모발
지난다. 네나라와 이웃의
신각한 위기의 처해 있습니다.
또 우리 교회는 세상과
파괴되어 하나님의 세상과
의 손들으로서 하나님의
의 사랑을 나누고
오류의 사회의 부기나의
피고 있는 실정의 우리
대상의 한국교회의 정체의 역사
의 느끼고 있습니다.

이러한 상황에서 하나님과
의 인격적 지연관의 우리
는 인생으로 하나님의 은혜
로서 인식하면서 또
의 사랑의 감사하면서 실현
으로 하나님의 정의와 실현
을 추구해 하는 마음으로
저 하나님 앞에 그동안
잃었던 결과 우리의 이웃사랑을
잃었던 결과 우리의 이웃사랑을
단념했던 것을 통회의 그래
아래한 바를 다음과 같이

이 우리의 입장을 밝히는 바
입니다.

1. 우리는 하나님의 만민의
창조자로 실재자 과실을 믿는
다. 하나님을 「중요자와 영하면」
의 하나님의 진실과 살계를
유리시키고 죄성을 본의
의 중순화를 실정하고 결국
의 자율을 막아시고 버림받은
지선다. 하나님의 역사와
마침내 신자기에서 대속의
통을 죽으시고 다시 우리의
으로써 구세주요
주이시고 예수님의 제시인 우
리는 알습니다.

3. 우리는 예수님의 성육하
신 하나님의 아들로서 우리와
구체주와 주이심을 믿는다. 그
선은 하나님의 나라를 선포하
생을통해 아니라 실제로 복음을
유리시고 귀신을 쫓아내
가 죽음의 자손들을 살리시고 결국
의 자율을 막아시고 버림받은
다다 (눅17:26, 31;
17; 146:7—9;사1:16;
17; 렘6:1;미5:15—17)

2. 우리는 인간 (남자와 여
자) 이 하나님의 형상을 따라
존귀한 인격을 받는다. 모든
인간은 하나님의 형상을 모든
인격적 하나님의 자녀의
에서 이웃을 사랑한다.
표가 빨은 믿는다. 따라서 의
화는 이 세상에 하나님의 과
가 반영되는 공동체의 모습을

나타내어 일반한 아니다, 윤사
와 소명에 따라 개개 그리스
도인을 교회의 일치의 관계의
도모하는 일의 전체화으로써세계
상의 섬기의 소금이 되
여야 한다. (출19:5—6;뻗
전2:9—10;출2:10;뻗2;
14;뻗12:1—2;유5:13—16
5;딤후3:16—17)

5. 우리는 자녀의 정치 인
주와 과정의 지연부의 모든권
위가 하나님으로부터 유래했을
믿고 정치적 윤리주의의 정
세가 과정의 복지와 같이
성의 선을 믿는다, 따라서 모
든 그리스도인들은 공의자들의
도모·복진에 하는 안다. 〈롬13
:1—7;벧전2:13—17;단4
:27, 37;잠4:19—20)

4. 우리는 교회가 예수 그
리스도의 복음으로 하나님과
또 프리자와 함께, 동시에 그
자가 빨은 믿는다. 따라서 의
화는 이 세상에 하나님의 과
가 반영되는 공동체의 모습을

못됐음을 고백한다.
따라서 이제 우리는 특별히
임박한 대통령 직접선거에 즈
음하여 하나님의 행복자를
교회의 개개 그리스도인들과
교회가 적극 추천하는 바입니다.
(1) 기도합시다. (딤전2:1—
4;딤전7:14)

이 땅에 영의 「영의」 실현될 수
있도록 특별히 실현될 특별히
공명선거가 분명히 치우처럼
될 수 있도록 혐실과
그 선거가 깨끗 성실한 선거
가 될수 있도록 기도합시다.
(2) 교회합시다. (고후10:3—
5; 딤후3:16—17)
성경과 주석 구제 모습과 성경관
복음을 통해 하나님과 과외와
깨끗한 과정에 관한 판단과를
별히 정부요 권세에 대한
주의 과정의 직적부터 유래했을
알 될 도모합시다. 버린
히 그리스도인들은 정치자들의
도록 활동합시다.(마28:18—20
;요4:17)

자세기 처럼 상황에서 소명
과 온사이에 따라 행동합시다, 하
개인이나 가족의 이해에 또 도시가
역감정의 피해서가 아니라, 하
나님의 뜻대로 정의와 인간사랑
의사를 결정하고 처신합시다.
「동의를 행하며 우리 하나님과
케 행하기」 위의 삽시다. (미6:8)

1987년 9월 29일
IVF간사대회 일동

려면, 서울 지역에서만 2만 명 정도의 자원봉사자가 필요했다고 합니다. 복협은 서울 지역에 필요한 인원의 약 6퍼센트인 1,200명을 목표로 자원봉사자를 모집했는데, 놀랍게도 2,118명이나 동참하는 결과를 낳았습니다. 이는 선거 과정의 공정성을 바로 잡으려는 공명선거운동이 1980년대 상황 속에서 큰 울림을 주었기 때문입니다. 한마디로 복협의 공명선거운동은 청년학생의 자발성, 광범위한 대중동원력, 치열한 활동 등에 뛰어난 역량을 보여주면서 서울 지역에 필요한 자원봉사자를 10퍼센트나 감당할 수 있었습니다. 심지어 자원봉사자들의 광범위한 참여로 원정선거감시단이 꾸려져 서울 외곽지역에서 투개표 과정을 감시하는 임무를 맡기도 했습니다. 한 예로 김회권 교수는 이때 신림동 일대를 돌아다니며 선거감시운동을 했다고 합니다.[25] 원정선거감시단의 활약으로 공명선거운동의 외연은 확장될 수 있었습니다.

중요한 점은 복협이 야권 후보 단일화를 아주 간절히 바랐다는 사실입니다. 복협은 단순히 공정한 선거 과정을 원하지 않았습니다. 이들은 30년 가까운 세월 동안 집권했던 군부독재의 종식을 바랐습니다. 87년 대선에서 이를 실현시킬 수 있는 방법은 야권 후보 단일화밖에 없었습니다. 따라서 복협의 공명선거운동은 야권 후보의 당선을 목적으로 추진되었다는 점에서 '당파성'을 띠었습니다. 1990년대 이후 철저한 중립 원칙에 의거하여 선거법 준수를 최우선 과제로 삼았던 온건 복음주의자들의 공명선거운동과는 다른 측면입니다.

급진적인 복음주의는 기독교문화연구회를 위시하여 '복음주의

25] 「김회권 목사가 말하는 87년형 복음주의 태동기」, 『복음과상황』, 2012년 2월 호, 73쪽.

청년연합'과 '사회선교를 위한 복음청년연합'으로 이어졌습니다. 이러한 흐름을 통해 한국 복음주의운동은 사회선교의 기반을 마련할 수 있었습니다. 거기다 급진적인 복음주의는『복음과상황』창간에도 큰 영향을 미쳤습니다. 기독교문화연구회와『대학기독신문』에서 활동하던 청년들이『복음과상황』의 실무를 맡았고, 초대 편집위원들이 복음주의청년연합 출신이었습니다. 하지만 1991년 2월 15일에 발생한 '기문노련 사건'을 기점으로 급진적인 복음주의의 가시성은 사라졌습니다. 이날 치안본부는 체제를 전복하고 사회주의 건설을 획책하려 했다는 혐의로 기독교문화연구회에 속했던 멤버 12명을 구속하였습니다. 이 사건으로『대학기독신문』과『복음청년』이라는 신문이 이적표현물로 둔갑되고 말았습니다.

기문노련 사건은 복음주의 계열의 청년들이 국가보안법을 위반했다는 혐의를 받고 구속된 유일무이한 사례입니다. 원래 기독교문화연구회는 1989년 4월 이후 학교를 졸업한 선배와 재학 중인 후배를 한꺼번에 부를 때 '기독교문화운동연합'으로 통칭하기로 했습니다. 자세한 사정은 알 수 없으나 내부에 쌓였던 갈등이 폭발하면서 1989년 9월을 기점으로 해체된 상태였죠. 그런데 어느 날 이들은 치안본부에 의해 '기독교문화노동운동연합'이라는 이적단체의 멤버로 둔갑했습니다. 사실 기독교문화연구회는 복음주의운동을 전위적으로 실험한 그룹이었을 뿐 그 이상도 그 이하도 아니었습니다. 1987년 대선 이후 해방신학의 '기초 공동체' 개념을 바탕으로 공단과 빈민가에서 야학과 공부방을 운영한 게 전부였습니다. 기문노련 사건은 복음주의운동의 사회선교가 국가보안법으로 처벌받을 뻔했다는 점에서 아주 독특했습니다.

이러한 와중에 복음주의 진영의 대표적인 선교단체인 IVF와 CCC는 심각한 분열을 겪게 됩니다. 먼저, 1991년에 일어난 IVF의 '6개대 사태'를 살펴보겠습니다. IVF는 선교단체 중 사회참여에 대해 가장 열린 곳이었습니다. 아무래도 IVF는 복음주의의 사회참여를 최초로 공식화한 로잔언약을 작성한 존 스토트(John Stott)의 영향을 많이 받았기 때문입니다. 1980년대 초반부터 IVF는 복음주의의 사회참여를 강조하는 문서를 국내에 소개했습니다. 그러다 보니 사회참여에 관심을 가진 기독학생들이 IVF에 많이 가입하게 되었고, IVF는 이들이 고민할 수 있는 최소한의 공간을 마련해 주었습니다. 문제는 IVF가 1987년 6월 항쟁 이후 사회참여에 대한 견해 차이로 갈등을 겪기 시작했다는 점입니다. 이는 1991년 5월의 분신정국을 계기로 극명하게 표출되고 말았습니다.

분신정국은 노태우 정권 퇴진투쟁을 하던 명지대 학생 강경대가 전경이 휘두르는 쇠파이프에 살해되면서 시작되었습니다. 그의 죽음에 분노하며 11명이 동조자살의 길을 선택했는데, 이를 두고 '분신정국'이라 부릅니다. 이때 IVF의 고직한 간사가 강경대의 죽음을 규탄하는 시국기도회에 강사로 참여하자, IVF 이사회는 고직한 간사의 직위를 2개월 동안 해제하는 결정을 내렸습니다. 이에 서울 지역의 6개 대학 지부 학생들이 하계수련회를 거부하는 사태가 발생하였습니다. 이사회의 결정에 조직적으로 반발했던 것입니다. 결국 6개 대학은 IVF로부터 떨어져 나와 '한국기독청년학생연합회'를 창립하기에 이릅니다.

한편, 선교단체의 대표라 할 수 있는 CCC는 엄청난 액수의 재정비리가 폭로되면서 한바탕 난리가 났었습니다. 이를 두고 김준곤 목사는 "CCC의 1991년은 역사상 도둑맞은 페이지"였다고 표현할 정도였습니다.[26] 이 사건의 핵심은 CCC의 개혁을 둘러싼 갈등이었습니다. CCC의 개혁을 주장하는 간사들은 재단법인 운영상의 재정 비리, 친인척 족벌운영 등을 문제 제기하였습니다. 상황은 개혁을 주장하는 간사들 중 중진인사가 전격 면직됨으로써 악화되고 말았습니다. 이후 CCC는 심한 진통을 겪게 되었지만 사태 수습은 원만히 풀리지 않았습니다. 끝내 CCC의 개혁을 주장하던 50여 명의 간사들은 CCC를 탈퇴하여 '제자들선교회'(Disciples For Christ, DFC)라는 새로운 선교단체를 설립하였습니다. 분열 이후에도 양측은 상대방을 고소, 비방하다가 1995년 4월 극적으로 합의를 보았습니다.

기문노련 사건, 6개대 사태, CCC의 분열은 한국 복음주의 역사에서 중요한 분기점을 이루었습니다. 바로 87년형 복음주의가 만들어 낸 사회참여의 흐름을 한풀 꺾는 계기가 되었기 때문입니다. 이후 캠퍼스 선교단체들의 노선은 선교운동을 강조하는 방향으로 굳어졌습니다. 이는 1980년대 말에 시작된 '학원복음화협의회'(약칭 학복협)와 '선교한국'이 있었기 때문에 구조적으로 가능한 일이었습니다. 1989년에 구성된 학원복음화협의회는 매년 '복음·민족·역사'라는 대회를 개최하여 기독청년들에게 선교정신을 고취시켰으며, 1988년부터 2년마다 열리는 선교한국은 선교동원운동의 수원지로 자리매김했기 때문입니다. 이러한 현상은 한국 경제의 고도성장과 세계화에 기인하는 바가 컸습니다. 1989년부터 시행된 해외여행 자율화는 선교운동의 기폭제가 되었습니다. 거기다 1990년대가 되면서 한국

<hr>

26] 이진오, 「CCC 세습의 전개 과정과 부당성」, 『복음과상황』, 2003년 5월 호, 67쪽.

교회는 이전과 같은 폭발적인 성장을 기대할 수 없는 상황을 맞이하였습니다. 이때 선교운동은 성장의 둔화를 돌파하기 위한 타개책으로 각광받기 시작했습니다.

그렇다고 87년형 복음주의 사회참여 노선이 완전히 사라진 건 아닙니다. 온건한 복음주의자들을 주축으로 결성된 기독교윤리실천운동본부(이하 기윤실)는 사회·경제·문화의 영역에서 기독교세계관에 바탕을 둔 문화변혁운동을 꾀했거든요. 기윤실은 개인 윤리에 기반을 둔 도덕성 회복 운동을 중점에 두고 시민운동을 활발히 전개했습니다. 2000년을 전후로는 기독법률가회(1999), 좋은교사운동(2000), 뉴스앤조이(2000), 성서한국(2002), 교회개혁실천연대(2002), 공의정치실천연대(2003), 기독청년아카데미(2004), 청어람아카데미(2005), 희년토지정의실천운동(2007), 통일시대평화누리(2007) 등 전문성을 지닌 기독시민단체들이 속속 등장했습니다. 이는 1990년대에 성장한 청년들이 복음주의 진영의 전문 인력풀로 등장하면서 가능케 된 일이었습니다. 이 가운데 기독법률가회, 좋은교사운동, 교회개혁실천연대, 공의정치실천연대는 기윤실을 모태로 하여 만들어졌습니다. 기윤실은 그야말로 복음주의 진영의 허브 역할을 톡톡히 한 셈입니다.

실패한 '예언자적 거리두기'

6월 항쟁에 참여하는 과정에서 저항하는 그리스도인은 하나님의 형상 논리로 국가폭력에 반대했고, 잃어버린 주권을 되찾기 위한 험난한 여정에 적극 나섰습니다. 1970-1980년대 민주화운동이 주로 진보 기독교 진영의 인물들을 중심으로 이루어졌다면, 6월 항쟁은 보수적인 기독교인들의 참여가 두드러졌습니다. 이른바 보수와 진보가 손을 잡고 공의를 실현하기 위해 연대한 셈입니다. 6월 항쟁이라는 광장에서 저항하는 그리스도인은 예언자의 면모를 어김없이 보여주었습니다. 기독교의 정치참여를 이야기할 때 6월 항쟁은 그야말로 교과서와 같은 사례라고 할 수 있습니다.

기독교의 정치참여 문제와 관련하여 6월 항쟁은 '예언자적 거리두기'라는 과제를 우리에게 던져 주었습니다. 우리가 기독교의 정치참여를 얘기할 때 '예언자적 거리두기'는 흔히 간과하는 부분입니다. 예언자적 거리두기란 궁극적인 충성을 정치 세력에 바치지 않는 태도를 가리킵니다. 이를 위해서는 한 걸음 물러서는 지혜가 필요합니다. 그렇다고 예언자적 거리두기가 아무것도 행동하지 말라는 이야기는 아닙니다. 다만, 다른 방식으로의 행동이 필요하다고 얘기하는 겁니다.

이런 이야기를 꺼내는 이유는 간단합니다. 6월 항쟁의 과정에서 저항하는 그리스도인이 예언자적 거리두기에 실패했기 때문입니다. 이는 1987년 12월 대선에서 불거졌습니다. 앞에서 잠깐 언급했듯이 진보 기독교 진영은 87년 대선 때 야권 후보를 둘러싸고 심각한 갈등을 겪었습니다. 이는 1987년 10월 5일 진보 기독교 진영의 원로 인사들이 김영삼 측의 논리를 비판하고 김대중에 대한 비판적 지지를 간접적으로 드러낸 성명서를 발표하면서 표출되었습니다. 곧바로 진보 기독교 진영은 후보 문제를 둘러싼 논쟁에 휩싸이고 말았습니다. 특히 10월 22일 야권 후보 문제를 논의하기 위한 기도회에서 진보 기독교 진영의 분열은 적나라하게 드러났습니다. 함석헌, 문익환, 안병무 등 소위 재야인사들은 김대중 지지를 명확하게 밝혔고, KNCC 계통은 김영삼 측의 논리인 후보 단일화에 찬성했기 때문입니다. 이때의 상황을 취재한 한 르포 작가는 "지금까지 행동을 같이했던 두 김 씨가 제각기 출마를 준비하듯 재야와 교회 속의 참여세력들이 의견을 달리할 조짐이라도 있는 것일까"라는 우려를 표명할 정도였습니다.[27]

이들의 분열은 김대중 정부가 수립될 때 엉뚱한 방향으로 흘렀습니다. 2001년 민주화운동기념사업회가 설립될 때 민주화운동 세력은 누구를 초대 이사장으로 모실 것인지를 두고 고민했다고 합니다. 이때 초대 이사장으로 박형규 목사가 물색되자 김대중 정부의 집권정당인 새천년민주당이 반대했습니다. 이유는 간단했습니다. 87년 대선 때 박형규 목사는 김영삼 측의 논리인 후보 단일화를 지지한 인물이기 때문입니다.[28] 새천년민주당이 김대중을 지지한 인물들 중에서 초대 이사장을 물색했다고 하니 87년 대선의 분열이 얼마나 심각했는지 알 수 있습니다.

저항하는 그리스도인이 예언자적 거리두기에 실패한 이유는 '민주 vs 반민주'라는 정치적 프레임을 아주 강력하게 내면화했기 때문입니다. 그러다 보니 이들에게 민주 진영에 대한 지지와 참여는 기독교 정치참여의 전부가 되고 말았습니다. 이는 권력과 관계를 맺는 방식을 매우 단순하게 만들어 버렸습니다. 이들의 예언자적 거리두기 실패는 1997년 김대중 정권이 들어설 때 진보 기독교 진영의 몇몇

27] 정해용, 「인권목사들은 누구인가」, 『월간 경향』, 1987년 12월 호, 556-557쪽.
28] 성유보, 「길을 찾아서: 멈출 수 없는 언론자유의 꿈(39)」, 『한겨레』, 2014년 2월 25일 자.

인사들이 정·관계에 진출하면서 절정에 달했다고 생각합니다. 진보 기독교 진영이 올바른 정교관계를 신학적으로 설명할 수 있는 근거를 상실해 버린 계기가 되었습니다.

87년형 복음주의의 경우, 2012년 대통령 선거에서 예언자적 거리두기에 실패했습니다. "정권교체와 국민후보단일화를 위한 복음주의 기독인 연대"를 구성하여 야권의 주요 후보인 문재인 후보와 안철수 후보의 단일화를 강력하게 촉구했기 때문입니다. 명칭에서 드러나듯이 '정권교체'라는 분명한 목적을 위해서였습니다. 이들의 논리는 2012년 11월 2일에 발표된 「후보 단일화에 대한 복음주의 기독인 선언」을 통해 명확히 알 수 있습니다. 이들의 가장 중요한 논리는 이명박 정부가 '실패한 정부'라는 겁니다. 지난 5년 동안 한국 사회는 이명박 정부가 시도한 정책으로 말미암아 수많은 고통과 혼란을 겪었다는 이유에서였습니다. 이명박 정부가 추진한 4대강 사업, 공기업의 사유화, 언론 통제 등은 극심한 양극화와 공동체의 분열을 초래했다는 주장이었습니다. 따라서 복음주의 진영은 야권 후보들이 단일화를 이루어 정권교체를 성공시켜 새로운 시대를 만들기 바랐습니다.

개인적으로도 2012년 대선에서 정권교체가 이루어지길 간절히 바랐습니다. 또한 정권교체에 대한 이들의 간절함을 이해하지 못하는 것도 아닙니다. 그렇지만 「후보 단일화에 대한 복음주의 기독인 선언」을 보면 아쉬움이 남습니다. 우선, 이 선언문은 여야를 아우르는 정책과 노선으로 양쪽을 압박하는 방법을 포기했습니다. 그 대신, 어느 한쪽의 집권을 손들어 주는 방식을 선택했습니다. 이는 복음주의 진영이 보수 양당의 구조에 전적으로 종속되어 있음을 의미합니다. 이명박 정부의 실패를 곧바로 야권의 집권으로 이해하는 단선적인 상황 판단이 크게 작용했기 때문입니다. 또한 이 선언문은 '기독교' 내지 '복음주의' 전체를 대변하는 듯한 언행으로 야권의 단일화를 촉구하는 데 문제가 있습니다. 이런 방식은 역사적으로 집권세력을 지지한 보수 기독교와 전혀 다를 바가 없습니다. 이 선언문은 복음주의 진영이 권력과 관계 맺는 방식을 주도적으로 설정하지 못하고 종속적으로 가버린 한계를 보여주고 있다고 할 수 있습니다.

다시 말하자면, 예언자적 거리두기는 단순히 방관자가 되라는 요청이 아닙니다. 공공선을 이루기 위해 좀 더 정치적이어야 하나 권력 구조에 종속되지는 말자는 이야기를 하고 있습니다. 정의와 평화의 가치를 실현하기 위해 한쪽의 손을 들어 주는 상황이 되더라도 휘둘리지 말자는 의미입니다. 1987년 대선과 2012년 대선의 사례는 '정치 질서 만들기'라는 구조 속에 저항하는 그리스도인 스스로를 제한하고 말았습니다. 특정 진영의 논리에 갇혀 버리는 순간 한국 기독교는 직능 단체로 전락할 뿐입니다. 그게 보수든 진보든 말입니다. 방향성과 요구를 명확히 천명하고 정치권과 후보 진영을 그 방향으로 견인해 내는 방식이 필요합니다. '예언자적 거리두기'는 한국 기독교와 권력이 어떻게 관계 맺고 있는지 질문하고 있다는 점에서 우리에게 시사하는 바가 큽니다.

맺음말

저항하는 그리스도인의 역사는 '몸부림의 역사'였습니다. 이들의 역사는 양심의 자유를 지키려 불의에 맞서 싸웠던 이들의 고군분투이자 발버둥질로 점철되었으니까요.

저항하는 그리스도인의 핵심이 '양심'인 이유는 '프로테스탄트'(protestant)라는 말에 양심의 자유를 지키기 위해 저항한다는 의미가 새겨져 있기 때문입니다. 1521년 4월 보름스에서 열린 제국의회에서 마르틴 루터(Martin Luther, 1483-1546)는 양심을 판단 기준으로 삼아 자신의 주장을 고수하겠다는 입장을 밝혔거든요. 결국 그는 시대의 이단자가 되고 말았습니다.

이는 종교개혁의 후예라 자처하는 한국의 프로테스탄트들에게 중요한 질문을 던져 주고 있습니다. 불의한 문제에 대해 한국 기독교는 양심의 자유를 증언하고 있는가. 저는 이 질문 앞에서 한국 근현대사에서 양심의 목소리에 귀 기울이며 불의에 맞서 싸웠던 이들의 이야기를 복원해 보았습니다.

저항하는 그리스도인에게 기도는 다른 이의 아픔과 절망을 부둥켜안고 우는 울부짖음에 가까웠습니다. 가난한 자, 포로 된 자, 눈먼

305

자, 억눌린 자의 고난에 동참함으로써 예수를 증언하였습니다. 저항하는 그리스도인은 복음이 구체적인 역사의 현장에서 선포되어야 한다고 믿었기 때문이죠. 이들에게서도 시대적 한계를 적지 않게 발견할 수 있지만, 자신의 목숨을 걸고 신앙적 양심과 신념을 철저히 따랐다는 점에서 우리에게 도전하는 바가 크다고 생각합니다.

이 책에서는 자세히 다루지 않았지만, 저항하는 그리스도인의 역사에서 매우 중요한 역할을 한 문익환 목사는 "생이란 결국 몸부림이다"라고 했습니다. 몸부림치다 보니 감옥에도 갔고, 사회의 밑바닥을 조금이나마 들여다보게 되었고, 사람 사랑하는 법을 더 깊이 깨닫게 되었고, 인생을 사는 보람과 기쁨을 더 깊이 느끼게 되었고, 자유·정의·믿음·희망·참이 없는 인생이 무의미하다는 것까지 알게 되었다고 전합니다. 이 이야기를 한 지 얼마 되지 않아 그는 유신헌법의 비민주성을 질타한 일로 두 번째 수감생활을 해야 했습니다. 이때 그의 나이는 예순. 환갑을 맞이할 때 문익환 목사는 차디찬 감옥에 있었습니다. 그에게 몸부림은 이웃 사랑하기를 네 몸과 같이 하라는 예수의 가르침을 실천하는 신앙고백이었던 겁니다.

그리스도인이 된다는 건 여러 의미를 내포하고 있습니다. 그중 하나가 불의에 저항하는 주체로 부름 받았다는 겁니다. 그리스도인은 저항의 몸부림을 하며 절망과 싸우는 존재인 겁니다. 나사렛 예수도 몸부림치며 살았습니다. 복음서에 기록된 그의 생애는 저항의 몸부림이라는 관점으로 들여다볼 수 있습니다.

저는 한국 기독교가 성서의 저항정신을 잊지 않는다면 조금씩 나아질 거라고 확신하며 그 기대마저 포기하지는 말자고 이야기하고 싶습니다. 저항하는 그리스도인의 역사는 하나님 나라의 가치가 이 땅에 실현되는 모습을 상상하는 데 긴요하리라 생각합니다. 역사는 우리를 돌아보는 거울이니까요. 저항하는 그리스도인의 몸부림이 역사의 화석으로 끝나지 않고 계속 이어지기를 간절히 바랄 뿐입니다.

찾아보기